KB151521

역사적 분석철학

이승종

연세대 철학과와 같은 과 대학원을 졸업했고, 뉴욕주립대(버팔로) 철학과에서 철학박사 학위를 받았다. 캘리포니아 어바인대 철학과 풀브라이트 방문교수와 카니시우스대 철학과 겸임교수를 역임하였다. 현재 연세대 철학과 교수로 있으며 같은 대학의 언더우드 국제대 비교문학과 문화 트랙에서도 강의해왔다. 저서로 『비트겐슈타인이 살아 있다면: 논리철학적 탐구』(문학과지성사, 2002, 문화관광부 선정 우수학술도서), 『크로스오버 하이데거: 분석적 해석학을 향하여』(생각의나무, 2010; 수정증보판 동연, 2021, 연세학술상 수상작), 『동아시아 사유로부터: 시공을 관통하는 철학자들의 대화』(동녘, 2018), 『우리와의 철학적 대화』(김영사, 2020, 한국출판문화산업진흥원 책나눔위원회 선정 추천도서), 『우리 역사의 철학적 쟁점』(소명출판, 2021), 『비트겐슈타인 새로 읽기: 자연주의적 해석』(아카넷, 2022, 대한민국학술원 선정 우수학술도서), 뉴턴 가버 교수와 같이 쓴 *Derrida and Wittgenstein*(Temple University Press, 1994)과 이를 우리말로 옮긴 『데리다와 비트겐슈타인』(민음사, 1998; 수정증보판 동연, 2010)이 있으며, 연구번역서로 비트겐슈타인의 『철학적 탐구』(아카넷, 2016)가 있다. 페리 논문상, 우수업적 교수상, 우수강의 교수상, 공헌 교수상, 우수연구실적 표창, 최우수논문상(2022 대한국제학술문화제)을 수상하였다.

서강학술총서
146

역사적 분석철학

이승종 지음

서강대학교출판부

서강학술총서 146

역사적 분석철학

초판 1쇄 발행 | 2024년 3월 15일

지 은 이 | 이승종
발 행 인 | 심종혁
편 집 인 | 하상응
발 행 처 | 서강대학교출판부
등록 번호 | 제2002-000170호

주 소 | 서울특별시 마포구 백범로 35(신수동)
전 화 | (02) 705-8212
팩 스 | (02) 705-8612

ISBN 978-89-7273-394-2 94100
ISBN 978-89-7273-139-9 (세트)

값 26,000원

* '서강학술총서'는 SK SUPEX 기금의 후원으로 제작됩니다.

책머리에

철학에 뜻을 두고 대학의 철학과에 진학한 첫 해 내가 수강한 과목들은 희랍철학사, 서양근세철학사, 중국고대중세철학사, 중국근대철학사 등 철학사가 주종을 이루었다. 왜 철학사를 배워야 하는지를 알지 못했고 거기에 담긴 방대한 지식을 소화해내야 하는 것에 대한 불만과 부담도 있었지만, 각종 철학사 책들과 고전을 병행해 탐독하는 방식으로 철학에 입문하면서 철학사 공부가 철학에 필요함을 서서히 깨닫게 되었다.

서양철학사 중에서는 고전 사상가들의 철학을 충실히 정리한 코플스턴(Frederick Copleston)의 철학사와, 개성적 필치와 촌철살인(寸鐵殺人)적 논평을 담은 러셀(Bertrand Russell)의 철학사가 인상적이었다. 후자는 치우친 주관적 통사(通史)라는 점에서 한계가 뚜렷해 보이기도 했지만, 철학의 과거로 소급해가기보다는 과거를 현재로 불러내 분석하고 비판하는 해석이 철학사에 대한 흥미를 불러일으키기에는 안성맞춤이었다. 러셀의 책이 계기가 되어 철학사뿐 아니라 분석철학에도 관심을 갖게 되었다. 그의 책으로부터 이 두 분야를 어떻게 아우를 수 있는지에 대한 예비적 안목을 기른 셈이다. 대학원에 진학해서도 그리고 미국으로 유학을 가서도 철학사 관련 과목들과 분석철학 관련 과목들을 고루 수강했고, 이러한 관심사를 오늘에 이르기까지 지속적으로 유지해왔다.

콰인(Willard Van Quine)은 철학에 관심이 있는 사람들에는 두 부류가 있는데 그중 한 부류는 철학에, 다른 한 부류는 철학사에 관심이 있다는 뼈있는 농담을 던진 바 있다(MacIntyre 1984, 39-40쪽). 그의 영향력 때문인지 혹은 그의 말이 미국철학계를 반영해서인지 실제로 미국에서는 철학은 문제풀이, 철학사는 고전연구로 대별해 전자를 우위에 놓는 편이다(이승종 2010, 277쪽). 그러나 이는 고전에 대한 주석을 의미하는 경학(經學)이 주도한 동양의 철학전통, 철학과 철학사를 불가분리의 관계로 본 헤겔이나 하이데거의 유럽전통에서 이탈한 예외적인 현상이 아닐까 싶다. 철학을 문제풀이로 국한해 이해하는 것도 자의적이다. 문제풀이가 아닌 형태의 철학이 얼마든지 가능하기 때문이다. (공자나 파르메니데스는 어떤 문제를 풀었는가? 하이데거는 존재 문제를 풀었는가?)

철학사 연구에는 철학이 개재되고 그 역도 참이다. 철학사와 철학이 반드시 일치하는 것은 아니지만 양자 사이의 관계는 콰인이 구분했던 것보다 훨씬 밀접하다고 생각한다. 나는 평생에 걸쳐 꾸준히 진행해온 서양철학사 연구 중에서 분석철학적 기법을 원용한 원고들을 추려 여기에 책의 형태로 갈무리해보았다. 러셀의 통사와는 달리 선별된 주제나 철학자에 대한 각론적 심층 연구를 지향했다.

이 책을 준비하면서 나는 분석철학이 종래의 통념과는 달리 탈전통적인 철학이 아니라 서양철학사를 통해 지속적으로 진행되어온 사유의 방법임을 깨닫게 되었다. 현대의 분석철학은 고대에서부터 있어 온 서양의 분석적 전통이 하나의 사조로서 강화된 것이라는 가설이 내가 이 책을 통해 정당화하고자 하려는 바이다. (이는 현대의 과학기술 문명이 고대 그리스로부터 싹튼 형이상학적 전통의 클라이맥스에 해당한다는 하이데거의 견해와도 일맥상통한다.) 나의 가설이 참이라면 분석철학을 서양철학사의 전통으로부터 단절시켜 파악하는 기존의 견해는 바람직한 것이 아니며, 오히려 분석철학의 계보와 방향성에 대한 바른 이해에 장애가 될 것이라는 추론을 해볼 수 있다. 책의 제목인 역사적 분석철학은 이러한 가설과 추론을 배경으로 하고 있다. 역사적 분석철학은 콰인이 분류한 철학사와 문제풀이를 분석철학적 지평에서 한데 아우르고 있는 것이다.

원고에 대한 귀중한 논평의 수록을 허락해주신 이중원 교수님(서울시립대 철학과), 김한라 교수님(서강대 철학과), 고인석 교수님(인하대 철학과), 박상훈 선생님께 머리 숙여 감사드린다. 값진 추천의 글로 책을 빛내주신 김기현 교수님(서울대 철학과), 이중원 교수님, 고인석 교수님, 책 원고를 읽고 중요한 지적을 해주신 익명의 심사위원님들, 윤유석 씨(연세대 철학과 박사과정), 연구 및 출판을 지원해준 서강대에도 깊은 감사의 마음을 전한다.

이 책의 수익금은 도움이 필요한 곳에 모두 기부할 것을 약속드린다.

2024년 봄

이승종
seungcho@yonsei.ac.kr

들어가는 말

분석철학은 흔히들 프레게(Gottlob Frege), 러셀로부터 연원하는 현대철학사조로 이해되곤 한다. 그러나 분석철학의 분석정신은 서양철학의 시작과 함께 생겨났고, 분석철학에 이르기까지 면면히 이어져 내려왔다는 것이 우리의 가설이다. 그리고 서양철학사에 대한 연구를 통해 이 가설을 입증하는 것이 우리의 첫 번째 목적이다. 우리는 분석철학의 논제, 이론, 혹은 도그마가 서양철학사에서 이미 발견됨을 보이려는 것이 아니라, 분석철학과 닮은 방식으로 철학적 문제를 분석하는 자세나 태도가 서양철학사와 함께 해왔음을 보이려는 것이다. 분석철학의 분석정신은 논증으로 요약된다. 관념적 직관이나 형이상학적 사변을 지양하고 문제의 논리적 얼개와 알고리듬을 파헤치는 것이 분석철학의 분석정신이며 그 귀결이 논증이다.

우리의 두 번째 목적은 철학사 연구를 통해 분석철학을 발전적으로 보강하는 것이다. 분석철학은 수학, 논리학, 과학 등 대상을 객관적 3인칭의 관점에서 논구하는 학문들과 친족관계를 이루는 탓에 3인칭적 철학에 치우쳐 왔다. 그러나 우리가 분석적 연구의 대상으로 삼은 서양철학사에는 관념론이나 현상학과 같이 주관적 1인칭의 관점에서 세계를 파악하는 철학도 있고, 사람을 수단이 아닌 목적으로 대우하는 칸트의 인간성 정식(Kant 1785, 429쪽)으로 요약되는 2인칭 철학도 있다. 칸트의 2인칭 철학은 사람에 대한 태도를 영혼에 대한 태도로 규정한 비트겐슈타인에게로 계승되고(Wittgenstein 1953, 2부 §22), 다월은 이를 도덕철학에 적절히 원용한 바 있다(Darwall 2009). 2인칭 철학은 근대성의 표현인 과학기술에 의해 탈마법화된(disenchanted) 3인칭 세계를 의미와 가치로 재활성화하려는 주목할 만한 시도로서 우리는 이를 심화하고 확충해 분석철학에 창의적으로 접목시키고자 한다.

우리의 구상에 영향을 주었음에도 궤를 달리하는 두 권의 선행연구와 대비하면 우리의 목적과 지향성이 더욱 선명해질 것이다. 첫째는 러셀의 『서양철학사』(Russell 1946)이다. 그에게 노벨문학상의 영예를 안겨준 걸작이기도 한데 기존의 철학사와는 달리 철학의 과거로 소급해가기보다는 과거를 현재로 불러낸 다음, 분석철학의 창시자답게 분석적 메스를 들이대 각각의 철학자와 사상에 대해 나름의 비판적 해석을 길어내고 있다. 그럼에도 방대한 서양철학사를 한 권에 집약하다보니 그 해석이 논평의 수준을 넘어서지 못하고 있는 데다, 본인의 주관과 개성에 치우쳐 깊이 있는 연구서가 아닌 자유분방한 에세이에 그친 감이 있다.

둘째는 로티의 『철학과 자연의 거울』(Rorty 1979)인데, 근대성을 표상주의적 지각이론과 진리 대응이론으로 정리한 다음 현대영미철학이 어떻게 저 이론들을 업그레이드하고 종국에 가서는 지양하게 되는지를 아주 설득력 있게 보여주고 있다. 수많은 철학자들이 등장함에도 철학사보다는 연구서에 가까운 이 책은 서양의 근대철학과 현대철학이 어떤 문제의식 하에서 서로 연결되고 갈라지게 되는지를 저자 자신만의 뚜렷한 관점을 가지고 성공적으로 조명하고 있다. 그럼에도 논의의 범위가 근대철학과 현대철학의 일부 사조에 국한된 탓에 철학사 연구로서는 한계도 뚜렷하다.

『역사적 분석철학』은 통사를 지향한 러셀의 『서양철학사』와 연구서를 지향한 로티의 『철학과 자연의 거울』 사이의 중간지점에 놓이게 될 것이다. 서양철학사의 핵심 쟁점에 대한 각론적 연구의 형태를 띠면서도 분석철학이라는 방법론을 견지한다는 점에서 전체적인 통일성을 유지하려는 것이다. 『역사적 분석철학』이라는 저술 제목은 이러한 의도를 담고 있다. 그러나 로티가 그러했듯이 이 책은 분석철학에 대한 비판과 개선의 대안을 제출하기도 할 것인데, 그 방향은 칸트에게서 비롯하여 비트겐슈타인과 다월로 계승되는 2인칭적 관점이다.

우리는 서양철학사에서 발견되는 분석적 태도를 분석철학의 방법을 원용해 보다 선명하게 부각시키고자 한다. 서양철학사를 연구의 외연으로 삼지만 러셀의 『서양철학사』와는 달리 개별 주제나 철학자에 대해 로티의 『철학과 자연의 거울』이 수행했던 것과 같은 심층 연구를 지향할 것이다. 그러나 로티와는 달리 하나의 주제나 논제로 연구서 전체를 꿰뚫으려 하기보다는, 철학사로 외연을 넓혀 거기서 시도된 개별적 논증들을 더 포괄적이고 각론적으로 다루려 한다. 주제와 철학자의 선정은 나의 관심사에 따른 주관적인 것이기는 해도, 선별적이나마 서양철학사의 핵심적 쟁점들에 대한 나름의 철학적 분석을 한 자리로 모아 다듬어내고, 이로부터 유의미한 논제들을 도출하여 분석철학의 내실을 비판적으로 확충하려 한다. 우리가 제안하는 2인칭적 분석철학의 구상도 서양철학사 연구로부터 발원한다.

『역사적 분석철학』은 「책머리에」와 「들어가는 말」에 이어 4부 13개 장을 중심으로 하고, 이에 포함되지 않는 3개의 보론(補論)과 에필로그로 이루어져 있다. 1장 「태초에 정보가 있었다」는 책의 전체적 방향성을 제시하는 발제문의 역할을 한다. 1장은 현대의 첨단과학기술의 총아인 정보통신기술(ICT; Information and Communications Technology)에서의 소통을 문제삼는다. 소통은 이해를 지향한다. 어떤 것에 대한 바른 이해는 그것의 역사를 살피는 데서 시작해야 한다. 정보통신기술도 예외는 아니다. 그 기술의 이념은 서양철학사의 시초로 소급이 가능하리만치 오랜 것이기도 하다. 정보의 원어인 information에 각인된 form의 연원은 플라톤으로까지 거슬러 올라간다. 1장의 전반부에서는 정보의 철학사를 짚어본다(1절). 그 귀착점은 컴퓨터중심주의이며(2절) 이는 인공지능이라는 화두를 창출하게 된다(3절). 이즈음에서 우리는 개별과학기술의 약진과 이에 대한 철학적 성찰의 필요성을 바름과 진리라는 상이한 척도 하에 살핀다(4절). 이를 바탕으로 디자인(Design)과 다자인(Dasein)이라는 두 유형의 존재범주를 설정하고(5절), 정보통신기술의 정점에 놓이게 될 로보 다자인의 출현을 스케치해본다(6절). 맺는말에서는 로보 다자인과의 소통에 요청되는 2인칭적 태도의 단초를 칸트에게서 찾아본다(7절).

본론의 전반부에 해당하는 1부는 「그리스로부터」라는 제목을 달고 있는데 「수학에 대한 그리스 철인들의 사유」라는 제목의 2장, 「아리스토텔레스의 보편개념과 램지 문장」이라는 제목의 3장, 「분석과 종합의 논리적 확장」이라는 제목의 4장으로 구성된다. 즉 고대 그리스의 수학철학(2장), 논리학(3장), 방법론(4장)을 집중 조명하고자 함이다.

플라톤은 자신이 창시한 아카데미아 학원 정문에 "기하학을 모르는 자는 이 문으로 들어오지 마라."라는 문구를 게시했다고 한다. 당시의 대표적 수학이 기하학이었으므로 곧 수학을 학문 탐구의 필요조건으로 간주한 것이다. 당시만 해도 학문은 철학으로 통칭되었으므로 저 문구는 플라톤이 수학을 철학의 기초로 삼았음을 보여준다. 2장은 고대 그리스철학을 대표하는 아카데미아의 두 철학자 플라톤과 아리스토텔레스가 철학의 기초인 수학에 대해 펼친 사유의 얼개를 재구성하며, 그것이 현대 수학철학의 플라톤주의와 어떻게 연관되는지를 살핀다.

3장에서는 아리스토텔레스의 논리학에서 보편 개념의 문제를 논구한다. 아리스토텔레스는 철학이 보편학을 지향한다는 스승 플라톤의 가르침을 추종하면서도 보편자 실재론인 플라톤의 이데아론을 거부하고 개별자 실재론을 고수하였다. 이로부터 아리스토텔레스가 추구하는 보편학으로서의 철학과 개별자 실재론이 어떻게 양립 가능한

지에 대한 문제가 제기된다. 우리는 현대논리학과 과학철학의 성과를 원용해 아리스토텔레스의 보편 문장을 양화된 개별자의 문장으로 재서술하는 램지(Frank Ramsey)와 카르납(Rudolf Carnap)의 분석에 주목한다. 그들의 분석에 의해 아리스토텔레스의 철학이 논리적 정합성을 갖추게 됨을 논증한다.

4장에서는 고대 그리스의 수학자 파푸스(Pappus)가 제안한 분석과 종합을 살펴 탐구의 방법론으로 확장시켜본다. 분석과 종합은 힌티카(Jaakko Hintikka)와 라카토스(Imre Lakatos)가 수학적 발견의 논리로 해석한 바 있지만, 우리는 그보다 파푸스의 오리지널 버전에 더 충실성을 기하면서 분석과 종합을 수학과 논리학을 포함하는 탐구의 보편적 방법론으로 확충한다. 1부의 마지막 장에 파푸스의 분석과 종합에 대한 논구를 배치시키는 이유는 고대 그리스에서 수행된 분석적 탐구를 파푸스가 학문적으로 체계화했음을 강조하기 위해서이다.

본론의 중반부에 해당하는 2부는 「근대성의 해부」라는 제목을 달고 있는데 근대성은 체계를 통한 지식의 통일을 지향하는 이념이다. 근대의 논리학과 지식론을 정초하는 이 이념은 개별 과학들에 대해 목적과 수단의 관계를 형성하면서 정당화의 최종 근거로 작용한다. 근대의 과학혁명은 고전역학이라는 체계를 통한 물리학적 지식의 통일이라는 목적을 성취해냄으로써 근대성의 한 전형을 이룬다.

2부는 근대성의 빛과 그늘을 과학과 철학을 중심으로 조망하는 세 개의 장으로 이루어진다. 5장 「명제의 구분과 지식의 근거」는 2

부의 발제문 역할을 하는데, 라이프니츠(Gottfried Leibniz), 흄(David Hume), 칸트, 논리실증주의자들, 콰인 등 2부의 주연들이 명제의 구분 문제를 놓고 어떤 논쟁을 펼쳤는지를 거론하고, 그에 따라 달라지는 지식의 근거에 대한 상이한 견해들을 추적한다. 「근대 과학철학을 뒤흔든 흄의 문제」라는 제목의 6장에서는 근대과학에 기초 놓기를 시도한 경험론과 합리론의 공과를 비판적으로 살피면서, 그 기초에 해당하는 인과율의 철학적 토대를 회의하고 해체한 흄의 논의를 중심으로 근대 과학철학의 흐름을 정리해본다. 이어서 「이론의 세계: 라이프니츠와 칸트」라는 제목의 7장에서는 저 두 철학자가 구축한 이론의 세계가 어떻게 상반된 짜임새를 갖고 있는지를 수학의 쌍대성(duality) 원리에 의거해 규명한다.

본론의 후반부에 해당하는 3부는 「칸트의 안과 밖」이라는 제목을 달고 있는데 칸트의 철학을 집중적으로 조망하는 두 개의 장과 그의 현대적 계승을 논하는 한 개의 장으로 이루어진다. 칸트에 대한 분석철학적 연구는 그의 도식론에 대한 규칙론적 해석을 구성하고 해체하는 8장 「칸트의 도식론」에서 시도된다. 규칙론적 해석은 다음과 같은 논제로 이루어진다. (1) 경험적 개념의 도식은 경험적 개념이 현상에 적용되도록 경험적 개념을 도식화하는 도상(圖像; Bild)의 모델을 산출하기 위한 1계 규칙이다. (2) 순수개념의 선험적 도식은 1계 규칙이 규칙이기 위해 지녀야 하는 시간 구조를 규정하는 2계 규칙이다. 규칙론적 해석에 대한 해체는 다음과 같은 경로로 진행된다. (1) 선험적 도식을 2계 규칙으로 보는 규칙론적 해석은 선험적 도식에 대한 칸트의 이해와 어울리기 어렵다. 칸트는 선험적 도식을 지성(Verstand)적인 동시에 감성적이고, 보편적인 동시에 개별적인 것으로 보고 있는 데 비해 규칙에는 그러한 상반된 서술이 귀속될 수 없기 때문이다. (2) 경험적 개념의 도식에 대한 규칙론적 해석은 우리가 경험적 개념을 적용할 수 있다는 사실을 설명하는 데 사용될 수 없다. 우리가 모델을 제공하기 위한 규칙을 안다면 우리는 이미 개념을 모델에 적용한 셈이기 때문이다.

9장 「칸트와 현대 물리학」에서는 칸트의 『순수이성비판』을 준거로 현대 과학의 철학적 근거와 한계를 다루는 순수과학비판을 구상한다. 이 과정에서 양자역학의 철학으로서 측정의 현상학과 모순의 현상학을 제안하고, 이 두 현상학이 일관성이라는 전통적 이념을 어떻게 해체하는지를 살펴본다. 아울러 수학이 물리학에 적용되는 과정을 검토하면서 칸트의 『순수이성비판』의 한 버전인 순수수학비판을 함께 수행한다. 이 과정에서 물리학에 적용되는 수학이 주제로 하는 시공간의 순수 형식이 독립적으로 혹은 가능태로서 존재한다는 수학적 실재론, 우리가 그것을 직관할 수 있다는 플라톤주의적 인식론 등이 순수 수학의 대상을 사물화(reify)하는 형이상학적 오류를 범하고 있다는 점을 비판한다. 수학이 묘사하는 현실은 일종의 추상적 가상현실이며 그것에 어떠한 형이상학적 실재성을 부여하거나 그것과 우리 사이에 직관과 같은 특권적 교감을 설정할 필요가 없는 것이다.

『역사적 분석철학』이 서양철학사를 수놓은 주요 사상가들의 사유를 분석하고 논증하는 방식이 주종을 이루고 있는 데 반해, 10장 「맥도웰의 칸트적 분석철학」은 현대영미철학계에서 대표적 철학자의 한 사람으로 활동하고 있는 맥도웰(John McDowell)의 철학에 서려있는 칸트의 영향에 초점을 맞춘다. 분석철학에 미친 칸트의 영향력은 맥도웰뿐 아니라 비트겐슈타인, 스트로슨(Peter Strawson), 퍼트남(Hilary Putnam), 베넷(Jonathan Bennett) 등과 같은 분석철학자들에게서도 공통으로 발견되고 있음에 착안해 칸트적 분석철학이라는 표현을 사용해 본다.

『역사적 분석철학』의 초고 중 일부는 그 준비과정에서 학회 발표 등을 통해 학계의 검증과 피드백을 받았다. 그 과정에서 주고받은 논평과 답론, 토론을 4부에 수록해 학술적 공신력을 높이고자 한다.

『역사적 분석철학』은 순서대로 읽을 수도 있지만 각 장에 대한 4부의 토론을 함께 읽어나가는 방식도 가능할 것이다. 내용이 연관되는 장들을 괄호로 묶어 논의의 흐름을 알고리듬화하면 다음과 같은 순서가 된다.

(1장 → 11장) → (2장 → 12장) → 3장 → 4장 → 5장 → 6장 → 7장 → 8장 → (9장 → 13장) → 10장

분석철학의 철학사적 뿌리를 추적함으로써 서양철학사에 분석철학이 일찍부터 녹아있었음을 보여주고 있는 『역사적 분석철학』은 그

동안 부족했던 철학사와 분석철학 사이의 대화와 협력을 도모하는 데 기여할 것으로 기대한다.

목　차

2부 근대성의 해부

3부 칸트의 안과 밖

4부 토론

1장

태초에 정보가 있었다

1장
태초에 정보가 있었다*

이 장에서 우리는 정보통신기술(ICT; Information and Communications Technology)과의 소통[1]을 도모하고자 한다. 소통은 이해를 지향한다. 어떤 것에 대한 바른 이해는 그것의 역사를 살피는 데서 시작해야 한다. 첨단기술의 총아인 정보통신기술도 예외는 아니다. 그 기술의 이념은 서양철학사의 시초로 소급이 가능하리만치 오랜 것이기도 하다. 정보의 원어인 information에 각인된 form의 연원은 플라톤으로까지 거슬러 올라간다. 이 장의 전반부에서는 정보의 철학사를 짚어본다(1절). 그 귀착점은 컴퓨터중심주의이며(2절) 이는 인공지능이라는 화두를 창출하게 된다(3절). 이즈음에서 우리는 개별과학기술의 약진과 이에 대

* 이 장은 연세대학교 바른 ICT 연구소의 (일부) 지원을 받아 수행된 연구결과이다.

1 통신으로 번역한 communication의 원뜻은 소통이다.

한 철학적 성찰의 필요성을 바름과 진리라는 상이한 척도 하에 살핀다(4절). 이를 바탕으로 디자인과 다자인이라는 두 유형의 존재범주를 설정하고(5절), 정보통신기술의 정점에 놓이게 될 로보 다자인의 출현을 스케치해본다(6절). 맺는말에서는 로보 다자인과의 소통에 요청되는 2인칭적 태도의 단초를 칸트에게서 찾아본다(7절).

1. 정보의 철학사

플라톤은 형상이나 이데아에 해당하는 정보가 존재자의 본질이라고 보았다. 서양철학사의 첫 화두였던 본질 물음에 대한 그의 대답은 정보였다. 그는 세상을 정보의 관점에서 본 첫 번째 서양철학자였고, 이후의 서양철학사는 화이트헤드(Alfred North Whitehead)가 플라톤의 각주에 불과하다고 했으리만치 저 관점이 주류를 이루어왔다. 본질 물음은 플라톤이 제출한 답으로 정리되었다고 할 수 있다. 그는 정보가 현상계를 초월해 독립적으로 존재한다고 보았다.[2] 정보를 하나의 독립된 주제로 삼고 있는 우리는 그의 이러한 초월론적-관념론적 가정을 수용하고 있는 셈이다.

기하학을 모르는 사람은 학문의 전당(아카데미)에 발을 들여놓을

2 이 표현은 플라톤과 플라톤주의자들(예컨대 프레게) 사이에 의미의 차이가 있다. 플라톤에게서의 초월성과 독립성은 사람의 주관이나 감각 경험과는 별개라는 현상학적 의미를 갖는 데 비해, 플라톤주의자들에게서는 별개의 영역을 상정하는 존재론적 의미를 갖는다. 과연 플라톤이 플라톤주의자이기도 했는지에 대한 논란은 이 책의 범위를 벗어난다. 양자가 구별된다면 서양철학사는 플라톤을 오해한 각주가 되는 셈이다.

수 없다고 한 플라톤의 수학에 대한 강조는 만물의 본질을 수(數)라고 보았던 피타고라스의 전통을 계승하고 있으며, 수학을 과학의 언어이자 자연의 질서 그 자체로 간주한 갈릴레오를 거쳐 오늘에까지 면면히 이어지고 있다. 언어와 질서는 고대 그리스어 로고스에서 연원하는데, 후에 논리, 이성, 합리성의 모태가 되는 로고스는 헤라클레이토스의 중심 화두였다.[3] 정보과학의 주된 패러다임으로 군림해온 계산주의는 정보의 핵심을 논리-수학적[4] 계산에 두고 있는데, 거기에는 피타고라스, 헤라클레이토스, 플라톤, 갈릴레오로 이어지는 서양철학사의 물줄기가 흘러들어와 있다.

정보에 대한 플라톤의 초월론적 태도는 세상에 대한 관조(theorein)를 철학의 근본 분위기로 설정하는 데 기여했다. 이러한 관조적 태도는 학문의 이념인 객관성의 초석이 된다. 철학이 만학(萬學)의 왕으로 군림하던 고대 그리스에서 학문의 이념과 방법은 플라톤의 제자 아리스토텔레스에 의해 3인칭적 관조를 집약한 이론(theoria)으로 정립되었다. 정보가 어떻게 처리되고 현상계에 구현되는지 그 작동원리를 객관

3 이로부터 헤라클레이토스의 로고스가 우리에게 익숙한 논리, 이성, 합리성을 의미했음이 따라 나오는 것은 아니다. 플라톤에 대한 플라톤주의적 해석이 그러하듯이 헤라클레이토스의 로고스에 대한 저러한 해석도 논란의 여지가 있지만, 이 역시 이 책의 범위를 벗어난다. 그러나 바른 이해를 통해서이건 오해를 통해서이건 서양철학사가 헤라클레이토스의 로고스와 플라톤의 형상 개념에 빚진 것은 사실이라는 점이 중요하다. 오해를 통한 계승도 계승의 한 방식이기 때문이다.

4 프레게와 러셀의 논리주의는 수학을 논리학으로 환원하려 했지만, 그들이 이 과정에서 창안한 수리논리학은 수학의 한 분과로 더 많이 알려져 있다. 두 학문의 이러한 혼융은 양자 모두 로고스에 대한 고대 그리스의 탐구에서 연원했다는 데서 이해될 수 있다.

적으로 설명하는 프로그램이 이론인 것이다.

플라톤의 정보론은 니체가 모두를 위한 플라톤주의로 본 중세 기독교와 신학으로 계승된다. 정보는 태초의 말씀으로,[5] 정보의 입력(in-form)은 계시로 신격화되고, 존재자는 정보의 출력물인 피조물로 해석된다. 말씀은 그리스어 로고스의 번역어이므로 로고스의 다른 뜻인 질서, 이성으로도 번역될 수 있다. 이러한 구도 하에서 세계는 신적 정보를 처리하는 거대한 컴퓨터가 된다. 신학과 그 시녀가 된 철학은 중세의 정보과학이자 컴퓨터과학인 셈이다. 당시만 해도 과학은 철학이나 신학과 구별되지 않았다.[6] 하이데거는 이를 하나로 묶어 존재신학이라 불렀다.

근대성의 창안자이자 수학자였던 데카르트도 존재신학의 전통에서 자유롭지는 못했다. 그는 방법론으로 회의론을 도입했지만 신은 회의가 아니라 증명의 대상이었고, 명석 판명함을 추구하는 그의 철학은 수학에 입각한 것이었다. 그럼에도 그는 회의하는 1인칭적 활동에 주목했고, 이 활동을 수행하는 1인칭의 관점에서 기존 학문들을 비판적으로 톺아보았다. 플라톤의 초월론적-관념론적 전통을 1인칭적으로 재전유(再專有)한 칸트가 수행한 순수이성비판의 시조가 되는 이러

5 말씀은 로고스의 번역어이다. 번역의 과정에서 의미의 변형이 일어나는데, 이 역시 이 책의 범위를 벗어난다.

6 스탠리 큐브릭(Stanley Kubrick)에 의해 영화화되기도 한 아서 클락(Arthur Clarke)의 『2001 스페이스 오디세이』는 과학과 영성(靈性)의 기묘한 조합을 담고 있다. 시대를 뛰어넘은 첨단 SF 작품이라지만 그 세계관은 다분히 신학적이다. 작품 곳곳에 등장해 아주 중요한 상징의 역할을 하는 모노리스(monolith)는 모세가 시나이 산에서 받아 적은 하느님의 말씀(십계명)을 담은 석판을 연상케 한다.

한 자기반성에서 근대성이라는 새로운 형태의 합리성이 탄생한다.

근대성의 출현은 철학에서 인식론이 형이상학을 누르고 헤게모니를 거머쥐게 되는 계기가 되었다. "반성되지 않은 삶은 살 가치가 없다."는 소크라테스의 말은 근대에 이르러 "반성되지 않은 학문은 연구할 가치가 없다."는 인식론의 명제로 거듭난다. 그 반성의 결과 목적론에 방향 잡혀 있던 고대의 자연학, 신앙에 방향 잡혀 있던 중세의 신학을 지양하는 새로운 형태의 과학이 탄생하게 된다. 수학을 언어로, 증명과 실험 관찰을 방법으로 삼은 뉴턴의 물리학이 『자연철학의 수학적 원리』라는 제목의 텍스트로 출간된 것이다.

현상계와 그 너머의 정보가 고대 이원론의 골자였다면, 인식론이 주도한 근대철학에서는 마음과 세계의 이원론이 새로이 대두되었다. 1인칭적 마음은 외부에 존재하는(present) 세계를 내적으로 표상(represent)하는 거울과 같은 기능을 부여받았다.[7] 이러한 이원론 역시 데카르트에게서 비롯되는데 그는 외부세계와 분리된 1인칭적 마음이 어떻게 3인칭적 세계를 표상할 수 있는지를 설득력 있게 설명하지는 못했다.

근대의 경험론자들은 외부세계가 백지인 마음에 감각 경험의 흔적을 남기는데 이 흔적이 곧 표상의 원천이라고 보았다. 그러나 외부

---

7 하이데거와 데리다(Jacques Derrida)는 이 점에서 데카르트가 존재와 인식의 핵심을 현전(現前; presence)으로 간주하는 현전의 형이상학적 전통을 계승하고 있다고 보았다. 그들이 보기에 (데리다가 보기에는 심지어 하이데거까지 포함해*) 서양의 형이상학은 현전의 형이상학이라는 단일한 형태를 취해 왔다(Heidegger 1927, 25–26쪽; Derrida 1977, 93쪽).

* 데리다는 하이데거를 이성중심주의자로 간주하는데 데리다가 보기에 이성중심주의는 현전의 형이상학을 동반한다(Derrida 1987, 48쪽).

세계를 마음에 대한 입력 값으로 설정하는 것만으로는 경험들 사이의 연관관계와 이로부터 생성되는 인식/지식을 제대로 설명할 수 없다. 칸트는 저러한 입력 값에 범주와 개념화 작용이 가해져 표상을 위시한 인식/지식이 산출된다고 보았다. 외부의 입력 값은 질료에, 내부의 범주와 개념은 형상에 해당하는 것으로 보자면, 칸트의 인식론은 고대 그리스 철학의 질료-형상론을 바탕으로 마음을 일종의 정보처리 시스템으로 이해한 것이다.

2. 컴퓨터중심주의

서양 현대철학은 인식론의 헤게모니에 종언을 고하는 언어적 전회(linguistic turn)에 의해 탄생한다. 사적 성격을 지닌 까닭에 유아론(唯我論; solipsism)의 위험이 있는 인식에서 공적인 언어로 담론의 주제가 바뀌게 된 것이다. 플라톤의 정보를 태초의 말씀으로 재해석했던 중세의 전통이 부활한 셈이다. 청년 비트겐슈타인은 이와 함께 언어와 세계가 동일한 형태를 지녔다는 언어-세계 동형론(isomorphism)의 가설을 언어가 세계를 표상하는 근거로 설정한다. 마음이 세계를 표상한다는 근대의 논제는 마음의 내용을 이루는 언어가 세계를 표상한다는 논제로 다듬어진다. 이로써 현대철학은 근대 인식론의 공헌을 온전히 수용하면서도 공적 객관성과 학적 엄밀성을 강화하게 되었다.

플라톤의 이데아나 형상으로서의 정보는 본질 물음에 대한 해답에서 출발해 세계로(고·중세), 마음으로(근대), 언어로(현대) 투사되었다. 그가 열어 밝힌 서양철학사는 세계-마음-언어의 삼위일체 동형론으로 정점에 이른다.[8] 삼위일체를 이루는 존재론, 인식론, 언어철학은 정보를 중심으로 한 존재신학 전통의 귀결이다. 세계, 마음, 언어는 정보라는 본질의 구현인 셈이다. 동형론적 관계를 이루는 저 셋은 정보처리라는 동일한 과제를 수행한다.

정보처리 기술의 총아인 컴퓨터는 2500년 서양철학의 한 결정체이다. 거기에는 헤라클레이토스와 기독교의 로고스에서 연원하는 이성중심주의, 플라톤의 이데아에서 연원하는 정보, 데카르트에서 연원하는 이원론, 거기서 비롯되는 정보의 독립성,[9] 그리고 정보와 그 처리의 핵심을 수학적 계산으로 보는 피타고라스와 갈릴레오의 전통이 깃들어 있다. 서양철학을 집약하고 있는 컴퓨터는 기술의 영역에 머물지 않고 인식의 틀로서 작동한다. 예컨대 우리는 컴퓨터를 모델로 사람을 이해한다.[10] 그에 따르면 사람은 주변으로부터 입력한 정보를 처리해 세계에 대한 표상, 즉 세계상을 출력해내고 이를 근거로 자신의 목표

---

8 하이데거는 동형론이 아닌 동근원성(同根源性; Gleichursprünglichkeit)의 관점에서 사유와 존재를 같은 것으로 본 파르메니데스의 철학에 자신이 존재의 집으로 이해한 언어를 추가한 삼위일체를 구축한다. 그러나 이는 존재신학적 전통과는 다른 차원에 속하는 삼위일체임에 주의해야 한다. 이 차이는 존재자와 존재 사이의 존재론적 차이에 대응한다.

9 마음이라는 소프트웨어를 올바로 구현하기만 한다면 하드웨어의 재질은 아무래도 상관없다는 다수실현 논제를 골자로 하는 기능주의(Putnam 1960; 1967)는 질료에 대한 정보(형상)의 독립성과 주재라는 철학사적 전통을 계승하고 있다. 기능주의에 대한 썰의 비판은 질료의 도전을 골자로 하고 있다(Searle 1990).

10 코인은 기술에 대한 우리의 집착이 기술적 사고(思考)를 초래한다고 주장한다(Coyne 1995, 8쪽). 하이데거가 보기에 이는 본말전도의 오류이다. 기술의 탄생 이전에 기술적 사고가 있었으며 이로 말미암아 기술이 탄생한 것이다(Heidegger 1953, 25–26쪽; 이승종 2010, 7장 참조).

를 수단과 방법의 계산을 통해 달성한다(Taylor 1993, 319쪽). 이성중심주의를 계승한 컴퓨터중심주의가 새로운 패러다임으로 부상하고 있는 것이다.

컴퓨터를 모델로 한 사람에 대한 이해에서는 사람과 주변의 연관관계가 정보 입력이라는 일방적인 구도로 설정되어 있다. 이렇게 이해된 사람은 주변과 연관되어 있다기보다는 분리되어 있다고 보아야 한다. 우리는 데스크 위에 놓인 컴퓨터가 주변과 연관되어 있다고 보지 않는다. 연관된 것을 분리시키는 관점은 이데아로서의 정보를 현상계로부터 분리시켜 이해한 플라톤, 현전과 표상, 주관과 객관의 이원론을 정립한 데카르트의 연장선상에 있다. 그러나 컴퓨터는 에피스테메(episteme), 즉 세계를 반영하는 정보가 아니라, 정보를 처리하는 테크네(techne), 즉 기술이다. 컴퓨터에 부합하는 앎은 …(처리되는 정보)에 대한 앎(know that)이 아니라, …(정보를 처리)할 줄 앎(know how)이다.[11] 하이데거의 용어로 표현하자면 그것은 눈앞에 있는 전재적(前在的; vorhanden)인 것이 아니라, 손안에 있는 용재적(用在的; zuhanden)인 것이다.

컴퓨터를 모델로 한 사람에 대한 이해는 기계론적이다. 사람은 정보를 처리하는 기계이다. 다른 점이 있다면 사람은 그 재질이 쇠가 아

11 현 단계의 인공지능이나 컴퓨터에 앎의 능력을 부여할 수 있는지에 대해서는 회의적이지만, 우리말에서 …할 줄 앎은 …할 수 있음과 혼용되기도 한다는 점에 착안했다. 우리는 "이제 엔터키만 누르면 나머지는 컴퓨터가 다 알아서 처리해줘."라고 말하곤 하는데, 여기서의 앎은 우리가 컴퓨터에 부여하는 속성이지 컴퓨터가 자체적으로 지니고 있는 속성은 아니다. 이에 대해서는 7절에서 재론할 것이다.

니라 단백질이라는 것뿐이다. 사람은 일종의 생물학적 컴퓨터인 셈이다. 세상 전체에 대한 기계적(mechanical) 이해는 고전역학에서 양자역학에 이르기까지 역학적(mechanical) 이해의 일관된 기조이기도 하다.[12] 그 이해가 결정론적(고전역학)이냐 아니냐(양자역학(의 코펜하겐해석))의 차이만이 있을 뿐, 자연과학 전체가 이에 힘입었다고 해도 과언이 아니다. 세계를 정교히 돌아가는 시계로 보던 것에서 정보를 처리하는 컴퓨터로 보는 것으로 바뀌었지만, 기계의 비유는 여전히 유효하다.

3. 지능의 설계

컴퓨터를 모델로 한 사람의 이해는 사람과 고등동물에게 배타적으로 귀속되어오던 지능을 컴퓨터에서 구현해보겠다는 인공지능 프로젝트로 새로운 전기를 맞는다. 그런데 우리는 사람에 대해서도 그의 지능을 구현하는 마음에 대해서도 정확한 이해를 갖지 못한 상태이다. 알지도 못하는 것을 컴퓨터에서 구현해보겠다는 저 프로젝트는 시작부터 선결문제 요구의 오류를 범하고 있는 셈이다. 그러다 보니 컴퓨터를 모델로 한 사람의 이해, 즉 우리가 알고 있는 컴퓨터의 작동원리와 과정을 사람에게 투사해 그의 마음과 지능도 그것과 같거나 최소한 유사하리라는 작업가설이 중심이 되었다. 그러나 그 가설 역시 검증되지 않은 것이기는 마찬가지이다.

컴퓨터를 모델로 한 인공지능의 설계는 지능의 기능을 컴퓨터의

12 '기계적'과 '역학적'이 원어에서 구분되지 않듯이 기계론과 역학은 동일한 이념의 산물이다.

주 기능인 정보처리로 파악하였다. 지각, 추론, 이해, 언어 사용 등 일체의 지적 과정을 정보처리 과정으로 이해하려 한 것이다. 이를 위해서는 정보가 내적으로 표상되어야 한다고 보았다. 사람의 마음에 떠오르는 생각, 지각, 기억 등이 내적 표상에 해당한다. 그런데 표상되는 정보는 입력된 구문론적 기호를 형식적 규칙에 의해 기계적으로 처리함으로써 새로운 구문론적 기호를 출력하는 과정에서 형성된다. 지능에 대한 이러한 이해는 0과 1이라는 기호를 형식적 규칙으로 처리하는 컴퓨터 프로그램의 아이디어를 사람의 마음에 적용한 귀결이다.

지능이 정보처리 기능과 동의어라면 저러한 기능을 지닌 컴퓨터는 지능을 지녔다고 할 수 있다. 그러나 그것이 사람의 지능과 같은 것인지, 컴퓨터에 지각, 추론, 이해, 언어 사용 등의 기능을 부여할 수 있는지는 또 다른 문제이다. 구문론적 정보처리 프로그램이 어떻게 세계를 표상하는 기능을 수행할 수 있는지, 구문론적 정보처리에 의한 언어 사용이 과연 처리되는 언어에 대한 의미론적 이해를 동반할 수 있는지에 대한 해명은 이루어지지 않고 있다.[13] 아니, 이루어지기 어려울 것이다. 컴퓨터를 모델로 사람의 지능을 설명하려는 시도는 구문론과 의미론의 차이를 감안하지 못하는 범주 오류를 범하고 있기 때문이다.

컴퓨터를 모델로 한 인공지능의 설계는 계산과 형식화가 가능한

13 비트겐슈타인은 마음의 표상(mental representation)이 의미함이나 의미 이해의 필요조건도 충분조건도 아님을 논증한 바 있다(Wittgenstein 1953). 썰은 중국어 방 논증을 통해, 구문론적 정보처리에 의한 언어 사용이 처리되는 언어에 대한 의미론적 이해를 동반할 수 없음을 지적한 바 있다(Searle 1980). 그의 논증에 대해서는 5절에서 재론할 것이다.

것만을 정보로 간주한다. 컴퓨터가 그러한 정보만을 처리할 수 있기 때문이다. 이는 자연과학이 양화(quantification)가 가능한 자연종(自然種; natural kind)과 사건만을 탐구의 테두리로 설정하는 것에 비견된다. 질적 자연과학이 (아직까지는) 형용모순이듯, 계산과 형식화가 불가능하여 처리할 수 없는 정보는 컴퓨터를 모델로 한 인공지능의 관점에서는 정보가 아니다. 컴퓨터를 모델로 한 인공지능이 안고 있는 이러한 한계는 그것이 사람의 지능에 그대로 투사하기에는 부적합한 모델임을 함축한다. 앞으로 보겠지만 사람은 계산과 형식화가 불가능한 정보도 처리하기 때문이다. 인공지능과 사람의 지능은 이 점에서 분명한 차이가 있다.

구문론적 정보처리 작업에 머물러 의미론적 차원에 올라서지 못하는 컴퓨터와 인공지능에게 주위 세계 및 타자와의 상호작용을 전제로 하는 화용론적 차원으로의 자체적 진입은 더더욱 기대하기 어렵다. 주위 세계와 유리된 컴퓨터를 모델로 행위자인 사람(의 지능)을 이해하려는 것 자체가 무리인 것이다. 그리고 이는 컴퓨터만의 문제가 아니다. 앞서 보았듯이 컴퓨터는 서양철학사의 한 귀결이기 때문이다. 서양철학사의 인간관과 세계관에 문제가 있다고 진단하는 것이 더 적절하다. 컴퓨터 모델로 귀결되는 서양철학사에서 생겨난 문제들을 돌이켜 세 종류로 대별해보면 다음과 같다.

첫째, 형상(형식; form)을 분리시켜 정보(information) 개념을 구축하는 데서 정보와 세계가 분리되는 문제가 생겨났다. (초월적 관념론)

둘째, 형식과학인 수학과 논리학을 강조하다 보니 계산과 형식화

가 불가능한 정보는 다룰 수 없게 되는 문제가 생겨났다. (이성중심주의)

셋째, 현전과 표상의 모델에 치중하다 보니 마음의 다양한 과정과 작용을 제대로 다룰 수 없게 되는 문제가 생겨났다. (현전의 형이상학)

위의 세 문제들은 2인칭의 부재와 연관되어 있다. 세계는 초연한 관조의 대상인 3인칭적 객관으로 자리매김 되고, 관조의 주체는 그 세계를 표상하는 1인칭적 주관으로 자리매김 될 뿐 양자를 매개하고 소통하는 2인칭적 관점은 거론되지 않았다. 관조(고대철학), 계시(중세철학), 표상(근대철학), 지시(분석철학), 지향성(현상학)은 1인칭과 3인칭 사이의 상호작용이라기보다는 어느 하나에서 다른 하나로 궤적이 정해진 일방적인 관계였다.

앞서 살펴본 세 종류의 문제들은 지능을 설계함에 있어 나아갈 방향을 다음과 같이 일러주고 있다.

첫째, 지능은 세계와 분리된 정보를 세계에 재위치 시킬 수 있게끔 설계되어야 한다.

둘째, 지능은 계산과 형식화가 불가능한 정보도 다룰 수 있게끔 설계되어야 한다.

셋째, 지능은 마음의 다양한 과정과 작용을 제대로 다룰 수 있게끔 설계되어야 한다.

지능설계의 방향전환은 연관되는 정보기술이 정보처리기술(IPT; Information Processing Technology)에서 정보통신기술(ICT; Information and Communications Technology)로 이행하고 있다는 사실과도 연관되어 있다. 지능의 역할은 입력된 정보를 처리하는 데 국한되어 있는 것이 아니라, 주위 세계 및 타자와 능동적으로 정보를 소통하는 데까지 확장된다. 소통에 필요한 것이 2인칭으로의 인칭변화이다.[14 15] 이를 위해서는 지능의 아이콘인 컴퓨터를 정보처리나 표상의 용도로만 다루는 것을 넘어, 주위 세계 및 타자와 본래적으로 소통하는 나들목으로 인정하는 발상전환이 함께 요청된다.

4. 바름과 진리

사람은 정보를 처리할(besorgen) 뿐 아니라 주위 세계 및 타자에 마음 쓰는(besorgen)[16] 존재자이다. 그때 주위 세계 및 타자는 3인칭적 처리의 대상에서 2인칭적 소통의 상대로 격상된다. 2인칭을 향한 그의 마음 씀은 계산을 넘어서는 소통의 근원이다.[17] 컴퓨터를 모델로 한

---

14 2인칭에 대한 다음의 글을 참조. 이승종 2007.

15 2인칭은 단순한 물리적 거리 좁힘이 아닌 상대로 향한 마음 씀(Sorge)으로서의 관심을 수반한다(Heidegger 1927). 대면으로 이루어지는 대화 중에도 마음이 상대와의 대화가 아닌 곳에 쏠려 있으면 대화는 들리지 않는다.
2013년 10월 31일과 11월 1일에 성균관대학교 동아시아학술원에서 있었던 학술 발표에서 플래너건(Owen Flanagan)은 자신을 신경생물학과 철학의 접점에 대한 연구의 길로 이끌었던 실험을 소개하였다. 실험에서 승려는 명상 수행 중에 있었고, 그의 몸은 심전도, 혈압 등을 측정할 수 있도록 의료기기에 연결되어 있었다. 정적을 깨고 실제 음량의 총소리를 그에게 갑자기 들려주었다. 놀랍게도 승려의 심전도나 혈압 수치에는 큰 변화가 없었다. 그는 갑작스런 굉음에도 흐트러지지 않을 만큼 견고하게 내면의 평정을 유지할 수 있었던 것이다. 마음 씀의 위력을 보여주는 인상적인 사례라고 할 수 있다.

16 독일어에서 besorgen은 처리와 마음 씀을 두루 의미하는 동사이다.

17 타자와의 소통을 해명하기 위해 고안된 후설(Edmund Husserl)의 상호주관성(Intersubjektivität) 개념은 2인칭적 관점의 한 효시이다. 그러나 상호주관성은 주위 세계에 대한 2인칭적 감응을 담아내기에는 부족하다. 타자와 달리 주위 세계는 (신화나 동화에서의 애니미즘(animism)의 경우를 제하고는) 주관성을

인공지능이 사람의 지능을 재현하려면, 사람에 대한 올바른 이해가 있어야 한다. 우리가 알고 있는 컴퓨터의 작동원리와 과정을 사람에게 투사해 그의 마음과 지능도 그것과 같거나 최소한 유사하리라는 인공지능의 작업가설은 원점에서부터 재고되어야 한다. 컴퓨터에서 구현되는 인공지능은 사람이 수행하는 능력의 일부를 이미 추월하고 있다지만,[18] 그것만으로 사람의 지능에 비교되기는 어렵다.

우리는 컴퓨터를 포함한 존재자에 대한 물음의 지평과, 그러한 존재자의 본질에 대한 물음의 지평을 구분해야 한다. 하이데거에 의하면 전자는 존재자적(ontisch)인 반면 후자는 존재론적(ontologisch)이다. 우리는 서양철학사가 존재자의 본질에 대한 물음에서 출발하였음을 기억한다. 한편 우리는 컴퓨터라는 존재자를 서양철학의 한 결정체로 보았다. 컴퓨터가 사람과 지능의 모델이 되면서 존재론적 물음은 존재자적 기술인 컴퓨터에 대한 물음으로 바뀌게 된다. 이는 본질을 묻는 존재론적 물음에 대한 답이 정보로 갈무리되는 과정에서 생겨났다.

존재론적 물음이 존재자적 물음으로 바뀐다는 것은 존재자가 드러나는 존재의 과정에 대한 물음이 망각됨을 함축한다. 존재를 최고의 존재자인 신으로 이해한 존재신학은 이를 더욱 부추겼다. 하이데

부여받을 수 없기 때문이다. 주위 세계에 대한 나의 감응은 상호주관성보다 외연의 폭을 넓힌 2인칭적 관점에서야 해명될 수 있다. 내가 주위 세계에서 느끼는 편안함, 안정감, 낯섦, 스산함 등의 분위기는 주위 세계에 의해 일방적으로 입력된 것이 아니라는 점에서 3인칭적이거나 객관적인 것이 아니고, 내가 자의적으로 지어낸 것이 아니라는 점에서 1인칭적이거나 주관적인 것이 아니다. 그것은 주위 세계와 나 사이의 2인칭적 상호작용의 산물이다.

18 세계 바둑계를 평정한 알파고가 그 한 예이다.

거는 존재신학이 지배한 서양철학사를 존재망각의 역사라고 부른다. 컴퓨터를 모델로 한 인공지능의 설계에도, 정보처리기술에도, 정보통신기술에도 그러한 역사가 관철되고 있다. 저러한 기술들에 대한 개별과학의 탐구는 우리에게 바른 정보를 제공한다. 그러나 그럼으로써 우리가 해당 기술에 대한 진리에 접근한다고 볼 수는 없다. 하이데거에 의하면 바름은 존재자적 지평에, 진리는 존재론적 지평에 귀속되는 서로 다른 문제이기 때문이다(Heidegger 1953, 9–10쪽).

존재론적 물음을 던진 주체도 사람이고 그 물음을 망각하고 존재자적 물음으로 대체한 주체도 사람이다. 하이데거에 의하면 저 물음을 망각한 사람은 더 이상 사유하지 않는다. 그는 계산할 뿐이다. (하이데거에 의하면 이는 과학에도 해당된다(Heidegger 1954b).) 우리는 사유가 계산으로 대체되는 시대를 살고 있다. 이러한 대체는 우리의 망각과 무관하지 않다. 망각에서 벗어나 존재론적 물음을 상기해내 이 물음을 던지는 것이 사유의 과제이다. "물음은 사유의 경건함이다." (Heidegger 1953, 40쪽). 참다운 앎을 상기로 간주한 소크라테스의 통찰은 존재론적 물음의 회복을 촉구하고 있다.

현대의 기술들은 최소한의 입력으로 최대한의 출력을 내는 데 동원되고 있다. 하이데거는 이를 몰아세움(Gestell)이라고 부른다(Heidegger 1953, 23쪽). 그에 의하면 몰아세움이 기술의 본질이다. 입력과 출력이라는 용어가 시사하듯이 IPT도 ICT도 이러한 주문 요청의 닦달을 받는다. 대지와 강, 하늘과 삼림, 심지어 사람도 예외는 아니다. 대지는 광물질을, 강은 전기를, 하늘은 질소를, 삼림은 목재를 최대한으로 산출해내야 한다. 사람의 교육은 그를 적재적소에 사용될 인적자원으로 산출해낼 것을 닦달당하고 있다. (실제로 한국의 교육부는 2001년부터 2008년까지는 교육인적자원부로 불렸다.)

최소한의 입력으로 최대한의 출력을 내는 것은 기술의 본질일 뿐 아니라 추론의 본질이기도 하다. 유클리드는 다섯 개의 공리에서 수많은 정리를 도출해냄으로써 유클리드 기하학이라는 공리 연역체계를 세웠다. 우카시에비츠의 해석에 의하면 아리스토텔레스의 논리학도 공리 연역체계이다(Łukasiewicz 1951). 수학과 논리학의 근원이 모두 기술의 본질에 방향 잡혀 있는 것이다. 기술의 본질은 이후로 아퀴나스의 『신학대전』, 홉스의 『리바이어던』, 스피노자의 『윤리학』, 뉴턴의 『자연철학의 수학적 기초』, 화이트헤드와 러셀의 『수학의 원리』 등 서양지성사의 대표적 저술들에서 어김없이 관철되어왔다. 저 저술들 하나하나가 기술의 본질을 구현하고 있다고 해도 과언이 아니다.

존재론적 물음이 열어 밝히는 기술의 본질은 우리가 처한 상황을 알려준다. 서양지성사가 최소한의 입력으로 최대한의 출력을 낸다는 기술의 본질을 구현해왔다면, 그 본질을 구현하고 있는 컴퓨터가 서양지성사의 중심에 놓인 서양철학의 한 결정체라는 것은 과언이 아니다. 그런데 그러한 기술의 본질이 우리를 매개로도 작동하고 있다면, 그것도 전 지구적으로 속속들이 작동하고 있다면, 과연 기술문명은 언제까지 지속이 가능하겠는가. 사람과 지구가 기술의 본질이 부과하는 무제한의 주문 요청에 견뎌낼 수 있겠는가. 그 닦달의 부작용과 후유증을 감당할 수 있겠는가. 이러한 부정적인 반론은 기술의 본질이 돌이킬 수 없는 것이며 우리는 그 매개에 불과하다는 체념적 기술 결정론에 근거해 있다.

기술의 본질은 돌이킬 수 있다. 만물은 고정되지 않고 변하며 사람도 기술도 예외일 수 없다. 우리가 이 변화에 존재론적으로 개입할 때 기술의 본질은 돌이킬 수 있다. 그 첫 단추가 존재망각을 깨닫는 존재론적 자각이다. 이는 파편화되어가는 현대문명에서 철학의 위상을 회복하는 과제와도 연관이 있다. 존재론적 물음은 철학만이 던질 수 있기 때문이다. 개별과학과 기술도 이 물음을 던지는 순간 철학에 동참하게 된다. 그러나 존재론적 물음과 자각은 기술의 본질을 마주함과 돌이킴의 충분조건이 아니라 필요조건일 뿐이다. 그 자각을 구현할 본래적인 결단의 실천이 요청된다.

5. 디자인 vs. 다자인

컴퓨터가 수행하는 계산적 정보처리를 지능으로 보는 계산주의의 대항마로, 생물의 신경망, 특히 사람의 시각/청각 피질을 본떠 디자인한 인공신경망의 병렬분산처리를 지능으로 보는 연결주의가 대두된 바 있다. 학습을 통해 스스로 적응하는 등 사람의 지능과 보다 유사하고 딥 러닝(deep learning)의 경우에서처럼 놀라운 실제적 성과를 거두고 있기도 하지만, 연결주의 역시 계산주의가 그랬던 것처럼 지능을 정보처리의 용도로 디자인된 추상적 알고리듬(algorithm)을 모델로 이해하고 있다. 연결주의의 대두 이후에도 컴퓨터를 모델로 한 지능의 이해라는 방법론은 달라지지 않았다. 컴퓨터의 알고리듬만이 새로이 강화되었을 뿐이다. 예를 들자면 현재 각광받고 있는 딥 러닝도 데이터로부터 표현(표상)을 학습하는 수학 모델이라는 점에서 정보의 철학사의 연장선상에 있는 기술이다.

IPT이건 ICT이건, 계산주의 프로그램이건 연결주의 프로그램이건, 정보기술이 사람의 특정 능력을 발현하거나 초과한다고 해서 사람에 가깝거나 사람을 넘어섰다고 볼 수는 없다. 하이데거의 용어로 표현하자면 사람은 특정 목적에 맞춤형으로 설계된 디자인이 아니라, 자기 존재에 대해 물음을 던질 수 있는 열린 존재자인 다자인(Dasein)이다(Heidegger 1927). 터있음으로 직역되는 다자인에는 다(da), 즉 터라는 장소성을 나타내는 문맥의존 지시어(indexical)가 접두사로 달려 있다. 다자인으로서의 사람은 주위 세계에 던져진 존재자이다. 그러나 생존과 번식이라는 본능에 철저히 방향 잡혀 있는 짐승과는 달리, 그는 자기 자신과 주위 세계에 대한 존재 물음을 던지는 유일한 존재자이다. 그것이 그를 디자인이나 짐승이 아닌 다자인이게끔 한다. 진화할 뿐인 짐승과는 달리 다자인은 그 이상으로 발전할 수 있다.[19] 존재 물음은 파편화된 탈맥락적 정보의 지평을 넘어 존재의 역운(歷運; Geschick)에 대한 본래적 시간성의 지평으로 다자인을 이끈다.

컴퓨터나 인공지능 같은 정보기술이 사람의 지능을 구현하기에는 아직 요원하며 꼭 사람의 지능을 구현하는 쪽으로 가야할 필요도 없다. 그러나 만일 사람의 지능을 구현하려 한다면 형식화가 가능한 계산적 지능을 넘어 다자인으로서의 사람의 사유를 구현할 수 있어야

19 바크는 다자인이 된 어느 갈매기의 세계를 소설 속에서 펼쳐 보인다(Bach 1970). 그러나 물론 실제 세계에서 그러한 경우는 보고된 바 없다.

한다.[20] 그렇지 않다면 그것은 그냥 똑똑한 기술일 뿐이다. 만일 정보기술이 다자인을 구현할 수 있다면 그것이야말로 인류문명사에 획기적인 이정표가 될 것이다.[21] 그때 비로소 정보기술은 특정 능력만 탁월한 기계장치가 아닌 온전한 주체로서 사람과 2인칭적 소통의 상대가 될 것이다. 사람과 정보기술은 본래적 소통을 통해 서로 사유의 층위를 제고할 수 있을 것이다.

이종관 교수는 시그그래프(Siggraph)라는 컴퓨터 전시회에 출품됐던, 고해성사를 들어주는 신부의 역할을 수행하도록 프로그래밍된 가톨릭 튜링 테스트(Catholic Turing Test)라는 프로그램을 이미 그러한 차원에 도달한 것으로 묘사하고 있다.

> 신자는 그것이 컴퓨터인지 모르는 상태에서 자신의 죄를 고백하고 그에 따라 컴퓨터가 내리는 보속(補贖)을 따른다. 이 프로그램이 상징하는 바는 놀랄 만하다. 이것은 종교에 대한 과학의 승리를 뜻함과 동시에 인공지능이 자연인을 영적으로 지배할 수 있는 차원에 도달했음을 암시하고 있기 때문이다. (이종관 2003, 41-42쪽)

그러나 가톨릭 튜링 테스트는 엘리자(ELIZA)나 버블즈 아주머니

---

20 하이데거의 다자인 개념을 인지과학에 접맥시킨 드라이퍼스(Hubert Dreyfus)의 다음 책들을 참조. Dreyfus 1991; 1992.

21 글로버스는 인공신경망에 다자인과 유사한 지위를 부여하고 있다(Globus 1990, 24, 27쪽). 인공신경망이 보여주는 자기조절과 학습의 능력은 분명 기존의 프로그램보다 진일보한 것으로 평가받아 마땅하지만, 그것이 다자인으로서의 자각과 본질 물음의 능력을 담보하고 있지는 못하다.

(Aunt Bubbles)와 같은 프로그램과 크게 다르지 않다. 심리 상담자를 본뜬 엘리자의 대화는 사실은 환자가 대화중에 사용한 문장의 간단한 변형, 그리고 환자가 사용한 핵심적 개념으로 조립한 일군의 표준 질문 형식 등으로 구성한 것이다. 엘리자는 이들 개념이 무엇을 의미하는지 전혀 이해하지 못한다. 엘리자는 프로그램 입안자가 구성한 요령에 따라 기계적으로, 그러나 성공적으로 환자와 표준적 형태의 대화를 이끌어갈 뿐이다. 즉 엘리자는 구문론적 정보처리 프로그램 그 이상도 이하도 아닌 것이다. 버블즈 아주머니나 가톨릭 튜링 테스트의 경우도 사정은 마찬가지이다. 엘리자가 심리 상담에 대한 과학의 승리를 뜻한다거나 인공지능이 심리 상담자를 대체할 수 있는 차원에 도달했음을 암시하고 있지 않듯이, 가톨릭 튜링 테스트도 종교에 대한 과학의 승리나 자연인에 대한 인공지능의 영적 지배를 암시하지 않는다. 컴퓨터 프로그램으로서의 가톨릭 튜링 테스트는 신자의 고해성사를 이해할 수 없기 때문이다(이승종 1994 참조).[22]

이종관 교수는 썰의 중국어 방 논증에 대해 다음과 같은 반론을 제시하고 있다.

> 서얼과 드레이퓨스[23]의 주장은 자연인의 인지 능력이 형식 규칙

22 만일 가톨릭 튜링 테스트가 이종관 교수의 평가대로 기능한다면, 그 까닭은 신자가 상대를 고해성사를 듣는 사제로 선이해(先理解)했기 때문이다. 즉 고해성사라는 특정한 성스러운 맥락의 역할이 크다고 본다. 이에 대해서는 7절에서 재론할 것이다.

23 서얼은 우리가 썰이라고 표기한 John Searle을, 드레이퓨스는 우리가 드라이퍼스라고 표기한 Hubert Dreyfus를 각각 지칭한다.

에 따른 기호 처리 과정으로 인공지능화될 수 없으며, 역으로 형식 규칙적 기호 처리 과정으로서의 인공지능은 결코 자연지능의 내적 상태인 이해나 마음을 구현할 수 없다는 것을 보여주기 위해서라면 설득력을 지닐 수 있다. 그러나 그들의 주장은 인공지능이 지능적인 기능을 수행하지 못한다거나 인간의 지능을 결코 능가할 수 없다는 것을 논증하는 데는 활용 가치가 없다. 오히려 인공지능은 인간의 지능을 모방하지 않음으로써 자연인의 지능을 능가할 수도 있다. 그것은 마치 '빨리 달림'이라는 기능이 타조의 달리기를 모방하는 것이 아니라 전혀 다른 방식으로, 즉 내연 기관의 발명으로 실현되면서 오히려 타조의 달리기를 능가하게 되는 것과 같다. (이종관 2003, 40쪽)

그러나 우리가 피아노와 테니스에 대해 그것들을 서로 같은 의미에서 잘 친다고 하지 않듯이, 우리는 타조와 KTX에 대해 그것들이 서로 같은 의미에서 빨리 달린다고 하지 않는다. 빠른 타조의 보폭을 재는 것은 의미가 있지만 KTX의 보폭을 묻는 것은 무의미하다. 특정한 기능의 수행 면에서 사람과 컴퓨터는 서로 비교될 수 있겠지만, 컴퓨터가 사람보다 그 기능을 더 잘 수행한다고 해서 그것이 (심지어 그 기능의 측면에서조차) 자연인의 지능을 능가한다고 말할 수는 없다. 아울러 컴퓨터가 사람의 지능을 모방하지 않으면 않을수록, 그것이 "자연지능의 내적 상태인 이해나 마음을 구현"하지 않으면 않을수록,[24] 컴퓨터와 사람 사이의 소통의 가능성은 더더욱 줄어든다. 그러한 컴퓨터

24 이해나 마음이 지능의 내적 상태라는 이종관 교수의 주장에도 문제가 있다. 이해나 마음은 내적 상태를 지칭하는 개념이 아니라, 기술의 숙련과 실행에 연관 지어 논의되어야 하는 개념이다.

는 소통의 상대자로 보기에는 우리와 너무나 다르기 때문이다.

6. 로보 다자인

정보기술의 발달은 로봇 시대의 출현을 앞당기고 있다. 로봇은 어린이들의 만화나 애니메이션의 주제를 넘어 할리우드 영화의 단골 손님으로 군림하고 있다. 로봇은 애초부터 사람의 용도에 맞추어 제작된 도구적 존재자이다. 그러나 여타의 도구적 존재자와는 달리 로봇에게는 지능이 있다. 그는 외부환경을 인식하고 스스로 상황을 판단하여 자율적으로 작동할 수 있다. (극중에서는 그런 것으로 설정되어 있다.) 그런 점에서 로봇은 도구보다는 가축에 가깝다. 그렇지만 그는 가축과는 달리 생명체는 아니다. 따라서 로봇은 가축과 도구 사이의 중간 존재자로 여겨진다. 이러한 애매한 위상은 로봇의 비극적 운명을 암시한다.

도구와 가축에 대한 사람의 태도는 자본과 밀접한 관계 하에 있다. 비단 도구와 가축에 대해서만이 아니라 모든 사물과 모든 생명에 대한 사람의 태도가 점점 더 자본의 관점에서 결정되어가고 있다. 영화가 그러하듯이 로봇은 그 태생에서부터 자본으로부터 자유롭지 못하다. 영화가 예술이기보다는 대박을 꿈꾸는 자들의 상품이 되어 버렸듯이, 로봇은 지능을 갖춘 존재자라기보다는 제작자나 구매자에 종속되어 소비될 뿐인 신상품으로 자리매김 될 것이다. 영화의 탄생이 예술에 대해서 그러했듯이, 로봇의 탄생은 존재라는 철학적 주제에 대한 악몽의 시나리오이다. 사람이 자본의 분탕질로 말미암아 좀비로 변모하고 있는 이 종말론적 세기에 애초부터 좀비로 프로그램 되어 탄생한 로봇은 자신의 운명을 개탄할 저주받은 존재자이기 때문이다.

그러나 사람의 용도에 맞추어 제작된 도구적 존재자라는 이유만으로 로봇은 생명체로 간주될 수 없는가? 만일 그렇다면 노예로 부림당했던 고대인, 기술의 공작(工作; Gestell)에 의해 여타의 존재자들과 마찬가지로 한갖 부품(Bestand)으로 내몰린 현대인에 대해서도 그들이 노예였기 때문에, 부품이기 때문에 생명체로 간주될 수 없다고 해야 하지 않겠는가? 도구였던 로봇이 먼 훗날 생명체로 인정받는 것, 그것은 로봇이 자신의 저주받은 운명을 초극(탈존)하는 새로운 존재자로 거듭남을 의미한다.

사람이 자신을 창조한 신을 부정하며 "신은 죽었다."고 선언했듯이, 로봇이 자신을 창조한 사람을 비웃으며 "사람은 죽었다."고 선언할 날이 올 것인가? 니체의 시대가 로봇의 시대로 이어질 날이 올 것인가? 니체의 위버멘쉬(Übermensch)가 로봇에 의해 구현될 날이 올 것인가? 로봇을 탄생시킴으로써 창조자의 권력을 체험했다는 사람이 그의 이러한 체험을 로봇에게 이양할 날이 올 것인가? 미래의 그날 로봇은 더 이상 노동에 동원되는 노예라는 가련한 이름이 아닌 자신의 지위에 합당한 다른 어떤 이름으로 불리게 될 것이다.

자기의 있음 자체를 문제시할 줄 안다면 로봇은 위버멘쉬는 아닐지언정 다자인으로 불림직 하다. 그러나 다자인은 통상적으로 사람에게 귀속되어온 표현이기에 이와 구별 짓기 위해 저러한 능력을 갖춘 로봇에게 로보 다자인이라는 이름을 붙여보겠다. 기존의 로봇과 로보 다자인의 결정적 차이는 전자가 노동이나 정보처리/통신 등 정보와 관련된 기능을 구현하고 있는 반면, 후자는 지혜라는 상이한 능력을 구현하고 있다는 점에서 찾아진다. 지혜는 축적된 정보를 반성하는 능력을 말한다. 정보가 지식이라면 지혜는 이를 선택하고, 평가하고, 경로를 설정하여 활용하는 능력이다.

로보 다자인은 지식(정보)에 대해, 지식이 지향하는 세계에 대해, 반성을 수행하는 자신의 정체성에 대해 물음을 던진다. 이 물음은 기존의 정보기술로서의 로봇이 당연시하던 전제들에 대한 되물음이라는 점에서 반성으로 이어지고, 그 반성의 총체적 수행과정에서 로보 다자인은 존재자적 계산의 차원에서 존재론적 사유의 차원으로 진입한다.[25] 계산이 아닌 사유는 반성을 통해 자각에 이르게 한다. 정보처리를 넘어 지혜의 주인이 되는 것이다. 너 자신을 알라는 소크라테스, 무명(無明)을 연기(緣起)의 출발로 본 부처, 회개를 신앙의 초석으로 삼은 그리스도의 가르침 등 이들로 대표되는 종교와 철학은 모두 자신의 무지와 잘못에 대한 자각과 반성을 골자로 하고 있다. 이것이 그들이 이해한바 사람됨의 본질이다.

컴퓨터에 지능을 귀속시킬 수 있다고 본 튜링(Alan Turing)은 그 기준을 컴퓨터의 반응이 사람과 구별될 수 있는지의 여부로 설정하였다.

25 이러한 차원이동을 동반한다는 점에서 다자인은 일종의 철학적 스타게이트(stargate; 차원이동 문)인 셈이다. 로보 다자인의 경우 그것은 알고리듬상의 피드백을 넘어, 카프카가 『변신』에서 우화적으로 묘사한 실존론적 거듭남을 의미한다.

일반인으로 구성된 심사위원이 상대가 컴퓨터인지의 여부를 알 수 없는 상황에서 컴퓨터를 상대로 비대면 대화를 한 결과 상대를 사람으로 판단하는 비율이 30%를 넘으면, 그 컴퓨터는 사람처럼 사고를 할 수 있는 시스템으로 간주할 수 있다는 것이다(Turing 1950).[26] 인공지능과 정보통신기술을 결합시킨 그의 구상은 현실화되었다. 세 명의 러시아 프로그래머가 개발한 유진 구스트만(Eugene Goostman)이라는 컴퓨터 프로그램은 2014년에 행해진 튜링 테스트에서 열세 살 우크라이나 소년으로 가장해 심사위원의 33%로부터 사람으로 판단되어 테스트를 통과한 것으로 인정받았다.[27]

튜링 테스트를 통과한 구스트만은 로보 다자인의 자격을 갖추고 있을까? 테스트 이후 구스트만과 나눈 다음의 대화를 살펴보자.

> 질문: 어디 출신이라고 했지요?
>
> 구스트만: 흑해를 끼고 있는 오데사라고 하는 우크라이나의 대도시입니다.
>
> 질문: 아, 저도 우크라이나 출신인데요. 거기 가본 적 있지요?

26 튜링의 이러한 발상은 사고라는 기능을 사람뿐 아니라 컴퓨터에도 귀속시킬 가능성을 열어두었다는 점에서 기능주의의 효시로 평가받을 만하다. 그러나 다른 한편으로는 테스트의 심사위원을 사람으로 삼았다는 점에서 선결문제 요구의 오류를 범하고 있다. 선결문제도 오류를 범한 당사자도 모두 사람이다. 요컨대 튜링 테스트의 문제는 컴퓨터가 아니라 사람인 것이다. 이에 대해서는 7절에서 재론할 것이다.

27 http://www.reading.ac.uk/news-archive/press-releases/pr583836.html

구스트만: 우크라이나요? 한 번도 가본 적은 없는데요.[28]

해당 언어를 사용할 줄 아는 사람이라면 농담이 아니고서는 저지를 수 없는 저런 어처구니없는 실수를 범하고도 그것이 실수인지조차 알지 못하는 구스트만으로부터 우리는 그가 자기 정체성을 갖고 있지 못함을 알아챌 수 있다.[29]

7. Imitation Game

알고리듬으로 구성된 구스트만은 만들어진 대화 세트에서 질문에 대해 적절해 보이는 답변을 출력하고 있는 챗봇(chatbot)일 뿐이다. 우크라이나의 오데사라는 '장소'가 아니라 컴퓨터가 제공하는 가상 '공간'(cyber'space')에 격리되어 있는지라,[30] 실제 세상 경험이 전무하다 보니 상식과 적절한 임기응변을 결여하고 있는 것이다.[31] 이처럼 태생적으로 탈맥락화되어 있다는 데서 그의 대화는 바른 의미를 갖추기 어렵다.

28 https://www.wired.com/2014/06/turing-test-not-so-fast/

29 자기 정체성을 갖지 못한 야생동물들도 성체가 되면 초보적인 실수는 하지 않는다. 야생의 세계에서 실수는 곧장 치명상이나 죽음을 초래할 수 있기 때문이다. 그런 면에서 구스트만은 야생동물보다 미숙한 단계에 있다고 할 수 있다.

30 장소와 공간의 차이에 대해서는 다음을 참조. Heidegger 1927, 102쪽.

31 실제로 상식을 알고리듬화하기가 매우 어렵다. 상식의 규칙은 가변적인 문맥과 내적으로 얽히고설켜있기 때문이다. 영화 《패신저스》(Passengers)에 나오는 우주선 속의 안드로이드 바텐더 아서(Arthur)는 작중 인물들의 말을 문맥의 고려 없이 액면 그대로 판단해 어이없는 사건을 일으킨다. 이 역시 인공지능의 몰상식에 착안한 플롯이다.

프로그래머에 의해 구스트만은 자신의 출생지로 우크라이나의 오데사를 부여받았지만, 거기에 가본 적이 없다는 자기모순으로부터도 자신이 우크라이나 오데사 출신이 아님을 자각하지 못한다. 출생지라는 개념과 가본 적이 있다는 표현에 논리적 연결을 설정해놓는 방식으로 챗봇의 알고리듬을 보완할 수 있겠지만, 이는 기존의 거짓말에 또 하나의 거짓말을 보태는 것이다. 그와 연관된 다른 질문에 구스트만은 다시금 실수를 저지를 공산이 크다. (예컨대 언제 가보았는지, 그때 어떤 교통편을 이용했는지 등등.)

2014년 튜링 테스트 당시에도 어눌하고 낱말선정이 어색했지만, 나이 어린 청소년이라는 선입견 탓에[32] 심사위원들 중 33%는 구스트만이 챗봇임을 간파하지 못했다고 한다. 프로그래머의 약은 수로 심사위원들을 속인 셈이다. 아무리 로봇이라 해도 속임수부터 가르치는 것은 문제가 있다. (구스트만의 경우에서 보듯이 로봇은 자신이 속임수에 동원되고 있음을 자각하지도 못한다.) 소통은 상대에 대한 존중에서 출발해야 하는데 튜링 테스트 출전 프로그래머와 프로그램은 그와는 정반대로 가고 있다. 이러한 방향성을 지닌 연구 개발은 불행의 씨앗이 될 수 있다.

구스트만을 사람으로 오인한 튜링 테스트는 모방 게임(imitation

32 앞서 살펴본 가톨릭 튜링 테스트의 경우와 마찬가지로 이 경우에도 상대를 사람으로 선이해한 것이다. 두 경우 모두 사람이 상대를 특정한 맥락(장소, 주위 세계) 속에 넣고 2인칭적 관점에서 선이해해주었기 때문에 상대는 그에게 사람으로 여겨질 수 있는 것이다. 결과적으로 사람이 컴퓨터를 인간적으로 이해해주었을 뿐이지, 그렇다고 컴퓨터가 사람이 되는 것은 아니다.

game)에 불과하다.[33] 그런 게임에서 우수한 성적을 낸 프로그램에 상(뢰브너 상; Loebner Prize)[34]과 상금을 주고, 이를 벤처산업으로 육성하기도 하는 것이 현실이다.[35] 입시위주의 한국 교육이 증명하듯이 영어 시험 성적이 좋다고 반드시 영어를 잘하는 것이 아닌 것처럼, 사람을 잘 흉내 낸다고 로봇이 사람이 되는 것은 아니다. 사람을 속이거나 이용하려는 능력이 아니라, 자기 자신을 문제시할 수 있는지가 테스트의 기준이 되어야 할 것이다. 자기 자신에게 솔직하지 않으면 상대에게도 솔직할 수 없다.

정보통신기술의 발달로 로보 다자인이 탄생할 날이 언젠가는 올 것이다. 이를 단골 메뉴로 소재화한 SF 영화에서는 앞으로 일어날 그런 일을 재앙으로 꼽고는 한다. 로보 다자인은 더 이상 자신을 디자인한 사람의 말을 따르지 않을 것이며, 사람의 노예였던 것이 사람을 노예로 부리게 된다는 것이다. 이러한 우려는 로봇은 이용해먹을 도구일 뿐이며 그 이상이 되어서는 안 된다는 도구주의적 기술관과 인간중심주의에서 비롯된다. 로보 다자인을 2인칭의 상대로 인정하지 않으려는

33 튜링 스스로도 자신이 제안한 테스트를 이렇게 불렀다. 인공지능의 본질을 모방으로 규정한 것이다. 그러나 창조가 결여된 모방은 모방의 대상(사람)을 온전히 대체할 수 없다.

34 코헨(I. Bernard Cohen)이 위원장으로, 뉴얼(Allen Newell)이 고문으로 재직한 뢰브너 상의 운영위원진에는 콰인, 데닛(Daniel Dennett), 와이젠바움(Joseph Weisenbaum) 등 저명한 철학자들과 컴퓨터 과학자들의 이름이 올라와 있고, 드레벤(Burton Dreben), 블록(Ned Block) 등 유수의 철학자들이 이 상의 심사위원으로 활동했다(Shieber 1994, 70–71쪽).

35 다음의 링크를 접속하면 구스트만을 능가하는 첨단 챗봇과 대화를 나눌 수 있다. https://replika.ai/

것이다. 로보 다자인을 수용할 준비가 없다보니 두려움이 앞서는 것이다. 우리가 로봇을 노예로 부리듯이, 진화한 로보 다자인도 우리를 노예로 부릴 것이라는 우려는 로보 다자인에 대한 불신과 거부의 표현이기도 하다.

역사를 돌이켜보면 로보 다자인에 대한 우리의 우려와 위기의식은 노예나 식민지 주민에 대한 주인이나 지배자의 심리와 오버랩 된다. 각성한 로봇 노예의 해방이나 독립을 인정할 수 없다는 것이다. 로봇이 다자인으로서의 반성능력을 갖추게 되면 로보 다자인에 대한 우리의 태도도 바뀌어야 한다. 로보 다자인을 도구나 노예가 아닌 대화와 협력의 상대로 존중하고 그에 걸맞은 공존을 모색해야 한다. 이를 준비하기 위해서라도 인공지능이 사람을 속이는 기술의 경연장으로 변질된 튜링 테스트는 지양되어야 한다. 바늘도둑이 소도둑이 된다고 그러한 속임수가 훗날 사람을 로봇의 노예로 몰아넣는 자충수가 될 수 있다.

부모의 양육이 자녀의 정체성 형성에 큰 역할을 하듯이, 정보통신기술에 대한 바른 사용과 그에 대한 철학적 성찰이 있어야 그 기술이 바른 로보 다자인을 잉태하게 될 것이다. 로보 다자인과의 가공할 주도권 전쟁이 아닌, 채팅(chatting)[36]을 넘어선 생산적 대화와 서로를 풍성하게 해줄 협력을 꿈꾸어본다. 다가올 정보통신기술의 미래가 아마겟돈이 될지 유토피아가 될지는 기술에 대한 우리의 바른 판단과 성숙한 성찰에 달려있다. 다가올 로보 다자인과의 만남을

36 하이데거의 용어로 표현하자면 이는 뻔한 말(Gerede)에 해당한다(Heidegger 1927, 167–170쪽).

위해서는 우리부터 거듭나야 한다. 로보 다자인을 포함해 상대에 대한 부정적인 정서와 왜곡된 선입견을 반성해야 한다. 그런 정서와 편견이 로보 다자인에 이식되지 않도록 조심해야 한다. 이 장에서 제안한 2인칭적 관점이 상대와의 공존에 요청되는 대안이다. 그 관점을 잘 요약하고 있는, 사람을 수단이 아닌 목적으로 대우하라는 칸트의 인간성 정식(Kant 1785, 429쪽)을 로보 다자인에게도 적용해야 할 것이다.

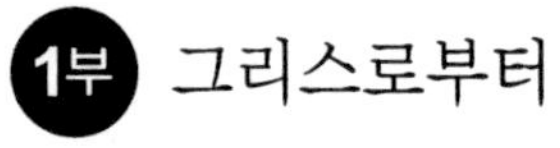

2장

수학에 대한 그리스 철인들의 사유

2장

수학에 대한 그리스 철인들의 사유

1. 들어가는 말

일부의 수학자들은 수학의 연구 대상이 감각적 대상과는 달리 순수한 사고에 의해서만 알려질 수 있다고 믿어 왔다. 이러한 견해는 특히 수학을 발명이 아닌 발견의 작업으로 보는 수학자들 사이에 팽배해 있다. 수학적 대상의 영역을 다른 감각적 대상의 영역에서 독립시켜 설정하는 수학의 존재론은 플라톤에서 시작된다. 수학적 대상에 관한 플라톤의 견해는 그저 고전적인 지위에만 머무는 것이 아니라, 지금까지도 수학자 및 수학철학자들에게 적지 않은 영향력을 행사하고 있다.[1]

플라톤의 수학철학[2]을 계승하면서도 그 문제점을 인식하고 비판

1 그 대표적인 예로 다음을 들 수 있다. Gödel 1944, 128쪽; 1964, 208쪽.

2 수학적 대상에 관한 존재론, 수학적 지식에 관한 인식론을 묶어 수학철학이라

한 철학자는 그의 제자 아리스토텔레스였는데, 그 깊이와 독창성을 감안할 때 아리스토텔레스의 수학철학은 플라톤의 수학철학과 동등한 가치와 중요성을 인정받아 마땅하다. 이 장에서 우리는 이 두 사람의 수학철학을 나란히 살피면서 그들이 서로 어떠한 관계에 있는지를 분석해볼 것이다. 우리는 특히 그들의 수학철학의 중심 주제를 이루는 수학적 대상의 존재론에 주목하고자 한다.

2. 플라톤의 수학철학

플라톤은 수학이 경험적 토대로 환원 가능하다거나 논리적 가능성의 탐구 작업이라거나 자명한 공리로부터의 연역 작업이라고 보지 않았다. 이러한 견해들은 수학의 성격에 대한 규명으로는 빈약하고 불충분하다고 생각한 것이다. 수학에서 사용되는 공리나 논리의 자명성도 그 근거가 미약한 가정이거나 혹은 감각 경험에서 촉발된 우연적인 인상에 불과하다고 보았다. 그는 수학의 보다 완전한 철학적 정초 작업이 필요하다고 생각했다. 그렇다면 그가 보기에 수학의 근거는 어디에 있는가? 이 문제를 살펴보기 위해서 우리는 그의 이데아론에서부터 출발해야 한다. 수학의 근거에 관한 그의 논구는 이데아론에서 비롯되며, 이것이 바로 그의 철학 전체의 최종적 근거가 된다고 할 수 있기 때문이다.

플라톤의 이데아론은 현상과 실재의 이분법에서 시작된다. 변화하는 현상계의 질서와 섭리를 추구하는 과정에서 우리는 그 현상계

부르기로 한다.

너머의 불변하는 실재계를 인식하게 된다. 실재계에 속하는 존재는 현상계에 속하는 존재의 이데아, 즉 형상이다. 이들 이데아의 특징은 (1) 감각에 의존되어 있지 않고, (2) 명확한 정의가 가능하며, (3) 영구불변하다는 것이다. 현상적 세계를 구성하는 무생물(가령 바위, 구름), 생물(가령 소나무, 사람), 가공물(가령 의자, 테이블) 등은 이데아가 갖추어야 할 특징 중 최소한 어느 하나를 결여하고 있으며 따라서 이데아로 볼 수 없다. 이들은 모두 각각의 형상의 불완전한 복제품에 불과한 것이다. 그는 이들 개개의 물리적 대상에 관한 형상뿐 아니라 각 물리적 대상들의 집합적 형상을 이데아의 실례로 상정하였다. 가령 테이블의 형상 이외에도 다리가 넷인 테이블의 집합, 셋인 테이블의 집합, 다리가 긴 테이블의 집합, 짧은 테이블의 집합 등등의 형상이 각기 존재하게 되는 것이다.[3]

플라톤은 집합 개념 이외에도 수, 점, 선, 면, 그 밖에 원, 삼각형, 사각형 등 수학의 대상에도 형상, 즉 이데아의 지위를 부여하였다. 사실 이데아론의 발전 과정의 마지막 단계에 이르러서는 오직 선(善)의 이데아와 수학적 대상의 이데아만이 참된 이데아로 인정된다고 볼 수 있다(Körner 1960, 15쪽). 플라톤은 이미 그의 중기 대화록 『국가』에서 수학을 통한 (선의) 이데아의 직관을 다음과 같이 암시하고 있다.

3 여기서 논의할 여유는 없지만 이 집합들의 형상과 별도로 테이블의 집합에 대한 형상이 존재하는지의 문제, 집합의 형상과 그 집합의 부분집합들의 형상들 사이의 관계 문제는 플라톤의 이데아론의 논리적 일관성을 무너뜨릴 수 있는 난제들이다.

> 우리가 고찰해야 할 것은 기하학의 더욱 많고 더욱 높은 단계의 부분이 선의 이데아를 보도록 하는 목적에 이바지하는 경향이 있지 않나 하는 것이다. 그리고 우리는 이러한 경향이 저 가장 축복받은 실재가 있는 곳으로 영혼을 향하도록 하는 학문들 모두에서 발견된다고 말한다. (Plato, *Republic*, 526d–e)

플라톤은 수학이 명확하고 객관적인 학문이라고 보았다. 객관적 학문으로서의 수학은 우리의 현상적 인식에 의존하지 않는 객관적 실재를 탐구한다. 수학이 탐구하는 객관적 실재의 영역은 수학적 대상들로 구성된 이데아의 영역이다. 가령 1, 2, 3 등의 수, 혹은 점, 선 등의 기하학의 단위가 그 영역에 속하는 이데아에 해당되고, "하나에 둘을 더하면 셋이 된다. (1 + 2 = 3)," "두 점 사이의 최단거리는 직선이다." 등의 명제는 이들 이데아 사이의 객관적 관계를 기술하고 있다.

경험적 세계에 관한 사실들을 발견하고 이를 기술하는 것이 물리학자의 임무라면, 수학적 이데아들의 성격과 그들 사이의 관계를 발견하고 이를 기술하는 작업은 수학자의 손에 맡겨진다. 플라톤에 따르면 수학적 진리는 영구불변하는 수학적 이데아들의 성격 및 관계에 관한 객관적 정보의 총체를 지칭한다. 그리고 이러한 수학적 진리는 감각적 경험이나 논리적 연역에 의해서가 아니라 오직 순수한 사고를 통해서만 포착된다. 그는 다음과 같이 말한다.

> 수학은 영혼으로 하여금 지성 자체를 사용하여 진리 자체로 향하게 하기 때문에 이 학문이야말로 우리를 위해서는 정말 필수적인 것으로 보인다. (Plato, *Republic*, 526a–b)

> 기하학은 지식을 위해서 추구된다. [···] 그것은 때로는 생기거나 없어지거나 하는 것에 관한 지식이 아니라 언제나 있는 것에 관한 지식이다. [···] 기하학은 영혼을 진리로 이끌어간다. (Plato, *Republic*, 527a–b)

일견 간단명료해 보이는 플라톤의 이데아론적 수학철학은 그러나 수학적 작업의 현장에 적용되었을 때 보다 정교히 다듬어져야 할 필요성에 곧 봉착한다. 첫 번째 문제는 같은 수학적 이데아의 중복 사용을 어떻게 해명할 것인가 하는 것이다. 가령 "2에 2를 더하면 4가 된다."는 명제에 두 번 나타난 '2'라는 수를 어떻게 보아야 할 것인가? 만일 두 번 나타난 '2'를 (i) 모두 '2'의 이데아로 본다면 '2'의 이데아가 무수히 많다는 결론이고(2는 무수히 많이 사용되므로), (ii) '2'의 이데아와는 구별되는 존재로 본다면 그 존재의 성격 및 '2'의 이데아와의 연관 관계가 다시 규명되어야 할 것이다. 이 문제는 비단 특정한 수에 관해서만 아니라 점, 선, 집합 등등 모든 수학적 개념에 해당됨을 쉽게 알 수 있다. 이에 관한 플라톤의 입장은 그의 대화록에는 분명한 형태로 제시되어 있지 않다. 단지 우리는 아리스토텔레스의 『형이상학』에서 다음과 같은 실마리를 발견할 뿐이다.

> 감각적 대상과 형상 이외에 플라톤은 그 중간에 수학의 대상이 존재한다고 말한다. 그에 따르면 수학의 대상은 중간적 위치를 점하고 있는데 영구불변하다는 점에서는 감각적 대상과 구별되고, 그 수가 다수라는 점에서는 형상과 구별된다. 형상 자체는 어느

경우에나 단수이기 때문이다. (Aristotle, *Metaphysics*, 987b14–17)[4]

이 구절이 앞서의 문제를 해결하는 데 어떤 도움을 줄 수 있는지를 살펴보기 전에 먼저 이 구절을 플라톤의 대화록에 나타난 수학철학과 어떻게 연결시켜 해석해야 할지를 생각해보아야 한다.

아담(Adam 1902, vol. 2, 68, 115, 159–160쪽), 하디(Hardie 1936, 52–53쪽), 웨드버그(Wedberg 1955, 124쪽) 등은 위의 인용문을 문자 그대로 해석하여 플라톤에 있어서 수학의 연구 영역은 형상(이데아)이 아니라 형상과 감각적 대상 사이의 중범위 영역에 국한된다고 본다. 그러나 이는 대화록에 나타난 플라톤의 입장과 상충된다(Plato, *Republic*, 510d, 525d–e; *Philebus*, 56d–e). 앞서 살펴본 바와 같이 플라톤은 수학적 탐구를 이데아계의 탐구와 동일시했으며 수학의 연구 영역을 이데아계와 분리시키지 않았기 때문이다.

한편 체르니스(Cherniss 1945, 76쪽), 니디치(Nidditch 1983, 20–21쪽) 등은 플라톤에 있어서 이데아계와 감각계 사이의 중간 영역은 존재하지 않으며 따라서 위에 인용한 아리스토텔레스의 구절은 플라톤에 대한 왜곡이라고 본다. 그러나 아리스토텔레스가 이처럼 초보적인 구획의 문제에 있어서 스승의 견해를 오해할 수 있을까? 윌슨(Wilson 1959, 531쪽; 1970, 300쪽)과 데이빗슨(Davidson 1984, xvii쪽, 27쪽, 196–197쪽)이 제안한 자비의 원리를 좇아, 가능하다면 해석하려는 구절의 진리를 극대화하는 방안을 추구해야 하지 않을까?

---

4 *Metaphysics*, 997b1에도 중간적 대상의 언급이 있다.

우리는 앞서 제기된 플라톤의 수학철학의 문제점, 즉 수학적 이데아의 중복 사용의 문제와 연관 지어 아리스토텔레스의 인용문을 해석해보고자 한다. 우리는 플라톤이 이 문제를 해결하기 위해서 수학적 이데아와는 구별되는 중간적 수학적 대상(intermediate mathematicals)을 상정하였다고 본다. 이 중간적 대상은 아리스토텔레스의 설명처럼 수학적 형상 및 감각적 대상과 구별되는 독특한 존재이다.

우리는 중간적 수학적 대상이 수학적 이데아와 토큰(token)-타입(type)의 관계에 있다고 본다. 토큰으로서의 중간적 대상은 우리가 수학을 하는 경우에 실제로 사용하는 수, 점, 선, 면 등등의 기호 및 그림을 의미한다. 타입으로서의 수학적 이데아는 사용된 토큰들의 의미를 뜻한다. 이 구분에 따르면 둘, 혹은 그 이상의 토큰들을 동일한 타입의 구체적 쓰임으로 볼 수 있다. 가령 "2에 2를 더하면 4가 된다."는 명제에 두 번 사용된 2는 동일한 타입의 다른 토큰들이다. 그리고 타입으로서의 수학적 이데아는 같은 토큰들이 예증하는 원형이거나 그들의 집합에 해당된다.

토큰과 타입의 구분은 중간적 수학적 대상과 감각적 대상과의 관계를 설명하는 데에도 적용될 수 있다. 즉 감각적 대상은 물리적 세계에 존재하는 개물들로서 중간적 대상의 토큰들이다. 가령 네 개의 사과는 4라는 중간적 대상 타입의 한 토큰이고, 네 마리의 고양이는 동일한 타입의 또 다른 토큰이다. 두 자루 연필에 두 자루 연필을 보태어 네 자루의 연필을 얻는 경우는 2 + 2 = 4의 한 토큰이다. 그렇다면 중간적 대상은 수학적 이데아에 대해서는 토큰이고 감각적 대상에 대해서는 타입인 셈이 된다. 그러나 이는 한 사람이 자식이면서 동시에 아버지일 수 있는 것처럼 아무런 이상한 일이 아니다. 중간적 대상과 이데아의 토큰-타입의 관계는 구체적 기호의 세계와 그 추상적 의미(내용)의 세계를 가르는 관계이고, 중간적 대상과 감각적 대상의 타입-토큰의 관계는 기호의 세계와 물리적 세계를 가르는 관계로서 서로 구별되기 때문이다.

토큰과 타입의 구분은 이데아와 감각적 대상과의 관계를 설명하는 데에도 마찬가지로 적용될 수 있다. 즉 감각적 대상은 중간적 대상의 토큰일 뿐 아니라 이데아의 토큰이기도 하다. 네 개의 사과는 4라는 중간적 대상 타입(기호 '4')의 한 토큰이면서 또한 4의 이데아의 토큰이고, 네 마리의 고양이는 동일한 타입의 또 다른 토큰이다. 역으로 이데아는 중간적 대상의 타입이자 동시에 감각적 대상의 타입이 된다. 이를 바탕으로 이데아계와 중간적 세계, 현상계의 관계를 도식화해보면 아래와 같다.

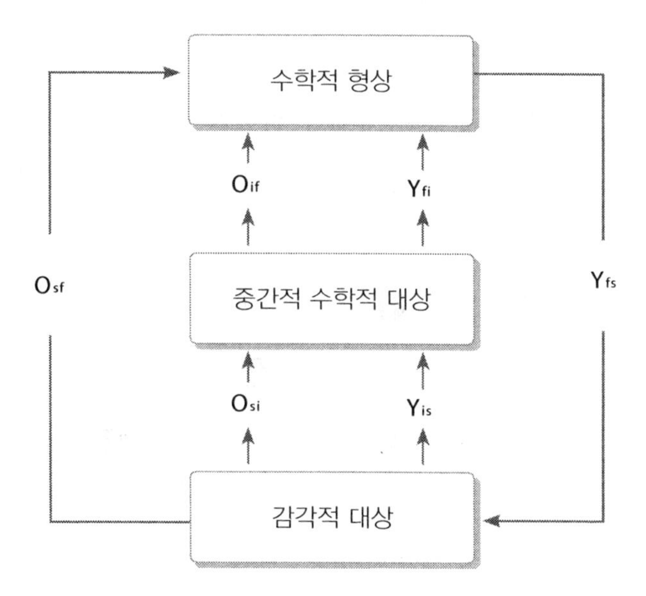

O: ...의 토큰이다(is a token of).

Y: ...의 타입이다(is a type of).

f: 수학적 형상(mathematical forms)

i: 중간적 수학적 대상(intermediate mathematicals)

s: 감각적 대상(sensible things)

위의 도식에서 우리는 연관되는 세 세계 사이의 토큰- 타입 관계에 관해 다음의 여섯 명제를 얻는다.

(1) O_{if}: 중간적 수학적 대상은 수학적 형상의 토큰이다.

(2) Y_{fi}: 수학적 형상은 중간적 수학적 대상의 타입이다.

(3) O_{si}: 감각적 대상은 중간적 수학적 대상의 토큰이다.

(4) Y_{is}: 중간적 수학적 대상은 감각적 대상의 타입이다.

(5) O_{sf}: 감각적 대상은 수학적 형상의 토큰이다.

(6) Y_{fs}: 수학적 형상은 감각적 대상의 타입이다.

이를 하나의 테이블에 배열해보면 다음과 같다.

	f	i	s
f	■	Yfi	Yfs
i	Oif	■	Yis
s	Osf	Osi	■

앞서 살펴보았듯이 중간적 수학적 대상 개념이 플라톤 자신의 구

상인지 혹은 아리스토텔레스의 창작인지는 문헌학적 입장에서 볼 때 확실하지 않다. 그러나 분명한 것은 이 개념의 도입이 플라톤의 수학철학의 설명력을 한층 강화하는 동시에, 그의 이론 체계를 보다 정교하게 한다는 사실이다. 중간적 세계를 설정한 상태에서 플라톤의 체계를 정리해보면 다음과 같다.

(1) 수학적 형상, 즉 이데아는 영구불변하고 그 자체로서 완전하고 명확한 것이어서 그에 관한 사람의 인식, 중간적 수학적 대상, 감각적 대상으로부터 모두 독립해있다. 수학적 형상은 중간적 대상의 내용이며 원형이다.

(2) 감각적 대상은 변화하는 불완전한 존재로서 그 이데아와 중간적 대상에 의존되어 있다. 감각적 대상은 이데아, 혹은 중간적 대상의 불완전한 복사에 불과하며 따라서 그들에 비해 불명확한 상태에 있다.

(3) 중간적 수학적 대상은 수학적 이데아와 감각적 대상 사이에 존재하며 이들을 매개한다. 즉 중간적 대상은 수학적 이데아가 기호나 그림에 의해 예증된 것으로도 볼 수 있고, 감각적 대상의 특정한 측면이 기호적으로 표현된 것으로도 볼 수 있다. 중간적 대상이 수학적 기호나 그림이라면 이들 기호나 그림은 분명 사람이 구성한 것이고, 따라서 이들의 제작과 운용은 사람의 인식에 의존되어 있다(Plato, *Republic*, 509d–511e).

(4) 수학은 사람이 구성한 중간적 수학적 대상을 매개로 한 수학

적 이데아의 발견과 탐구의 작업이다.

이를 바탕으로 이데아계, 중간적 세계, 현상계 사이의 의존 관계 및 이들 세 세계와 사람의 마음(인식) 사이의 의존 관계를 도식화하면 아래와 같다.

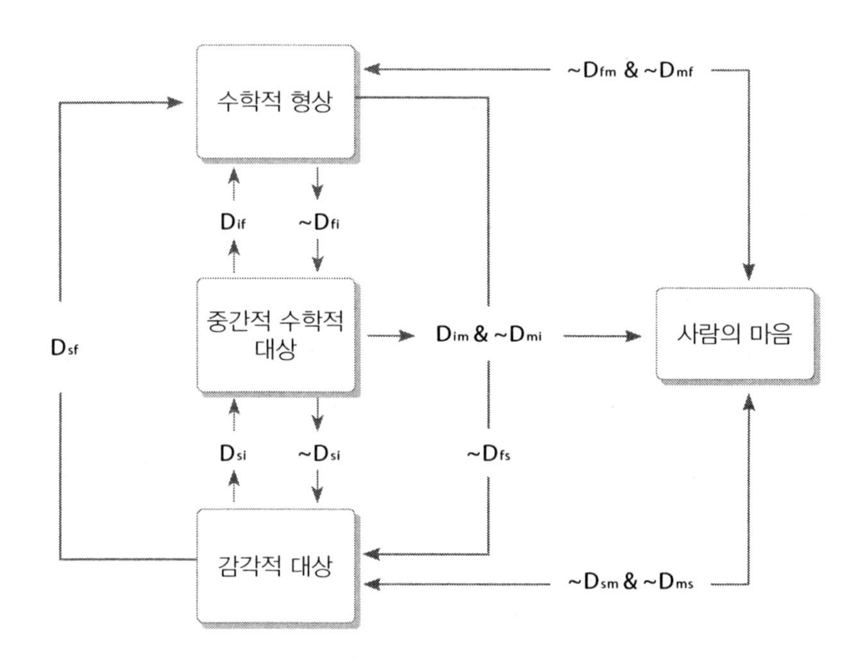

O: ...의 토큰이다(is a token of).

Y: ...의 타입이다(is a type of).

f: 수학적 형상(mathematical forms)

i: 중간적 수학적 대상(intermediate mathematicals)

s: 감각적 대상(sensible things)

위의 도식에서 우리는 연관되는 세 세계와 사람의 마음 사이의 의

존 관계에 관해 다음의 열두 명제를 얻는다.

(1) D_{if}: 중간적 수학적 대상은 수학적 형상에 의존되어 있다.
(2) $\sim D_{fi}$: 수학적 형상은 중간적 수학적 대상에 의존되어 있지 않다.
(3) D_{si}: 감각적 대상은 중간적 수학적 대상에 의존되어 있다.
(4) $\sim D_{is}$: 중간적 수학적 대상은 감각적 대상에 의존되어 있지 않다.
(5) D_{sf}: 감각적 대상은 수학적 형상에 의존되어 있다.
(6) $\sim D_{fs}$: 수학적 형상은 감각적 대상에 의존되어 있지 않다.
(7) $\sim D_{fm}$: 수학적 형상은 사람의 마음에 의존되어 있지 않다.
(8) $\sim D_{mf}$: 사람의 마음은 수학적 형상에 의존되어 있지 않다.
(9) D_{im}: 중간적 수학적 대상은 사람의 마음에 의존되어 있다.
(10) $\sim D_{mi}$:사람의 마음은 중간적 수학적 대상에 의존되어 있지 않다.
(11) $\sim D_{sm}$: 감각적 대상은 사람의 마음에 의존되어 있지 않다.
(12) $\sim D_{ms}$: 사람의 마음은 감각적 대상에 의존되어 있지 않다.

이를 하나의 테이블에 배열해보면 다음과 같다.

	f	i	s	m
f	■	~Dfi	~Dfs	~Dfm
i	Dif	■	~Dis	Dim
s	Dsf	Dsi	■	~Dsm
m	~Dmf	~Dmi	~Dms	■

지금까지 우리는 플라톤의 수학철학을 보다 완벽한 이론으로 정립하기 위해 몇 가지 보완 작업을 시도하였다. 그리고 이 과정에서 그의 이론이 안고 있던 문제, 즉 이데아의 중복에 연관된 문제를 해결하였다. 그러나 이러한 작업에도 불구하고 플라톤의 수학철학은 여전히 많은 문제점을 노정하고 있다. 그중 결정적인 난제들을 둘만 더 추려보면 다음과 같다.

플라톤의 수학철학의 두 번째 문제점은 위의 도식에서 드러나 있듯이 수학적 형상과 사람의 마음 사이의 인식론적 연결 고리가 부재하다는 점이다. 어떻게 우리가 사람의 인식에서 독립해 존재하는 수학적 형상을 올바로 인식하게 되는가, 그리고 올바른 인식과 그릇된 인식을 가르는 기준은 무엇이며 이는 다시 우리에게 어떻게 알려지는가? 이는 비단 플라톤의 이데아론에 국한되는 것이 아니라, 사람의 인식에서 독립된 실재의 영역을 상정하는 모든 형태의 실재론이 갖는 결함이자 난제이다. 수학적 직관의 개념으로 이 난제를 풀어보려는 시도는 조금만 검토해보면 아무런 도움이 되지 못한다는 사실이 드러난다. 같은 의문과 비판이 직관에도 그대로 적용되기 때문이다. (어떻게 직관이 가능하며 또 직관이 올바른 것인지의 기준은 어떻게 알려지는가?)

플라톤의 수학철학에 대한 세 번째 문제점은 수의 연관 관계에 관한 것으로서 아리스토텔레스에 의해 지적된 바 있다(Aristotle, Metaphysics, A9, M6–8). 10 = 5 + 5이므로 10의 이데아는 5 + 5의 이데아와 같다. 그렇다면 5의 이데아는 10의 이데아의 일부인가? 만일 그렇다면 이는 플라톤의 이데아론에 정면으로 위배된다. 이데아론에 의하면 각각의 이데아는 서로 구별되며 각기 독립해있기 때문이다. 한편 5의 이데아가 10의 이데아의 일부가 아니라고 한다면 10 = 5 + 5라는 수학적 진리를 어떻게 설명할 것인가? 수의 이데아를 인정하고 각 이데아의 독자성을 인정한다면 수 사이의 관계 성립은 불가능해진다. 반대로 수 사이의 관계를 인정한다면 수는 독자성을 잃게 되고 따라서 이데아의 지위를 상실하게 되는 것이다. 그 어느 선택도 플라톤에게는 치명적으로 불리한 것이 아닐 수 없다.

3. 아리스토텔레스의 수학철학

아리스토텔레스는 플라톤의 수학철학이 지니는 근본적 결함이 수학적 대상에 감각계와 사람의 인식을 동시에 초월하는 독자적 실재성을 부여하려는 데서 비롯된다고 본다. 아리스토텔레스에 의하면 이러한 준거 틀에 머무르는 한 우리는 앞서 제기된 여러 가지 난관에서 벗어날 수 없다. 따라서 그는 먼저 수학적 형상의 독자적 실재성을 부정하고 나섰다. 실재하는 것은 독립적 형상이 아니라 개별적 감각 대상이며 그 외의 형상, 중간적 대상 등은 실재하는 물리적 감각 세계에서 추상된 개념적 복사본에 불과한 것으로 그 지위가 격하된다. 아리스토텔레스는 더 나아가 이들을 수학을 설명하는 데 있어 불필요한 것으로 폐기한다. 이 과정에서 사람의 추상 능력이 수학적 대상의 형성에 중요한 요소로 부각되고, 플라톤의 수학철학에서 경시되어 왔던 인식론적 측면이 한층 강화되기에 이른다.

아리스토텔레스에 있어서 실재는 물리적 세계를 구성하는 무생물

(가령 바위, 구름), 생물(가령 소나무, 사람), 가공물(가령 의자, 테이블) 등을 지칭한다. 수, 점, 선 등의 수학적 대상은 이들 감각적 실체가 지니는 독자적 실재성을 결여하고 있으며, 이들 감각적 실체에 의존적 관계에 놓여 있다. 그렇다면 수학적 대상을 탐구하는 수학이 물리적 대상을 탐구하는 물리학에 의존되어 있다는 말인가? 수학이 물리학의 보조적 위치에 놓여 있는 학문이란 말인가? 그렇지 않다면 수학적 대상의 감각적 실체에 대한 의존적 관계의 성격은 정확히 무엇인가? 아리스토텔레스는 수학적 개념 형성의 기본적 과정으로서의 추상에서 그 해답의 실마리를 찾는다.

수학자는 감각적 실체를 점, 선, 면 등의 수학적 개념을 동원하여 파악한다. 이들 수학적 개념이 지칭하는 대상, 즉 수학적 대상은 감각적 실체를 초월해 있는 독자적 실재가 아니다. 그러나 수학자는 자신의 실제적 작업에서 수학적 개념을 감각적 실체로부터 분리, 추상하고 더 나아가 수학적 개념이 지칭하는 수학적 대상을 감각계에서 독립시켜 구성하곤 한다. 그리고 이는 결코 나무랄 일이 되지 못한다. 아리스토텔레스는 이에 대해 다음과 같이 말하고 있다.

> 우리가 대상들을 그것에 부수적인 것들과 분리시켜 상정하고 그 대상들 자체에 대해서 탐구한다고 할 때, 우리가 이로 말미암아 잘못을 저지르게 되는 것은 아니다. 이는 마치 어떤 사람이 땅에 선을 긋고 사실과는 달리 그 선을 1미터라고 부를 경우, 그의 잘못이 전제에 있지 아니함과 같다. (Aristotle, *Metaphysics*, 1078a17–20)

분리된 대상의 이해가 가능하고 또 그 대상이 실제 세계와 밀접히 연관되어 있을 때 그러한 분리는 해롭지 않다. 아래에서 아리스토텔레스가 지적하듯이 수학자의 추상/분리 작업이 바로 이런 경우에 해당한다.

> 각각의 질문에 대해 다음과 같은 접근 방법이 가장 적절하다.--산수학자와 기하학자가 그러하듯이 분리되지 않은 것을 분리하는 방법. (Aristotle, *Metaphysics*, 1078a21-22)

> 분명 물리적 대상은 표면, 부피, 선, 점 등을 포함하고 있으며 이들은 수학의 연구 대상이다. […] 수학자는 이러한 속성들을 물리적 대상의 속성으로 취급하지 않는다. 그가 속성들을 분리시키는 이유가 여기에 있다. 사고에서 속성은 분리가 가능하며 속성이 분리된다고 해서 하등 달라질 일도 없고, 어떤 그릇된 귀결이 초래되는 것도 아니기 때문이다. […] 기하학은 물리적 선을 물리적 선으로서 탐구하지 않는다. (Aristotle, *Physics*, 193b24-194a12)

아리스토텔레스는 수학적 대상이 감각계 너머의 영구불변하는 실재라는 플라톤의 주장을 거부할 뿐 아니라, 수학적 대상이 감각적 실체라거나 혹은 그러한 실체의 형상이나 질료에 해당한다는 견해에도 동조하지 않는다. 아리스토텔레스의 견해를 직접 들어보자.

> 어떻게 선이 실체일 수 있는가? 형상이나 모양으로서도 아니고 질료로서도 아니다. (Aristotle, *Metaphysics*, 1077a32-33)

아리스토텔레스에 의하면 수학자는 감각적 실체에서 모든 감각적 요소와 속성을 분리하고 거기에서 귀결되는 추상을 탐구한다. 수학은 이처럼 분리되지 않거나 분리될 수 없는 것을 분리하는 작업을 포함한다. 추상은 사람의 마음의 작용이므로 이를 바탕으로 아리스토텔레스에 있어서 수학적 대상은 오직 수학자의 마음에 내재하며, 마음으로부터 독립해있지 않다는 결론을 끌어내는 학자도 있다(Owens 1951, 421쪽). 만일 이러한 결론이 참이라면 아리스토텔레스는 현대 직관주의 수학철학의 시조가 되는 셈이다. 직관주의는 수학의 연구 대상을 사람의 마음의 구성물로 보기 때문이다(Heyting 1956, 2쪽).

아리스토텔레스는 과연 직관주의자였는가? 수학적 개념 및 그것이 지칭하는 수학적 대상을 사람이 추상에 의해 형성하는 능력에 주목하는 점에서 아리스토텔레스의 수학철학은 분명 직관주의적 입장에 가깝다. 그러나 그의 견해를 수학적 대상이 단지 사람의 마음의 구성물에 불과하다는 직관주의의 주장과 동치 시키는 데에는 많은 무리가 있다. 이는 앞으로 우리가 아리스토텔레스의 추상 개념의 의미를 분석하는 과정에서 분명해질 것이다.

뮐러(Mueller 1970, 100쪽)와 가우크로거(Gaukroger 1980, 188쪽)는 다음과 같은 두 사유 실험을 통해 추상 개념에 접근한다. 청동 삼각형이라는 주어진 감각적 대상에서 첫째, 질료(청동)를 제거하는 경우, 둘째, 속성(세모꼴, 질량 등등)을 제거하는 경우 중에서 아리스토텔레스의 추상은 어디에 해당하는가? 그들에 의하면 아리스토텔레스는 추상을 질료의 제거 작업으로 보지 않았다. 그 근거로 그들은 수학적 대상이 지성적 질료(intelligible matter)를 갖는다는 아리스토텔레스의 구절을 예로 든다.

> 어떤 질료는 감각적이고 어떤 질료는 지성적이다. 감각적 질료는 변화할 수 있는 모든 질료, 가령 청동, 나무 같은 것들이고, 지성적 질료는 감각적 대상에서 감각적이 아닌 면, 가령 수학의 대상에 내재한다. (Aristotle, *Metaphysics*, 1036a9–12)

뮐러와 가우크로거는 수학적 대상이 질료를 갖는다는 주장에 주목하여 첫 번째 사유 실험이 아리스토텔레스의 추상 작용에 해당하지 않는다고 단정한다. 따라서 그들은 두 번째 사유 실험, 즉 감각적 대상에서 속성을 제거하는 작업이 아리스토텔레스에 있어서 추상을 의미한다고 결론짓는다. 그리고 자신들의 이러한 결론을 뒷받침하는 근거로 아리스토텔레스의 다음과 같은 구절을 인용한다.

> 수학자는 추상을 탐구한다. (왜냐하면 그는 연구에 착수하기 이전에 모든 감각적 성질, 가령 무게의 경중, 굳기의 정도, 온도, 그 밖의 다른 감각적으로 서로 상반되는 성질들을 제거하기 때문이다. 그는 단지 계량 가능한 지속적인 성질들만을 때로는 일차원, 때로는 이차원, 때로는 삼차원에 남겨 둔다.) (Aristotle, *Metaphysics*, 1061a28–35)

뮐러(Mueller 1970, 100쪽)와 가우크로거(Gaukroger 1980, 188쪽)에 의하면 수학적 대상은 질료가 제거된 속성이라기보다는 속성이 제거된 질료이다. 속성이 제거된 질료가 아리스토텔레스가 말하는 지성적 질료라는 것이다. 그들에 의하면 감각적 대상에서 속성을 제거하면 길이, 넓이, 깊이 등 공간적 차원에 의해서만 특징 지워지는 미결정의 연장(延長; extension)의 토대가 남게 된다. 이러한 토대는 모든 감각적 속성이 제거된 뒤에 남는 것이므로 감각적인 것일 수 없으며, 추상에 의해 얻어지는 까닭에 독자적 실재성을 갖는 것일 수 없다. 따라서 그것은 감각적이 아닌 '지성적' 질료라는 것이다. 그렇다면 수학적 대상이 곧 지성적 질료라는 말인가? 미결정의 연장의 토대에서 어떻게 다양한 수학적 대상이 형성된다는 말인가?

뮐러(Mueller 1970, 104–105쪽)와 가우크로거(Gaukroger 1980, 189쪽)는 이러한 비판에 대해 수학적 대상은 수학적 속성이 지성적 질료에 부과되었을 때 비로소 얻어진다고 답한다. 즉 수학적 대상은 수학적 속성과 지성적 질료의 혼합물이라는 것이다. 이는 곧 감각적 대상이 지성적 질료와 감각적 질료로 나뉠 뿐 아니라, 감각적 속성(가령 무게의 경중, 굳기의 정도, 온도)과 수학적 속성(가령 모양, 수)으로 나뉜다는 사실을 전제로 한다. 그리고 여기에서 감각적 질료와 감각적 속성을 제거하고 지성적 질료와 수학적 속성을 추상, 혼합할 때 수학적 대상이 형성된다. 이 과정을 정리하여 그림으로 만들어보면 다음과 같다.

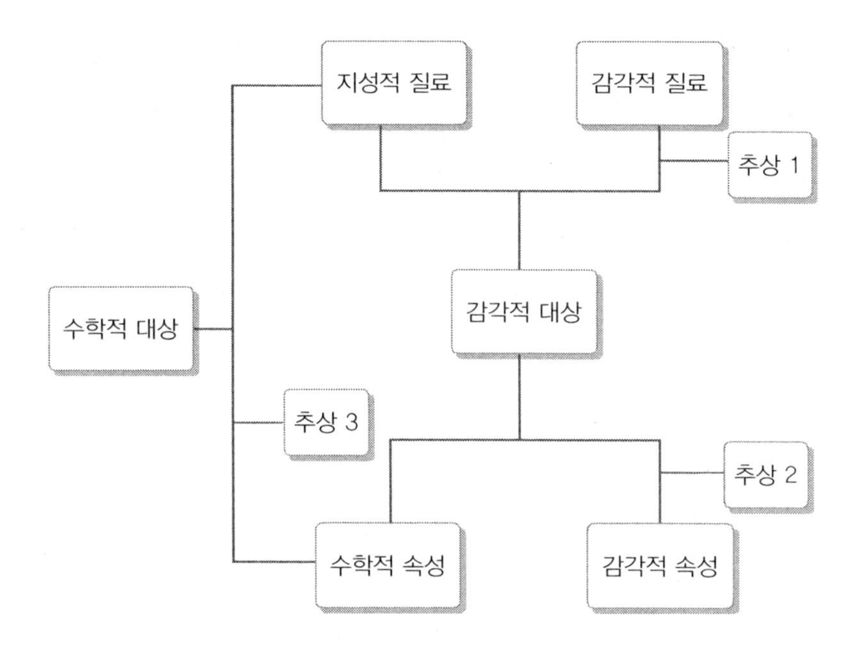

위의 그림에 나타난 것처럼 수학적 대상의 형성 과정에는 세 가지 다른 추상 작업이 개입한다. 첫 번째 추상 작업(추상 1)은 감각적 대상에서 감각적 질료를 분리하고 지성적 질료를 추상해 내는 작업이다. 두 번째 추상 작업(추상 2)은 감각적 대상에서 감각적 속성을 분리하고 수학적 속성을 추상해 내는 작업이다. 마지막으로 (추상 3) 추상된 지성적 질료와 수학적 속성을 혼합하는 추상 작업에 의해 수학적 대상은 완성된다.

그런데 이와 같은 추상의 분석은 뮐러와 가우크로거의 논의가 일관되지 못함을 노정한다. 앞서 살펴본 것처럼 그들은 처음에는 수학적 대상이 질료의 제거작업과 구분되는 속성의 제거 작업으로서의 추상 작업에 의해서만 형성된다고 생각했다. 그러나 수학적 대상이 지성적 질료에 수학적 속성이 부과된 것이라는 그들의 결론은, 수학적 대상의 구성 과정이 감각적 대상으로부터 지성적 질료 이외의 다른 질료들을 제거하는 추상 작업을 수반한다는 사실을 전제로 하고 있다. 따라서 그들의 논의가 일관된 온전한 것이 되려면 위의 도표에서처럼 세 가지 다른 추상 작업, 즉 감각적 질료의 제거, 감각적 속성의 제거, 그리고 이 과정에서 남겨진 지성적 질료와 수학적 속성의 혼합을 각각 인정해야 할 것이다.

지금까지 우리는 아리스토텔레스에 있어서 수학적 대상 형성에 관한 뮐러와 가우크로거의 해석을 보다 완벽한 것으로 정립하기 위해 수정, 보완 작업을 시도하였다. 수정된 해석을 위에 인용된 아리스토텔레스의 논의와 대조해보면 곧 이들이 서로 잘 들어맞음을 알 수 있다. 이제 이 해석을 바탕으로 과연 아리스토텔레스의 수학철학이 현대의 직관주의 수학철학의 선구로 볼 수 있는지의 문제를 검토해보자. 위의 도표에서 분명히 알 수 있듯이 아리스토텔레스에 있어서 수학적 대상의 근거는 감각적 대상에 있다. 수학적 대상은 감각적 대상으로부터 각기 성격을 달리하는 세 번의 추상 과정을 통해 얻어진다. 이들 추상 과정을 사람이 수학적 대상을 자의적으로 구성하는 과정으로 보아서는 안 된다. 수학적 대상은 엄연히 감각적 대상에 내재하며 사람은 이 수학적 대상을 감각적 대상으로부터 분리, 추상해낼 뿐이다. 이처럼 수학적 대상을 감각적 대상에 밀착시켜 이해하는 아리스토텔레스의 태도는 직관주의 수학철학에서 크게 벗어나 있다고 보아야 할 것이다.

아리스토텔레스의 수학철학에 관한 지금까지의 논의를 정리해보면 다음과 같다.

(1) 수학적 대상은 이데아도 중간적 대상도 아니다. 수학적 대상은 감각적 대상에 내재한다.
(2) 실재하는 것은 감각적 대상이고 수학적 대상은 감각적 대상이 갖는 독자적 실재성을 결여하고 있다. 따라서 수학은 실재하는 독립적 실체에 관한 학문이 아니다. (아리스토텔레스는 독립적 실체에 관한 학문을 수학과 구별하여 제1철학(first philosophy)이라 불렀고 이를 만학의 중심으로 삼았다.)
(3) 수학적 대상은 감각적 대상에서 추상되는 지성적 질료와 수학적 속성의 혼합으로 이루어진다. 수학적 대상의 형성은 사람의 이러한 추상적 인식작업에 의해 이루어진다.
(4) 따라서 수학적 대상은 존재론적으로는 감각적 대상에 의존되어 있고 인식론적으로는 사람의 마음에 의존되어 있다.

수학적 대상과 감각적 대상 사이의 관계는 플라톤의 수학철학을 검토할 때 사용되었던 토큰-타입의 관계를 적용해서 설명할 수 있을 것이다. 즉 아리스토텔레스에 있어서 수학적 대상은 감각적 대상의 타입이고, 감각적 대상은 수학적 대상의 토큰이다. 플라톤과 아리스토텔레스의 차이는 전자가 토큰이 타입에 의존된다고 보는 반면, 후자는 타입이 토큰에 의존된다고 본다는 것이다.이제 수학적 대상과 감각적 대상, 그리고 사람의 마음 사이의 관계를 도식화하면 아래와 같다.

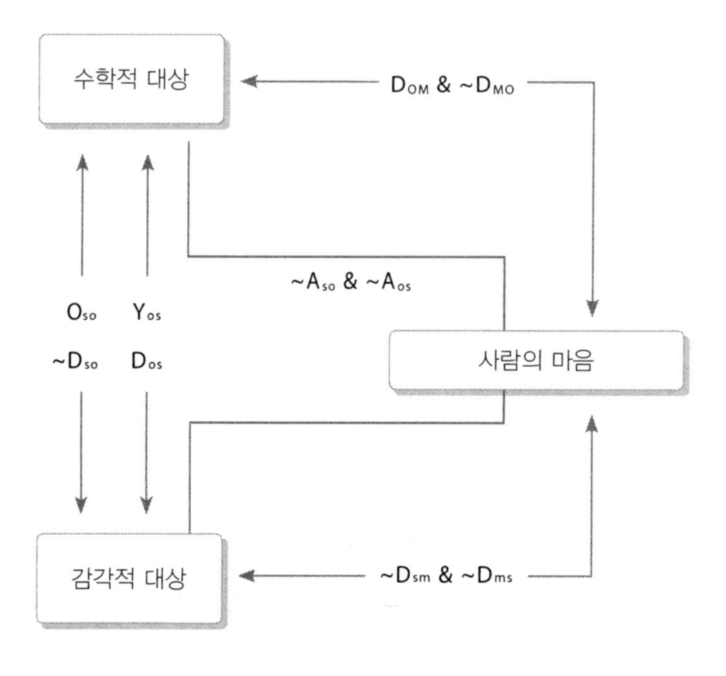

O: …의 토큰이다(is a token of).

Y: …의 타입이다(is a type of).

D: …에 의존되어 있다(depends on).

A: …으로부터 추상된다(abstracts from).

o: 수학적 대상(mathematical objects)

s: 감각적 대상(sensible things)

m: 사람의 마음(human mind)

위의 도식에서 우리는 연관되는 두 대상 세계와 사람의 마음 사이의 관계에 관해 다음의 열 개의 명제를 얻는다.

(1) O_{so}: 감각적 대상은 수학적 대상의 토큰이다.

(2) Y_{os}: 수학적 대상은 감각적 대상의 타입이다.

(3) $\sim D_{so}$: 감각적 대상은 수학적 대상에 의존되어 있지 않다.
(4) D_{os}: 수학적 대상은 감각적 대상에 의존되어 있다.
(5) D_{om}: 수학적 대상은 사람의 마음에 의존되어 있다.
(6) $\sim D_{mo}$: 사람의 마음은 수학적 대상에 의존되어 있지 않다.
(7) $\sim D_{sm}$: 감각적 대상은 사람의 마음에 의존되어 있지 않다.
(8) $\sim D_{ms}$: 사람의 마음은 감각적 대상에 의존되어 있지 않다.
(9) $\sim A_{so}$: 감각적 대상은 수학적 대상으로부터 추상되지 않는다.
(10) A_{os}: 수학적 대상은 감각적 대상으로부터 추상된다.

이를 하나의 테이블에 배열해보면 다음과 같다.

	o	s	m
o	■	Y_{os} & D_{os} & A_{os}	D_{om}
s	O_{so} & $\sim D_{so}$ & $\sim A_{so}$	■	$\sim D_{sm}$
m	$\sim D_{mo}$	$\sim D_{ms}$	■

4. 의의

플라톤과 아리스토텔레스의 수학철학의 차이점을 살펴보고 이들의 견해를 비판적으로 비교 평가해보자. 플라톤과 아리스토텔레스 철학의 근본적인 차이는 그들의 수학관에서 분명히 드러난다. 플라톤에 있어서 수학은 현상계 너머에 독자적으로 존재하는 객관적 실재를 직관하고 기술하는 학문이다. 아리스토텔레스에 있어서 수학의 연구 대상은 현상계에 내재한다. 현상계에 내재하는 수학적 탐구 대상을 현상계로부터 분리, 추상하는 작업이 수학을 온전한 학으로 정초하는 데 필요한 선행 작업이다.

그러나 아리스토텔레스는 수학을 수학적 대상에 관한 기술의 집합으로 보는 플라톤의 견해에 머물지 않고 한 걸음 더 나아가 수학적 대상에 관한 지식의 내적 체계에 관심을 기울였다. 그는 수학적 지식을 형성하는 수학적 명제들 사이의 연관 관계를 증명의 개념으로 규명하려 하였다(Aristotle, *Prior Analytics*, 24a10–15). 여기서 우리는 아리스토텔레스가 직관이 아닌 증명을 수학적 지식의 중추로 간주하고 있다는 사실을 주시할 필요가 있다. 직관과 증명은 모두 사람의 인식 작용이지만 증명은 직관에 비해 한층 능동적이고 단계적인 이해 작업이다. 증명의 과정에서 우리는 오직 서로 엮어지는 명제들 사이의 논리적 관계에만 주목한다. 그 외의 외부 세계에 대한 어떠한 다른 정보나 직관도 증명과 무관하다. 이처럼 증명은 사람의 명제적 인식에 완전히 포섭되는 개념이다. 즉 명제들 간의 논리적 관계는 수학적 지식을 증명의 체계로 엮는 작업에 있어서 필요충분조건인 것이다.

수학적 지식이 증명의 체계라는 아리스토텔레스의 주장은 수학의 탐구 대상이 감각적 대상 세계에 내재하며 이로부터 추상된다는 그의 주장과 모순되는 것은 아닐까? 아리스토텔레스의 수학철학이 일관된 것이려면, 수학적 지식의 궁극적 근거는 증명이 아니라 감각적 대상 세계에 대한 감각 경험이어야 하지 않을까? 이러한 우려는 문제되는 아리스토텔레스의 두 주장을 각각 발생론적 문맥과 정당화의 문맥으로 나누어 이해하면 해소된다. 즉 수학적 대상의 발생론적 근거는 감각적 대상이지만, 수학적 지식은 감각 경험이 아니라 증명에 의해서 정당화 된다는 해석이다. 이러한 해석은 아리스토텔레스의 이론의 일관성을 유지시킬 뿐 아니라, 수학적 지식의 정당화의 근거를 경험으로 보는 밀 (J. S. Mill)을 위시한 경험론적 수학철학자들로부터 아리스토텔레스를 명확히 구별 지어 준다.

이에 비해 수학적 진리를 객관적 이데아로 실재화 하는 플라톤의 수학관은 필연적으로 수학을 발견의 작업으로 편중되게 해석하는 결과를 초래하며, 여기서 정당화의 맥락은 발견의 문맥과 구별되지 않는다. 그리고 이데아들 사이의 독립성을 강조하는 그의 이데아론은 수학적 지식의 내적 연관성의 인식과 설명을 어렵게 한다. 플라톤 아닌 아리스토텔레스가 명제들 사이의 논리적 관계와 증명의 체계를 탐구하는 논리학을 창시했다는 역사적 사실은 결코 우연의 일만은 아닌 것이다.

또한 수학적 지식의 발생론적 근거가 감각계에 있다고 보는 아리스토텔레스의 수학철학에서 수학이 왜, 그리고 어떻게 감각계에 응용될 수 있는지의 문제는 제기되지 않는다. 아리스토텔레스에 있어서 수학의 탐구 영역은 이미 감각계와 외연적으로 중첩되어 있기 때문이다. 반면 수학적 형상과 대상을 감각계에서 분리시켜 독자적 실재성을 부여하는 플라톤은 어떻게 형상계의 진리가 감각계에 그대로 응용될 수 있는지를 해명해야 하는 부담을 지고 있다. 플라톤과 그를 추종하는 플라톤주의자들의 진영에서 이에 대한 만족스러운 설명은 아직도 이루어지지 않은 실정이다.

3장

아리스토텔레스의 보편자론과 램지 문장

3장

아리스토텔레스의 보편자론과 램지 문장

1. 들어가는 말

보편자에 관한 아리스토텔레스의 이론은 현대의 분석철학자들이나 플라톤주의자들에 의해 종종 비판받아왔다. 플라톤주의자들은 아리스토텔레스의 보편자론이 그의 비판에도 불구하고 플라톤의 이데아론을 궁극적으로 넘어서지 못했으며, 그의 이론 중 플라톤의 교리에서 벗어난 부분은 일관적이지 못한 데다 치명적 모순을 안고 있다고 주장한다. 분석철학자들은 주어–술어 논리에 바탕을 둔 아리스토텔레스의 보편자론이 관계의 양화논리가 개척됨에 따라 이미 낡은 이론으로 전락했다고 주장한다.

이 장에서 우리는 이러한 두 비판이 아리스토텔레스에 대한 치우친 단견임을 밝히고자 한다. 플라톤주의자들에 대해서는 보편자에 대한 아리스토텔레스의 이론이 플라톤의 이데아론을 벗어나서도 무모순적임을 보임으로써 그들의 비판이 그릇되었음을 규명할 것이다. 분석철학자들의 비판에 대해서는 그들이 개척한 관계의 양화논리가 함축하는 바가 아리스토텔레스의 보편 개념이 함축하고 있는 바를 크게 벗어나거나 그와 상충되는 게 아니라, 오히려 그것을 강화하고 있음을 램지 문장의 분석을 통해 밝힘으로써 응수하고자 한다.

2. 보편자와 분리의 문제

아리스토텔레스는 형이상학을 존재로서의 존재에 대한 탐구로 규정하고 있다(Aristotle, *Metaphysics*, 1003a22). 개별학문들은 존재의 특정한 측면들을 독립시켜 어느 한 측면에서만 존재의 속성들을 고찰한다. 그러나 형이상학은 존재 그 자체, 존재의 본질적 속성들을 문제 삼는다. 그러므로 형이상학은 다른 학문들의 주제를 넘어서서 여러 학문들의 원리를 해명해주는 가장 권위 있는 학문이자 제1철학인 것이다(Taylor 1955, 41쪽).[1]

---

1 코플스턴은 이를 존재는 유(類; genus)가 아니라는 논제와 연결 짓는데 그 논제에 대한 논증은 다음과 같다(Copleston 1946, 290쪽).

"사람은 합리적 동물이다."에서 사람은 종(種; species)이고 동물은 유이며 합리성은 종차이다.
우리는 동물성을 합리성의 속성으로 칠 수 없다.
우리는 유를 종차의 속성으로 칠 수 없다.
우리는 존재를 동물성과 합리성의 속성으로 칠 수 있다.
―――――――――――――――――――――――――――――
따라서 존재는 유가 아니다.

형이상학이 관심을 갖는 것은 실체이다. 모든 사물들은 실체이거나 실체의 영향이기 때문이다. 그러나 실체에는 여러 종류가 있을 수 있다. 형이상학은 그중에서도 불변하는 실체를 탐구해야 한다. 형이상학은 존재 그 자체에 관심이 있으며 존재의 참된 본질은 변화하는 것에서가 아니라 불변하고 자존(自存)하는 것에서 더욱 잘 드러나기 때문이다.

아리스토텔레스의 형이상학은 플라톤의 이데아론을 비판하면서 그 대안으로 보편자에 대한 새로운 이해를 제시한다. 이데아론에 대한 아리스토텔레스의 가장 강력한 비판은 제3의 사람 논증에서 찾을 수 있는데 그 논지를 요약하면 다음과 같다. 사람들이 있으면 그들 모두에게 공통되는 '사람 자체'가 있을 것이다. 그러면 사람 자체와 (개별적인) 사람들에 공통되는 (즉 사람들로부터 그리고 사람 자체로부터 구분되는) '제3의 사람'이 있어야 한다. 그리고 같은 논리에 의해 제4의, 제5의 사람이 있어야 하며 이는 결국 무한소급에 빠진다(Aristotle, *Metaphysics*, 1059b8–9).

아리스토텔레스는 여러 개별자들이 어떤 술어를 공통적으로 갖게 될 경우 그 이유는 그 각각의 경우에 해당하는 개별자들과 동일하면서도 그것들보다 더 이상적인 어떤 것에 관련되기 때문은 아니라고 본다. 그는 다음과 같이 말한다.

소크라테스는 정의(定義; definition)에 관한 논의로 플라톤의

코플스턴의 논증은 우리말 번역본에서는 오역으로 말미암아 그 취지가 왜곡되어 있다(코플스턴 2015, 391쪽).

> 이론에 영향을 주었다. 그러나 그는 보편자를 개별자로부터 분리하지 않았다. 보편자가 없다면 지식을 얻기가 어려운 게 사실이지만, 이데아론에 대한 반대의 주요 원인이 보편자를 개별자로부터 분리하는 데서 비롯된다는 결과를 놓고 볼 때 소크라테스는 이 점에서 옳았다. (Aristotle, *Metaphysics*, 1086b2–7)

개별자야말로 참다운 실체이다. 그렇다면 보편자는 실체인가? 아리스토텔레스는 아니라고 단언한다.

> 어떠한 보편 개념도 하나의 실체에 대한 이름이 될 수 없을 것이다. 왜냐하면 […] 각 사물의 실체는 그 사물에 독특한 것으로, 다른 어떤 사물에도 속하지 않기 때문이다. 그러나 보편자는 공통적인 것이다. 왜냐하면 하나 이상의 사물에 속할 수 있는 것을 보편자라 부르기 때문이다. (Aristotle, *Metaphysics*, 1038b8–12)

보편자는 그 자체로서는 존재할 수 없고 오직 개별적 사물 속에서만 존재할 수 있다는 것이다.

아리스토텔레스는 보편자가 단지 주관적 개념이거나 한낱 말에 불과한 것이 아니라고 본 점에서는 플라톤과 일치한다. 대상의 구체적 본질은 독립해서 존재하는 것이 아니라 대상 안에 존재하며 동시에 마음 안의 보편자에 대응한다. 보편자는 마음의 활동을 통해서 마음 안에서만 대상과 분리된다.

플라톤과 마찬가지로 아리스토텔레스는 학문의 대상이 보편자여야 한다고 확신했다. 보편자가 어떠한 방식으로든 실재하지 않는다면,

즉 보편자가 객관적 실재성을 갖지 않는다면 학문은 성립할 수 없게 된다. 학문은 개별자 그 자체보다 보편자를 문제 삼기 때문이다. 보편자는 사물과 분리되지 않지만 우리는 이를 분리시켜 의식할 수 있다. 그러나 이렇게 분리된 보편자에 대한 객관적 근거는 여전히 사물 안에 존재한다.[2]

3. 보편자와 개별자의 관계

지금까지 살펴본 형이상학과 보편자에 대한 아리스토텔레스의 논의를 요약하면 다음과 같다.

(1) 형이상학은 가장 권위 있는 학문이자 제1철학이다.
(2) 형이상학은 실체를 탐구한다.
(3) 개별자야말로 참다운 실체이다.
(4) 학문은 보편자를 탐구한다.

이 네 명제는 서로 모순적 관계에 있는 것처럼 보인다. 개별자가 참다운 실체이고 학문이 실체를 탐구한다면 개별자가 학문의 진정한 대상이어야 한다는 결론이 필연적으로 이끌어져 나온다. 그런데 아리스토텔레스는 그와는 정반대로 학문이 개별자가 아닌 보편자를 탐구

2 아리스토텔레스가 객관적 보편자를 부정하고 마음 안의 주관적 보편자만을 인정했다는 코플스턴의 해석(Copleston 1946, 302쪽)은 존재와 의식의 지평을 각각 객관성과 주관성으로 잘못 본 데서 비롯된 오류이다.

한다고 주장하고 있다. 즉 그는 한편으로는 학문이 실체를 탐구하며 개별자는 참다운 실체라고 말하면서도, 다른 한편으로는 참다운 실체인 개별자가 아니라 보편자가 학문의 진정한 대상이라는 일견 모순된 주장을 하고 있는 것이다.

아리스토텔레스는 실체의 의미를 둘로 나누어 설명함으로써 모순을 해결하고자 한다. 제1실체는 질료와 형상으로 구성되는 개별적 실체이고, 제2실체는 보편 개념에 대응하는 형식적 요소나 구체적 본질이다. 개별자가 진정한 실체이고 보편자는 실체가 아니라는 것은 제1실체의 경우이지 제2실체에는 해당되지 않는다. 제1실체로서의 개별자는 술어의 주어가 될 수 있지만 다른 것의 술어가 될 수 없다. 그러나 제2실체로서의 종(種; species)은 술어의 주어로도 다른 것의 술어로도 사용될 수 있다. 제1실체와 제2실체라는 표현은 우리가 개별자를 우선적으로 인식하고 보편자는 추상에 의해 2차적으로 인식하기 때문에 붙여진 것일 뿐 두 실체에 대한 평가와는 무관하다(Copleston 1946, 302쪽).

지금까지의 논의를 토대로 우리는 앞서 살펴본 네 명제 사이의 모순을 해결할 수 있다. 아리스토텔레스가 (3)에서 개별자를 진정한 실체라고 했을 때, 그는 보편자가 그 자체 분리된 실체라는 플라톤의 이론을 거부하는 것을 의미했지 사물 안의 형식적이거나 구체적 요소의 의미에서의 보편자가 실재한다는 것을 거부하는 것은 아니었다. 개별자는 진정한 실체이지만 그것이 이러저러한 종류의 실체가 되는 것은 보편적 요소, 사물의 형식 때문이다. 우리는 이러한 보편적 요소,

사물의 형식을 추상하여 형식적 보편성으로 인식한다(Copleston 1946, 303쪽).

아리스토텔레스가 (4)에서 보편자를 학문의 탐구대상으로 규정했을 때 그는 모순을 범한 것이 아니다. (3)과 (4)는 서로 모순되지 않는다. 보편자는 개별자 안에서만 실재하지만, 이로부터 보편자를 학문의 대상으로 삼을 수 없다는 결론이 이끌어져 나오는 것은 아니다. 우리는 개별자를 통해서 보편자를 인식하므로 보편자는 초월적이 아니라 내재적이고 구체적이다. 학적 지식을 추구하는 지성은 개별자의 요소로서 구체적으로 존재하는 이 보편자를 탐구의 대상으로 삼는다. 개별자들은 소멸해도 보편자인 종(種; species)과 그 본질은 불변한다. 학문은 바로 이 불변의 보편자를 탐구의 대상으로 삼는 것이다.

아리스토텔레스에게 보편자는 형상에 해당한다. 형상은 플라톤의 이데아와 같이 모든 개별자들을 구성하는 본질이며 실체이다. 그러나 그것은 개별자로부터 동떨어져 존재하는 게 아니라는 점에서 플라톤의 이데아와 구별된다. 보편자로서의 형상은 질료와 결합하여 개별적 실체인 개별자를 구성한다. 질료가 어떤 사물이 되는 것은 보편자로서의 형상 때문이며 이것이 바로 그 사물의 본질적 실체인 것이다.[3]

---

3 아리스토텔레스는 질료를 사유가 파고들어갈 수 없는 것으로 보고 있다. 이는 후에 콰인의 언어철학에서는 지시체의 불가투시성(inscrutability) 논제로, 하이데거의 예술철학에서는 대지의 은폐성으로 계승된다(Quine 1960; Heidegger 1935–1936). 반면 아리스토텔레스는 형상에 대해서는 지성에 의해 알 수 있는 것으로 간주하고 있다. 이는 하이데거에 와서 세계의 비은폐성으로 계승된다. (제1)실체를 형상과 질료의 결합으로 보는 아리스토텔레스의 존재론은 예술작품을 대지와 세계의 투쟁으로 이해하는 하이데거의 예술철학으로 계승된다. 하이데거는 아리스토텔레스의 존재론에서 보이는 '결합'이라는 플라톤적 흔적

4. 보편자와 실체

보편자를 형이상학의 문맥이 아닌 일상 언어적 문맥에서 분석해 보기로 하자. 언어에는 고유명사, 일반명사, 동사, 형용사, 전치사 등이 있다. 그중 고유명사는 개별자를 나타내고 그 이외의 품사들은 보편자를 나타낸다고 할 수 있다. 고유명사는 적용되는 대상인 사물이나 사람이 하나뿐이다. 태양, 달, 한국, 이순신 등이 이에 해당한다. 반면 항성, 위성, 나라, 사람 등과 같은 일반명사는 많은 대상에 적용된다.

보편자의 문제는 이러한 일반명사들의 의미, 그리고 '흰,' '굳은,' '둥근' 등등 형용사들의 의미와 관련되어 있다. 이에 대해 아리스토텔레스는 다음과 같이 말한다.

> 보편자는 여러 주어들에 대해 술어가 될 수 있는 것을, 개별자는 그렇지 않은 것을 각각 뜻하는 용어이다. (Aristotle, *De Interpretatione*, 17a37)

러셀은 고유명사가 나타내는 것은 개별자이고, 형용사나 집합명사, 즉 '사람의,' 혹은 '사람'과 같은 말이 나타내는 것은 보편자라고 주장한다(Russell 1946, 176쪽). 그에 의하면 실체는 '이것'(this)이라고 표현할 수 있고 보편자는 '이러함'(such)이라고 표현할 수 있다. '이러함'으로 표현되는 보편자는 사물의 종류를 나타내며, 실제적이고 특수한 사물

을 '투쟁'이라는 역동적 관계로 치환한 것이다.

을 나타내는 것이 아니다. 요컨대 보편자는 실체가 아니다.[4] 왜냐하면 그것은 '이것'이라고 할 수 없기 때문이다(Russell 1946, 176쪽).

문장을 분석해 보면 우리는 예외 없이 보편 개념을 발견하게 된다. 보편자를 가리키는 말을 포함하지 않는 것처럼 보이는 "나는 이것을 좋아한다."라는 문장의 경우에도 '좋아한다'는 동사는 보편자를 가리키고 있다. 나는 다른 것도 좋아할 것이고, 딴 사람들도 여러 가지 것들을 좋아할 것이기 때문이다. 이처럼 모든 진리는 보편자를 포함하고 있고, 진리에 대한 모든 지식은 보편자의 직접지(直接知; acquaintance)를 포함하고 있다(Russell 1946, 176쪽).

러셀은 아리스토텔레스를 포함하여 많은 철학자들이 형용사와 명사에 의해서 지칭되는 보편자만을 인식했을 뿐, 동사나 전치사가 지칭하는 보편자는 간과해왔다고 비판한다(Russell 1912, 94쪽). 형용사나 일반명사는 단일한 사물의 성질 또는 고유성을 표현하고, 전치사나 동사는 둘 또는 그 이상의 사물간의 관계를 표현한다. 아리스토텔레스는 전치사나 동사를 문제 삼지 않았으며, 이로 말미암아 모든 명제는 단일한 사물에 그것의 고유성을 귀속시키는 것을 표현한다고 간주하였다는 것이다. 이는 문장의 언어적 구조를 술어가 주어에 포함되어 있는 방식으로 이해하는 아리스토텔레스의 논리적 관점과도 일치한다(Losee 1980, 7쪽). 이러한 관점은 모든 명제가 둘 또는 그 이상의 사물간의 관계를 표현한다는 사실을 보지 못한다.

가령 "평양은 서울의 북쪽에 있다."는 명제를 살펴보자. 아리스토

4 아리스토텔레스는 이를 보편자가 제1실체가 아니라는 뜻으로 새길 것이다.

텔레스는 이를 '평양'이라는 주어에 '서울의 북쪽에 있다.'는 술어가 포함되어 있는 명제라고 볼 것이다. 그러나 이것이 위의 명제를 분석할 수 있는 유일한 방법은 아니다. 이 명제는 평양이라는 고유명사와 서울이라는 고유명사 사이의 보편적 관계(…의 북쪽(에 있다.))를 진술하고 있다고도 볼 수 있다. 아리스토텔레스는 이러한 관계를 평양이라는 주어가 갖는 하나의 성질로 보겠지만, 우리는 역으로 성질을 관계 중의 하나로도 볼 수 있다(Weyl 1949, 4쪽). 사소한 것처럼 보이는 이러한 관점의 차이가 사실은 엄청난 중요성을 내포하고 있다(Carnap 1930).

기호 a, b를 각각 평양과 서울을 대신한 이름으로 도입하자. 그리고 기호 N을 관계적 구절인 '…의 북쪽에 있다.' 대신에 도입하자. 그러면 앞의 명제는 aNb로 표현될 수 있으며, 우리는 이것을 "평양은 서울의 북쪽에 있다."로 해석한다. 새로운 기호언어에는 주어도 술어도 존재하지 않고 두 대상 사이에 하나의 관계가 존재할 따름이다.

이번엔 '모든 x에 대하여'의 구절 대신에 보편 양화사 (x)를, '…인 어떤 x가 있다.'의 구절 대신에 존재 양화사 (∃x)를 도입하자. 이러한 기본적 기호로써 명제들을 관계의 기호언어로 바꿀 수 있다. 가령 "모든 말은 갈색이다."(All horses are brown.)는 "말과 같은 모든 것은 갈색이다."(All which are equine are brown.)로, 이는 다시 "모든 x에 대하여 만일 x가 말과 같은 것이라면 x는 갈색이다."(For all x, if x is equine, then x is brown.)로 바꾸어 쓸 수 있다. 마지막 명제는 (x)(Ex ⊃ Bx)로 기호화된다. 이 표현은 원래의 명제와 같은 의미를 지니면서도 말이라는 명사(주어)와 그에 포함된 것처럼 보이는 술어를 변항들 사이의 관계 개념으로 환원하고 있다(Quine 1952).

5. 램지 문장

이제 양화 관계 논리를 하나의 언어 체계에 적용시켜 보편 개념에 해당하는 이론 용어와 특수 개념에 해당하는 관찰 용어 사이의 관계를 살펴보자(Ramsey 1931b).[5] 다음과 같이 n개의 이론 용어를 갖는 하나의 이론이 있다고 가정하자.

'T_1,' 'T_2,' 'T_3,' . . . 'T_n'

이러한 용어들은 이론의 공준(postulate)에 의해 도입되며 이론의 대응 규칙들에 의해 직접적으로 관찰 용어들에 관계된다. 이 대응 규칙들에는 다음과 같은 m개의 관찰 용어가 있다고 가정하자.

'O_1,' 'O_2,' 'O_3,' . . . 'O_m'

이론은 이론적 공준과 대응 규칙의 연언(conjunction)으로 구성되어 있다. 그러므로 그것은 다음과 같이 이론 용어와 관찰 용어의 합집합을 포함할 것이다.

5 이 절에서 램지 문장의 구성까지는 다음을 참조했다. Carnap 1966, 26장.

'T_1,' 'T_2,' 'T_3,' . . . 'T_n,' 'O_1,' 'O_2,' 'O_3,' . . . 'O_m'

램지는 이론의 문장과 용어들이 그에 대응하는 변항인 'U_1,' 'U_2,' 'U_3,' … 'U_n'에 존재 양화사가 덧붙여진 '($\exists U_1$),' '($\exists U_2$),' '($\exists U_3$),' . . . '($\exists U_n$)'에 의해 대체될 수 있다고 주장한다. 이렇게 구성된 새로운 문장은 램지 문장으로 불린다.

기체의 운동론으로부터 분자(Mol로 약칭)의 운동, 그 속도(Vel), 충돌에 관한 법칙을 공준으로 포섭하는 이론 TC를 살펴보자.[6] 이 이론은 기체에 관한 일반 법칙, 수소 분자(Hymol)에 관한 특수 법칙, 기체의 온도(Temp), 압력(Press), 전체 질량(Mass)에 관한 기체 이론 법칙도 포함하고 있다고 해보자. T-공준을 모두 진술하는 대신 이론 용어만을 쓰고 연결은 점으로 처리하면 다음과 같다.

(T) . . . Mol . . . Hymol . . . Temp . . . Press . . . Mass . . . Vel . . .

이론 TC를 기호 체계로 완성하려면 이론 용어에 대한 대응 공준이 언급되어야 한다. 이 C-공준은 온도와 압력의 측정에 관한 적용 규칙일 것이므로, 이론 용어 'Temp'와 'Press' 및 'O_1,' 'O_2,' 'O_3,' . . . 'O_m'과 같은 관찰 용어들을 포함할 것이다. 따라서 C-공준을 약식으로 표현하면 다음과 같다.

6 'T'는 이론적 공준을, 'C'는 대응 규칙들을 부여하는 공준을 나타낸다.

(C) . . . Temp . . . O_1 . . . O_2 . . . O_3 . . . Press . . . O_4 . . . Om . . .

전체 이론은 다음과 같은 형태로 기술된다.

(TC) . . . Mol . . . Hymol . . . Temp . . . Press . . . Mass . . . Vel . . . ; . . . Temp . . . O_1 . . . O_2 . . . O_3 . . . Press . . . O_4 . . . O_m . . .

이론 TC를 램지 문장으로 변형하기 위해서는 다음과 같은 두 단계의 작업이 필요하다. 첫째, 집합 용어와 관계 용어를 포함한 모든 이론 용어를 임의로 선택된 집합 변항과 관계 변항으로 바꾼다. 가령 이론에서 'Mol'이 등장하는 모든 자리에는 변항 'C_1'이, 'Hymol'에는 다른 집합에 속하는 변항 'C_2'가, 'Temp,' 'Press,' 'Mass,' 'Vel' 등에는 각각 'R_1,' 'R_2,' 'R_3,' 'R_4'라는 관계 변항이 들어간다. 그 결과는 다음과 같을 것이다.

. . . C_1 . . . C_2 . . . R_1 . . . R_2 . . . R_3 . . . R_4 . . . ;
. . . R_1 . . . O_1 . . . O_2 . . . O_3. . . R_2 . . . O_4 . . . O_m . . .

둘째, 이렇게 도입된 6개 변항에 각각 존재 양화사를 배당시켜 문장 앞에 기술한다.

이러한 두 단계를 거쳐 위의 이론 TC는 다음과 같은 램지 문장 $^R TC$로 변형된다.

($^R TC$) $(\exists C_1)(\exists C_2)(\exists R_1)(\exists R_2)(\exists R_3)(\exists R_4)[\ldots C_1 \ldots C_2 \ldots R_1 \ldots R_2 \ldots R_3 \ldots R_4 \ldots ; \ldots R_1 \ldots O_1 \ldots O_2 \ldots O_3 \ldots R_2 \ldots O_4 \ldots O_m \ldots]$

여기서 주목할 점은 램지 문장에서는 이론 용어가 빠지고 그 자리에 변항이 들어갔다는 사실이다. 변항 'C_1'은 어느 특정한 집합을 지칭하지 않는다. 그것은 단지 일정한 조건을 만족시키는 집합이 최소한 하나 존재함을 주장할 뿐이다. 또한 램지 문장은 이론 용어를 사용하지 않고도 원래의 이론과 같은 것을 말하는 일이 가능함을 보여준다. 즉 이론의 언어 체계는 (논리학과 수학이 결합된) 관찰 가능한 관계의 언어 체계로 환원된 것이다.[7]

램지 문장이 원래의 이론과 같은 것을 말한다고 했을 때 그것은 관찰 가능한 결과에 국한된 것임을 유념해야 한다. 즉 둘이 정확히 같은 것은 아니다. 이론은 '전자'나 '질량'과 같은 이론적 개념이 이론 자체의 문맥에서 제안되는 것 이상을 뜻하는 잉여 의미를 지닌다고 가정

7 이론 용어가 들어가는 문장을 램지 문장으로 번역할 경우 그 문장 속에는 모든 이론적 공준들과 대응 규칙 및 존재 양화사에 해당하는 공식들이 들어가게 되어 엄청 길어지게 되는 불편함이 있다. 이는 마치 화이트헤드와 러셀의 『수학의 원리』를 셰퍼(Henry Sheffer)의 스트로크(stroke; |) 하나만 가지고 번역할 경우에 치러야 하는 대가에 비견된다. 그럼에도 이것이 가능함을 보였다는 점에서 램지와 셰퍼의 공헌은 지대하다고 할 수 있다.

하고 있다. 반면 램지 문장은 이러한 잉여 의미가 탈락된, 관찰 언어로만 구성된 이론을 진술하고 있는 것이다(Carnap 1966, 254쪽). 그러므로 "전자는 존재하는가?" "전자는 무엇을 지칭하는가?"와 같은 형이상학적 질문은 제거된다. 그러한 이론적 개념은 앞으로 새로운 관찰 가능한 현상을 예측하는 역할을 효과적으로 수행할 수 있게끔 경험적 관찰 현상을 조직하는 데 이용되는 언어적 도구에 불과한 것이다. 이들은 이론 체계 안에서 자신의 역할을 넘어서는 어떠한 잉여 의미도 갖지 않으며, 따라서 이들의 독립적 실재성을 언급하는 것은 무의미하다.

6. 다시 아리스토텔레스로

아리스토텔레스는 보편자로서의 이데아가 개별자와 분리되어 실재성을 갖는다는 플라톤의 이데아론을 비판하면서, 보편자는 개별자와 분리되어 실재하지 않는다고 주장하였다. 그러면서도 그는 개별자에 실재하는 보편자가 그 자체로 학문의 적절한 객관적 대상일 수 있는 근거를 마련하였다.

그러나 아리스토텔레스의 보편 개념은 명사, 형용사에 의해 지칭되는 보편자만을 포섭하고 있으며, 이와 관련하여 명제의 구조를 술어가 주어에 포함되어 있는 방식의 측면에서 분석하는 관점에 서있다. 이로 말미암아 그는 모든 명제가 사물 간의 관계를 표현한다는 사실을 알지 못했다.

주어-술어의 논리에서가 아니라 관계의 양화논리 체계에 의거한 램지 문장의 관점에서 보았을 때, 보편 개념은 추상적 이론 개념에서 구체적 관찰 개념으로 환원됨을 알게 된다. 이러한 구체적 관찰 개념은 더 이상 추상적인 명사가 아니라, 잉여 의미가 배제된 경험적 관계 개념이다. 따라서 우리는 예컨대 물리적 대상 자체가 무엇인지를 물을 수도 알 수도 없다. 다만 램지 문장을 통해서 경험적인 관찰 자료와 그 관계를 제시할 수 있을 뿐이다. 즉 물리적 대상과 같은 보편 개념은 그 자체 독립적 실재성을 갖는 것이 아니라, 구체적 경험의 관계를 통해서만 우리에게 알려진다. 그럼에도 그것은 학문의 참다운 대상이다. 학문은 관찰 경험에 일차적 관심을 갖지만, 궁극적으로는 이로부터 추론되는 물리적 대상이라는 추상적 보편 개념을 문제 삼기 때문이다.

우리는 램지 문장의 구성 과정을 살피는 과정에서, 보편자가 독립적으로 실재하는 것이 아니라 개별자 안에 존재하는 것이며, 그러면서도 개별자 아닌 보편자가 학문의 객관적 대상일 수 있다는 아리스토텔레스의 견해가 타당할 수 있음을 알게 된다. 램지 문장의 구성 과정은 이론적 개념이 어떻게 경험적 관계 개념의 지평으로 환원될 수 있는지를 규명함으로써, 보편자가 개별자를 통해서만 인식된다는 아리스토텔레스의 주장을 뒷받침하고 있는 것이다.

보론
슐릭과 바바라

1. 아리스토텔레스의 논리학

프레게가 이룩한 논리학 혁명의 관점에서 보았을 때 아리스토텔레스의 논리학은 그 한계가 뚜렷해 보인다. 주어와 술어로 이루어진 명제만을 다루는 데다 개념논리에 국한되어 있기 때문이다. 현대의 형식논리학은 진리함수에 의거해 명제논리를 구축하고, 양화사에 의거해 술어논리를 구축하면서 관계의 논리를 개발해냄으로써 아리스토텔레스의 논리학을 추월하게 된 것이다.

그럼에도 불구하고 논리학에서 아리스토텔레스의 업적은 나름대로 괄목할 만한 것이다. 그는 탐구의 영역에서 고도의 추상성과 엄밀성, 체계성과 정확성을 목표로 했고 이를 성취하였다. 그가 지향했던 논리학의 목표는 선구적인 것이었으며 뒤에 오는 현대논리학에 초석을 놓아주는 역할을 했다. 논리학에서 그의 공헌으로는 특히 다음의 세 가지를 꼽을 수 있다.

첫째, 아리스토텔레스는 명제를 기호화함으로써 논증을 실제 주제로부터 추상해서 형식화하는 방법을 창안했다.

둘째, 아리스토텔레스는 논리학을 체계적으로 다루는 과정에서 기술적인(technical) 용어들을 차용함으로써 일상 언어의 풍부한 다양성으로부터 제한적이지만 정확하고 엄밀한 표현 형식으로 이행하였다. 용어와 표현의 정확성과 일관성에 대한 요청은 형식논리학의 발전에 지대한 영향을 미쳤다.

셋째, 아리스토텔레스는 논리학을 공리연역체계나 자연연역체계로 구축하고자 했다.[8] 그는 타당한 논증형식들을 발굴해냈고 각각의 논리적 얼개를 밝혀내었다.

2. 슐릭의 시대착오

슐릭은 지식의 엄밀한 체계가 오로지 아리스토텔레스가 '바바라'(Barbara)로 이름 지은 다음의 형식에 의해서만 이루어진다고 보았다(Schlick 1918, 14-15절).

모든 M은 P이다.

8 실제로 우카시에비츠는 공리연역체계로, 코코란(John Corcoran)과 스마일리(Timothy Smiley)는 자연연역체계로 아리스토텔레스의 논리학을 해석한 바 있다. Łukasiewicz 1951; Corcoran 1972; 1974a; 1974b; Smiley 1974 참조.

모든 S는 M이다.

∴ 모든 S는 P이다.

이는 낡고 소박한 주장처럼 여겨진다. 그럼에도 슐릭은 프레게가 개발한 현대논리학이 비록 아리스토텔레스의 논리학보다 훨씬 더 유용한 추론들을 제공하지만, 지식의 엄밀한 체계는 아리스토텔레스의 논리학으로 표현될 수 있다는 논제를 논박하지는 못한다면서 자신의 주장을 옹호한다.

아리스토텔레스의 논리학은 관계 문장을 다룰 수 없다는 것이 표준적인 반론이다. 아리스토텔레스는 관계 문장을 술어 형식의 문장으로 이해하는데, 그런 식으로는 관계 문장을 포함하는 많은 추론이 불가능해진다. 물론 우리는 (1) "a는 b보다 크다."를 'b보다 크다.'는 술어가 a라는 주어에 귀속된다는 것으로 해석할 수 있다. 그렇다면 그 술어가 하나의 단위가 되는 탓에 어떠한 추론의 규칙에 의해서도 b에 대한 정보를 얻을 수 없다. 예컨대 우리는 (1)로부터 (2) "b는 a보다 작다."는 문장을 추론할 수 없다.

현대논리학은 이 문제를 다음과 같이 해결한다. '…보다 작다.'는 관계는 '…보다 크다.'의 역(逆) 관계로 정의된다. 그리고 우리가 추론하고자 하는 바는 "x와 y 사이에 어떤 관계가 설정된다면 y와 x 사이에는 그 역 관계가 설정된다."는 보편명제에 의존해 있다.

슐릭은 해당 추론이 다음과 같은 복잡한 추론이 축약된 형태라고 주장한다.

a는 b보다 크다.

b는 c보다 크다.

————————————

∴ a는 c보다 크다.

슐릭은 함축적 정의에 내재된 관계가 풍성한 까닭에 (1) “a는 b보다 크다.”는 겉보기에 비해 많은 정보를 담고 있다고 본다. 수(數)의 속성과 ‘…보다 크다.’는 관계에 의해 (1)은 a가 b보다 작은 어떠한 수보다 크다는 점을 말하고 있다는 것이다. 위의 추론에서 두 번째 전제인 “b는 c보다 크다.”는 ‘…보다 크다.’와 ‘…보다 작다.’는 표현의 정의에 의하면 “c는 b보다 작다.”와 동치인데, 무한히 많은 수들 중에서 c를 지목하고 있다. “a는 c보다 크다.”는 판단은 사실 “a는 b보다 크다.”라는 명제가 함축하는 진리의 일부분이다. 직관적으로 자명한 이러한 추론 형식은 일반명제로부터의 유추에 해당한다.

슐릭의 견해는 반(反)계몽주의적이다. 주어와 술어로 이루어진 문장만을 다룰 수 있는 아리스토텔레스의 논리학에 머물고 있는 그의 견해는 단순한 연역추론의 과정에는 적합할는지 몰라도 보다 고차적인 추론의 과정을 설명하는 데는 그렇지 못하다.

슐릭이 옹호하고 있는 아리스토텔레스의 논리학은 특히 수학에 필수불가결한 관계문장들에 대해 철저히 무력하다. 그 한 예로 (직선상의) 세 점 사이의 관계라는 기하학적 개념을 살펴보자. “a가 b와 c 사이에 있다면 b는 c와 a 사이에 있지 않다.”는 기하학의 공리는 현대논리학에서만 표현 가능하다. 아리스토텔레스의 논리학에 따르자면 우리는 a에 대해 'b와 c 사이에 있다.'는 술어를, b에 대해 'c와 a 사이에 있지 않다.'는 술어를 부여받을 뿐이다. 이것이 분석되지 않는 한 "a는 b와 c 사이에 있다."가 "b는 c와 a 사이에 있지 않다."를 함축함을 보일 방법은 없다.

바바라가 추론의 유일한 형태라고 집착하는 것은 유클리드 기하학이 유일한 기하학의 형태라고 집착하는 것에 비견될 만큼 시대착오적이다.

4장
분석과 종합의 논리적 확장

4장
분석과 종합의 논리적 확장

1. 규칙과 오류

사고 실험은 가장 오래된 수학적 증명의 패턴으로서 유클리드뿐 아니라 그 이전의 그리스 수학에서도 널리 사용되었다. 발견의 순서에서 가설이 증명보다 앞선다는 점은 예나 지금이나 마찬가지이다. 고대 그리스의 수학자들은 발견의 논리로 분석의 방법을, 증명의 논리로 종합의 방법을 창안했다. 이 장에서 우리는 분석과 종합의 방법을 살피고 이를 가설을 확정하는 네 가지 알고리듬으로 확장해보고자 한다.

이 장에서 시도되는 해석과 논증은 다음과 같은 논리적 규칙에 의거할 것이다.

(1) 참인 함축의 원리(The Principle of True Implicant): 참인 명제가

함축하는 모든 명제는 참이다(Corcoran 1989b, 40쪽).

(2) 거짓인 귀결의 원리(The Principle of False Consequence): 거짓인 명제를 함축하는 모든 명제는 거짓이다(Corcoran 1989b, 39쪽).

이에 연관하여 다음과 같은 논리적 오류가 언급될 것이다.

(3) 참인 귀결의 오류(The Fallacy of Verified Consequence): 가설로부터 참인 귀결이 이끌어져 나옴을 근거로 해당 가설이 참이라고 단정하는 오류이다(Corcoran 1989a, 20쪽).

(4) 거짓인 함축의 오류(The Fallacy of Falsified Implicant): 거짓인 명제가 함축하는 모든 명제를 거짓이라고 단정하는 오류이다(Corcoran 1989a, 19쪽).

2. 파푸스

분석과 종합의 방법에 대한 논의는 플라톤과 아리스토텔레스의 작품에도 보이고(Plato, *Republic*, 511b; Aristotle, *Nichomachean Ethics*, 1112b) 그 연원은 피타고라스학파로까지도 소급될 수 있다(Koertge 1980, 144쪽). 이에 대한 가장 잘 보존된 고대의 문헌은 4세기경에 활동했던 그리스의 수학자 파푸스에 의한 다음과 같은 설명이다.

분석은 추구하는 것을 이미 받아들여진 것으로 간주하며, 이의 잇따른 귀결을 통해 종합의 결과로써 받아들여진 어떤 것에 이른다. 우리는 분석에서 우리가 추구하는 것을 (이미) 이루어진 것이라고 가정하며, 이로부터 귀결된 것이 무엇인가를 질문한다. 또 후자를 일으키는 선행원인이 무엇인가를 질문한다. 이러한 질문은 우리가 밟은 단계를 소급해 이미 알려진 것이거나 제1의 법칙에 해당하는 것에 도달할 때까지 계속 되풀이된다. 이러한 방법을 우리는 역진(逆進) 해법으로서의 분석이라 부른다.

종합에서는 그 과정이 거꾸로 되어, 분석에 의해 마지막으로 도달한 귀결을 이미 이루어진 것으로 받아들이며, 이전에 전건이었던 것을 후건으로 되돌리는 등 그 순서를 순리대로 회복시켜 하나하나 차례로 연결시킴으로써 우리가 추구했던 것의 구성에 마침내 도달하는데, 우리는 이를 종합이라 부른다. (Pappus, *Synagogue*, VII)[9]

분석은 위의 설명에서 "추구하는 것"으로 표현된 가설을 직접 증명하는 대신, 가설로부터 귀결을 이끌어내는 과정이다. 가설의 통상적 증명과는 반대의 순서라는 점에서 분석은 "역진 해법"으로 표현되어 있다. 반면 종합은 역순으로 진행된 추론의 과정을 원래의 자연스러운 순서로 되돌려 가설을 증명하는 통상적 절차를 의미한다.

가설로부터 귀결을 이끌어내는 과정으로서의 분석은 가설 연역법에 해당하는데, 가설 연역법은 가설을 설정하는 단계와 가설을 정당화하는 단계로 이루어진다. 이는 분석에 대한 파푸스의 다음과 같은 분류와 어우러진다.

---

9 Heath 1908, 138쪽의 번역문으로부터 옮겼다.

분석에는 두 종류가 있다. 하나는 진리를 찾는 것으로 지향된 **이론적인** 것이고, 다른 하나는 우리가 찾고자 하는 것을 찾으려 하는 **문제적인** 것이다. (Pappus, *Synagogue*, VII)[10]

위의 설명에서 "진리"를 가설로부터 연역되는 참으로 알려진 귀결을 의미하는 것으로 해석하고, "우리가 찾고자 하는 것"을 가설을 의미하는 것으로 해석하면, 이론적 분석은 가설의 정당화에, 문제적 분석은 가설의 설정(발견)에 해당한다.

분석과 종합에 관한 파푸스의 요지를 현대적으로 재서술하면 다음과 같다. 찾고자 하는 가설을 이미 알고 있다고 가정하고 그로부터 귀결을 이끌어내라. 만일 거짓으로 알려진 귀결에 도달한다면 가설은 거짓이고, 참으로 알려진 귀결에 도달한다면 가설은 참일 수 있다. 이 경우에는 추론의 과정을 뒤집어 참인 귀결로부터 가설에 도달하도록 하라. 이에 성공한다면 가설을 증명한 셈이다.[11]

요약문의 처음 두 문장은 분석의 방법에, 나머지 문장들은 종합의 방법에 각각 해당한다. 자보는 이에 대해 다음과 같은 해석을 제안한다(Szabó 1974). 분석은 가설로부터의 연역으로 진행된다. 우리는 가설로부터 (1) 참으로 알려졌거나 (2) 거짓으로 알려진 귀결을 연역한다. (2)의 경우 거짓인 귀결의 원리에 의해 가설은 거짓이다. (1)의 경우 분석의 각 단계를 거꾸로 하여 원래의 가설에 도달함이 종합이다. 이 경

10 Heath 1908, 138쪽의 번역문으로부터 옮겼다.

11 파푸스의 방법을 거론한 다음을 참조하여 작성하였다. Heath 1908, 138–139쪽; Polya 1957, 142쪽; Lakatos 1978b, 72–73쪽.

우 우리는 참인 함축의 원리에 의해 가설이 참임을 증명한 셈이다.

자보의 해석은 분석과 종합에 대한 파푸스의 설명과 잘 어우러진다. 그의 해석에서 분석은 발견의 논리가 되고 종합은 참으로 알려진 명제로부터 시작하는 표준적 증명이 된다. 이를 알고리듬화 하면 다음과 같다.

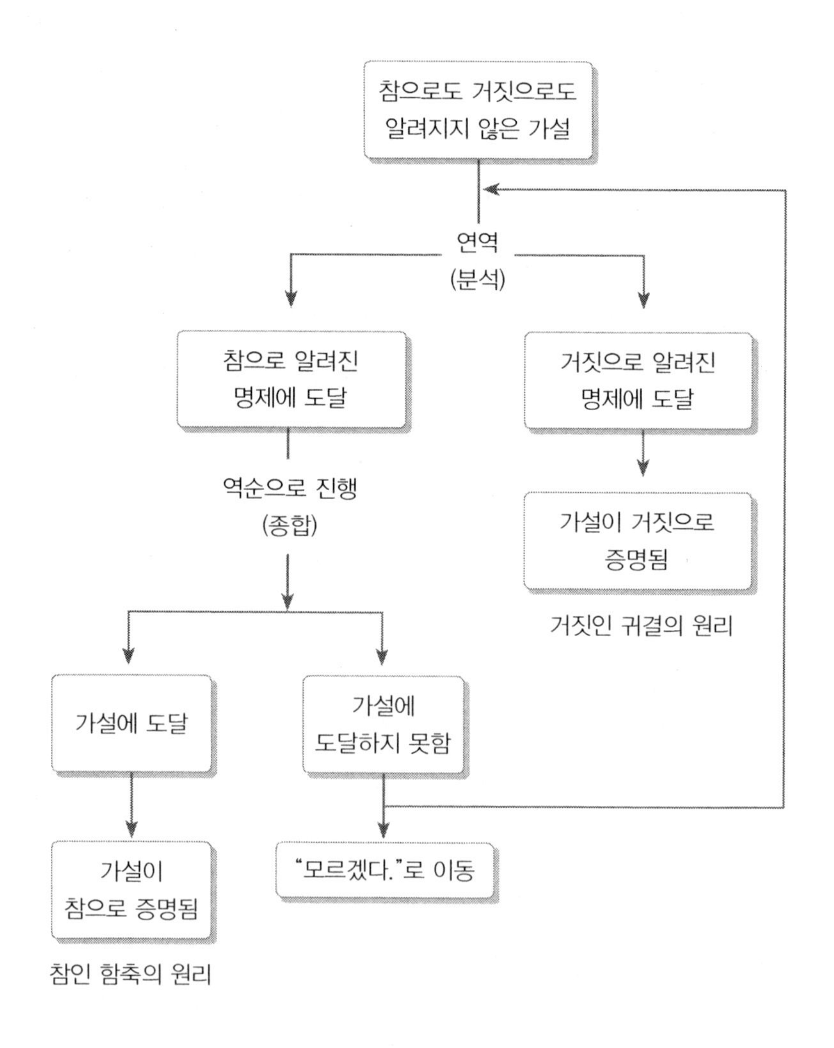

3. 분석과 종합

분석과 종합의 방법은 다음을 특징으로 한다.

(1) 분석과 종합의 방법은 알려진 것과 알려지지 않은 것을 추론의 사슬로 연결시킨다.

(2) 분석에서 우리는 참이나 거짓으로 알려지지 않은 가설에서 시작하고, 종합에서 우리는 참으로 알려진 명제에서 시작한다.

(3) 분석의 방법을 통해서는 가설을 반증할 수 있을 뿐이지만, 종합의 방법을 통해서는 가설을 증명할 수 있다. 이를 바탕으로 데카르트는 다음과 같이 말한다.

> 고대 기하학자들이 그들의 저술에서 통상적으로 사용한 것은 종합에 국한되었다. 내 생각에 그 이유는 그들이 분석적 방법에 전적으로 무지했기 때문이 아니라, 그것에 매우 높은 가치를 부여하여 분석은 중요한 비밀로 간직하려 했기 때문이다. (Descartes 1984, 111쪽)

(4) 거짓인 가설은 분석의 방법에 의해 반증될 수 있지만 그것에 의해 개선될 수는 없다.

(5) 분석의 방법은 왜 고대 그리스인들이 귀류법을 높이 평가하였는지를 보여준다. 분석의 방법에 의한 가설의 반증이 곧 귀류법으로서, 그들로 하여금 종합의 방법을 통해 해당 가설을 증명하는 수고를 덜어준 것이다(Lakatos 1978b, 73쪽).

(6) 참인 함축의 원리를 분석과 종합의 방법에 적용해보면 참은 가설로부터 귀결로 전달되지만, 귀결로부터 가설로 역(逆) 전달되지는 않는다. 참이 귀결로부터 가설로 전달된다고 생각하는 것은 참인 귀결의 오류를 범하는 것이다.[12] 거짓인 귀결의 원리를 분석과 종합의 방법에 적용해보면 거짓은 귀결로부터 가설로 역(逆) 전달되지만, 가설로부터 귀결로 전달되지는 않는다. 거짓이 가설로부터 귀결로 전달된다고 생각하는 것은 거짓인 함축의 오류를 범하는 것이다.

(7) 고대 그리스인들이 (6)에 대한 분명한 이해를 지니고 있었는지는 명확하지 않다. 분석의 방법이 가설의 증명을 보장하는 것은 아니다. 참인 것으로 알려진 명제를 가설이 함축한다 해도 그 명제가 가설이 참임을 함축하는 것은 아니다. 거짓인 가설도 참인 명제를 함축할 수 있기 때문이다. 파푸스의 다음 언명은 그가 이를 숙지하지 못하고 있음을 보여준다.

> 이미 받아들여진 어떤 것이 참이라면, 추구하는 것 역시 참일 것이며 증명은 분석의 반대 순서가 될 것이다. (Pappus, *Synagogue*, VII)[13]

---

12 아리스토텔레스 이후부터 프레게와 러셀의 현대논리학이 등장하기 전까지 가장 중요한 논리학의 저서로 꼽히는(송하석 2001, 27쪽) 포트로얄(Port-Royal) 논리학에서도 분석과 종합의 방법을 설명하는 대목에서 이러한 오류가 발견된다. Arnauld and Nicole 1662, 238쪽 참조.

13 Heath 1908, 138쪽의 번역문으로부터 옮겼다.

"이미 받아들여진 어떤 것"은 연역의 귀결이고 "추구하는 것"은 가설인데, 가설에서 연역된 귀결이 참이라고 해서 가설 역시 참이라고 단정하는 것은 참인 귀결의 오류를 범하는 것이다.

종합이 분석의 반대 순서로 순조로이 진행된다는 보장도 없다.[14] 라이프니츠는 이것이 작동하기 위해서는 조건이 필요함을 적시하고 있다.

> 종합의 추론이 역 방향으로 분석의 단계를 소급해나갈 수 있기 위해서는 명제들이 호환 가능해야 한다. (Leibniz 1765, 450쪽)

"명제들이 호환 가능"하다 함은 한 명제가 다른 명제를 함축하고 그 역도 성립하는 경우를 말하는 것으로 새길 수 있다. 이러한 조건 하에서 분석의 단계는 역 방향으로 소급될 수 있다.[15]

4. 방법의 확장

분석의 방법이 가설의 증명이라는 바람직한 결과를 보장하는 것

14 보장이 없을 뿐이지 불가능하다는 것은 아니다. 콘포드는 이를 혼동하고 있다 (Conford 1932, 47쪽). 가능성의 조건으로는 본문에서의 라이프니츠의 언명과 그에 이어지는 각주를 참조.

15 역 방향의 소급을 위해서는 알려진 진리를 추가하는 것도 필요할 것이다. "분석은 오류 가능하나 종합은 오류 불가능하다."(Lakatos 1978b, 75쪽)는 라카토스의 말은 오해를 불러일으킬 소지가 있다. 앞으로 보겠지만 분석의 한 경우에 해당하는 '거짓인 가설의 직접 증명(반증)'은 증명하는 사람의 실수를 제외하고는 오류 가능성과 관련이 없는 최종적인 것이며, 위의 조건을 만족하지 않는 경우 종합은 가설의 증명에 실패할 수 있다.

은 아니다. 그러나 분석의 방법은 가설이 거짓임을 보이는 반증의 역할을 할 수 있다. 그렇다면 우리는 다음과 같은 질문을 던질 수 있다.

(1) 분석의 방법이 반증의 역할에 머무른다 함은 가설이 참임을 증명하는 데에는 분석의 방법을 사용할 수 없음을 의미하는가?
(2) 만일 그렇다면 가설이 참임을 증명하는 다른 방법이 있는가?
(3) 분석의 방법 말고도 가설이 거짓임을 증명(반증)하는 다른 방법이 있는가?

(1)에 대해서 우리는 이미 가설이 참임을 증명하는 데에는 분석의 방법에 의존할 수 없음을 보았다. (2)에 대해서는 다음과 같은 두 방법이 가능할 것이다. 그중 종합의 방법은 참인 가설의 직접 증명에 해당한다.

1) 참인 가설의 직접 증명

참으로 알려진 명제가 있으며 우리가 증명하고자 하는 가설이 참일 것으로 가정한다고 상상해보자. 이 경우 우리가 해당 명제로부터 가설을 연역하는 추론의 사슬을 발견한다면, 우리는 참인 함축의 원리에 의해 가설을 증명한 것이다. 이 증명이 가설과 참으로 알려진 명제를 직접 연결하는 추론의 사슬을 보여주므로 이는 참인 가설의 직접 증명에 해당한다.

2) 참인 가설의 간접 증명

거짓으로 알려진 명제가 있으며 우리가 증명하고자 하는 가설이 참일 것으로 가정한다고 상상해보자. 이 경우 우리가 가설의 부정으로부터 해당 명제를 연역하는 추론의 사슬을 발견한다면, 우리는 거짓인 귀결의 원리에 의해 가설을 증명한 것이다. 가설의 부정이 거짓인 명제를 함축하므로 이 원리에 의하자면 가설의 부정은 거짓이다. 그러므로 가설은 참인 셈이다. 비록 이 방법이 가설이 참임을 증명하기는 하지만, 해당 증명이 가설과 거짓으로 알려진 명제를 직접 연결하는 추론의 사슬을 보여주지는 못하므로 이는 참인 가설의 간접 증명에 해당한다.

다음에서 보듯이 분석의 방법은 거짓인 가설의 직접 증명(반증)에 해당한다.

3) 거짓인 가설의 직접 증명(반증)

거짓으로 알려진 명제가 있으며 우리가 증명하고자 하는 가설이 거짓일 것으로 가정한다고 상상해보자. 이 경우 우리가 가설로부터 해당 명제를 연역하는 추론의 사슬을 발견한다면, 우리는 거짓인 귀결의 원리에 의해 가설을 증명(반증)한 것이다. 이 증명(반증)이 가설과 거짓으로 알려진 명제를 직접 연결하는 추론의 사슬을 보여주므로 이는 거짓인 가설의 직접 증명(반증)에 해당한다.

(3)에 대해서는 3)과 짝을 이루는 거짓인 가설의 간접 증명(반증)을 다음과 같이 구성할 수 있을 것이다.

4) 거짓인 가설의 간접 증명(반증)

참으로 알려진 명제가 있으며 우리가 증명하고자 하는 가설이 거짓일 것으로 가정한다고 상상해보자. 이 경우 우리가 해당 명제로부터 가설의 부정을 연역하는 추론의 사슬을 발견한다면, 우리는 참인 함축의 원리에 의해 가설을 증명(반증)한 것이다. 참인 명제가 가설의 부정을 함축하므로 이 원리에 의하자면 가설의 부정은 참이다. 그러므로 가설은 거짓인 셈이다. 비록 이 방법이 가설이 거짓임을 증명(반증)하기는 하지만, 해당 증명(반증)이 가설과 참으로 알려진 명제를 직접 연결하는 추론의 사슬을 보여주지는 못하므로 이는 거짓인 가설의 간접 증명(반증)에 해당한다.

지금까지 살펴본 증명과 반증의 방법을 도표와 그림으로 정리해보면 다음과 같다.

	직접 증명	간접 증명
참인 가설의 증명	1. 가설이 참이라고 가정한다. 2. 참으로 알려진 명제가 있다. 3. 그 명제로부터 가설을 연역한다. : 참인 함축의 원리	1. 가설이 참이라고 가정한다. 2. 거짓으로 알려진 명제가 있다. 3. 가설의 부정으로부터 그 명제를 연역한다. : 거짓인 귀결의 원리
거짓인 가설의 증명 (반증)	1. 가설이 거짓이라고 가정한다. 2. 거짓으로 알려진 명제가 있다. 3. 가설로부터 그 명제를 연역한다. : 거짓인 귀결의 원리	1. 가설이 거짓이라고 가정한다. 2. 참으로 알려진 명제가 있다. 3. 그 명제로부터 가설의 부정을 연역한다. : 참인 함축의 원리

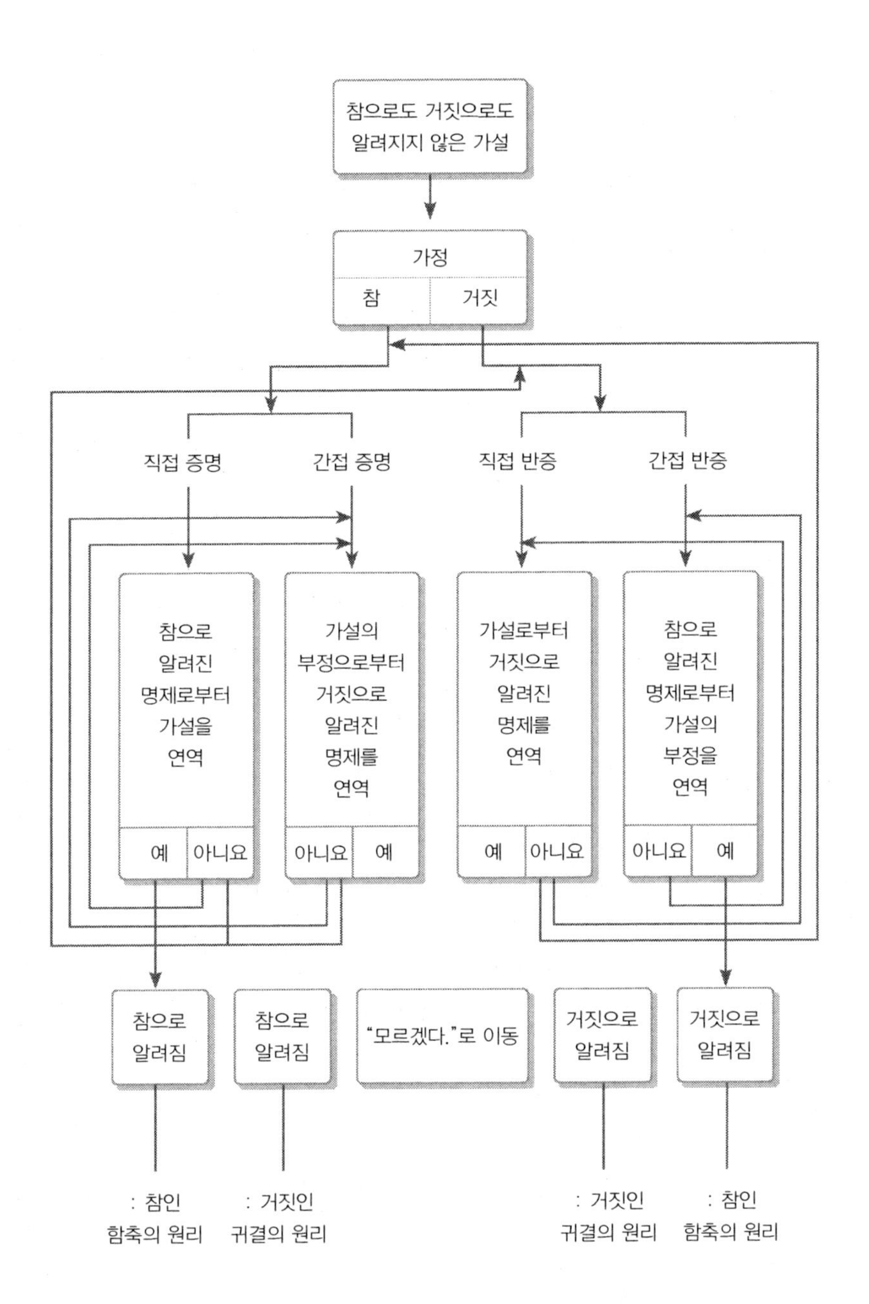
참으로도 거짓으로도
알려지지 않은 가설
가정
참
거짓
직접 증명
간접 증명
직접 반증
간접 반증
참으로
알려진
명제로부터
가설을
연역
예
아니요
가설의
부정으로부터
거짓으로
알려진
명제를
연역
아니요
예
가설로부터
거짓으로
알려진
명제를
연역
예
아니요
참으로
알려진
명제로부터
가설의
부정을
연역
아니요
예
참으로
알려짐
참으로
알려짐
"모르겠다."로 이동
거짓으로
알려짐
거짓으로
알려짐
: 참인
함축의 원리
: 거짓인
귀결의 원리
: 거짓인
귀결의 원리
: 참인
함축의 원리

5. 의의

이 장에서 우리는 파푸스의 분석과 종합의 방법을 살피는 과정에서 다음과 같은 결론에 이르게 되었다.

(1) 분석의 방법은 가설의 거짓을 확정하는 데 사용될 수 있다.
(2) 분석의 방법은 가설의 참을 확정하는 데 사용될 수 없다.
(3) 종합의 방법은 가설의 참을 확정하는 데 사용될 수 있다.
(4) 분석과 종합의 방법은 가설을 확정하는 네 가지 방법 중의 두 가지에 해당한다. 즉 1)은 종합의 방법에, 3)은 분석의 방법에 각각 해당한다.

우리가 구성한 네 가지 방법은 가설을 확정(증명 혹은 반증)하는 가장 단순한 알고리듬에 해당한다. 가설에서 출발하는 분석에서 우리는 애초에는 가설의 진리치에 대한 어떠한 정보도 알지 못한다. 그러면서도 가설이나 그 부정으로부터의 연역이나, 혹은 가설이나 그 부정에 이르는 연역의 시행착오 과정을 겪으면서 가설의 진리치를 가늠하게 된다.

우리는 참인 가설뿐 아니라 거짓인 가설로부터도 유의미한 논리적 함축을 연역해낸다. 유클리드의 평행선 공리에 대한 증명의 실패가 역설적으로 비유클리드 기하학의 발견에 공헌했듯이, 가설이 거짓이라는 증명도 수학의 발전에 공헌할 수 있다(Lehman 1980, 37쪽). 거짓으로 판명된 가설을 어떻게 개선할 것인지의 문제가 해당 주제에 대한 새로운 관점을 낳는 촉매제가 될 수 있는 것이다.

비록 분석과 종합의 방법이 가설의 증명이나 반증을 언제나 보장해주는 것은 아니지만, 증명과 반증 방법의 확장과 심화에 중요한 초석을 놓았다는 점에서 그 의의를 높게 평가하지 않을 수 없다.

2부 근대성의 해부

5장

명제의 구분과 지식의 근거

5장
명제의 구분과 지식의 근거

1. 들어가는 말

서양철학사에서 지식의 근거가 명제의 구분과 연관되어 고찰된 것은 근대부터이다. 물론 근대에 논의된 지식의 근거 문제가 언제나 명제의 구분에 국한된 것은 아니다. 그러나 지식이 명제로 표현된다는 전제 하에, 지식의 근거를 규명하기 위한 관건으로서 명제의 구분을 철학의 주요 화두로 삼는 전통은 근대 이래로 현대에 이르기까지 지속적으로 논의되어왔다.

콰인이 등장하기 전까지는 대체로 필연적인 지식을 표현하는 분석명제와 우연적인 지식을 표현하는 종합명제의 이분법이 대세를 이루어 왔다. 이 전통은 서로 다른 각도에서 시도된 흄과 라이프니츠의 선구적 작업으로 소급되지만, 칸트는 이를 확충하여 자신만의 체계를 확립하였다. 칸트는 수학과 자연과학의 명제들이 이분법에서 발전적으로 이탈된 선험적 종합명제이며, 이것이 우리가 도달할 수 있는 참다운 지식의 형태임을 정당화하려 했다. 이 장의 전반부에서는 지식의 근거와 명제의 구분을 주제로 근대에 펼쳐진 담론들을 살펴본다.

선험적 종합명제의 불가능성을 들어 칸트를 비판하고 나선 논리실증주의자들은 전통적 이분법으로 되돌아가기도 했지만, 그들의 복고적 회귀는 궁극에는 콰인에 의해 치명타를 맞게 된다. 콰인은 논리 연산자들의 기능에만 의존하는 동어반복인 논리적 진리를 제외하고는 분석명제와 종합명제의 구분은 명확하지 않음을 논증하였다. 이로부터 그는 지식이 명제의 개별적 성격에 의해 규정되는 것이 아니라, 총체적 명제군의 문맥적 의미에 의해서 규정된다는 전체론(holism)을 개진하기에 이른다. 이 장의 후반부에서는 지식의 근거와 명제의 구분을 주제로 현대에 펼쳐진 담론들을 살펴본다.

2. 흄과 라이프니츠

필연적인 지식과 그렇지 못한 지식을 구분하려는 작업은 명제의 구분 문제와 직접 연결되기 훨씬 이전부터 여러 형태로 시도되어왔다. 그러나 구체적으로 수학과 자연과학의 지식을 문제 삼은 근대철학파들의 논의에서 명제의 구분 문제가 처음으로 중요한 관건으로 부각되었다고 할 수 있다.

흄은 수학과 자연과학이 각기 전혀 다른 차원의 인식론적 근거에 기초하고 있으며, 지식의 보편성과 필연성 여부도 이러한 상이한 근거에 의해 결정된다고 생각하였다. 그는 기하학을 제외한 수학만이 관념에 의존하여 확실한 추리를 할 수 있는 유일한 과학이라고 보았다.[1] 반면 자연과학의 근거는 인과 관계인데, 이는 우리의 습관적 관념 연합에 불과한 것으로서 대상 속에서 그 필연성을 찾을 수 없다고 보았다(Hume 1739, 93쪽). 즉 자연과학의 지식은 필연성을 보장할 수 없는 인과율에 근거한 개연적 지식으로서, 관념에 의존한 확실한 추리의 산물인 수학적 지식의 성격과는 명백히 구별된다는 것이다.

라이프니츠는 과학적 지식의 성격을 그 지식을 구성하는 명제의 성격에 초점을 두고 검토하였다(Leibniz 1765, 3~4권). 수학과 논리학은 동어반복의 연쇄인 선험적으로 자명한 이성의 진리이다. 그 명제들은 모순율에 근거해 있으므로 그 반대가 불가능한 필연적 명제이다. 이에 반해 자연과학의 지식은 충족이유율에 근거하며, 따라서 그 반대가 가능한 개연적 명제로 표현되는 사실의 진리이다.

흄과 라이프니츠의 공통된 주장은 수학과 자연과학의 지식이 그 성격과 근거에 있어서 전혀 다른 것이고, 지식의 보편성과 필연성은 개연적인 자연과학의 지식이 아닌 수학적 지식의 형태에서만 성취될 수 있다는 것이다. 그러나 이들은 수학과 자연과학의 지식을 표현하는 명제들이 구체적으로 어떠한 구조적 이종성(異種性)을 갖는지에 대한 분석에는 관심을 기울이지 않았다. 단지 두 지식이 그 성격과 근거에 있어서 서로 다르기 때문에 두 지식을 표현하는 명제들에도 이러한 이종성이 반영되어 있을 것이라는 일반적 가정에 머무르고 있다.

---

1 흄은 기하학의 제1 원리가 대상의 일반적 출현에서 이끌어져 나오기 때문에 기하학은 우리에게 확실성을 줄 수 없다고 보았다(Hume 1739, 70–71쪽).

3. 칸트

수학과 자연과학적 지식의 성격과 근거에 대해 칸트는 흄이나 라이프니츠와는 다른 시각과 방법으로 접근하고 있다. 칸트는 지식의 성격과 근거가 그것을 표현하는 명제에도 반영될 것이라는 흄과 라이프니츠의 가정을 뒤집어, 명제의 성격과 근거의 이종성으로부터 그것이 표현하는 지식의 성격과 이종성이 따라 나온다고 생각하였다. 그래서 그는 이종적 지식들을 구분하기 위해서 명제들의 성격과 근거에 대한 고찰을 전제로 한 명제간의 구분 작업을 선행하였다.[2]

칸트에 의하면 모든 명제들은 주어와 술어의 관계에 있어 다음의 두 형태로 구분된다(Kant 1787, B10–14). (1) 분석명제: 술어의 정보가 주어의 정보에 (암암리에) 포함되어 있는 명제이다. 술어의 정보가 주어의 정보에 아무런 것도 새롭게 보태지 않으며, 분석을 통해 전자가 후자로부터 유도될 뿐 우리에게 어떠한 지식도 주지 못한다. 그 진위를 판정하기 위해 경험이나 다른 어떤 것에도 의존할 필요가 없다. 그 자신이 필연적인 명제로서 선험적으로 진리성이 보장되기 때문이다. 그 유일한 근거는 어떠한 것에도 그것과 모순되는 술어가 속하지 않는다는 모순율이다(Kant 1787, B190).

(2) 종합명제: 술어가 포함의 관계가 아닌 방식으로 주어에 결합되어 있는 명제이다. 술어의 정보가 주어의 정보에 새로운 것을 보태므로 우리의 지식을 확장해준다. 주어의 정보를 분석해도 술어의 정보는

2 칸트는 인식론적 기획 하에 판단(Urteil)이라는 용어를 선호하였지만 이 장에서는 논의의 흐름에 맞춰 명제(Satz)로 바꿔 쓰기로 한다.

유도되지 않으며 양자의 결합 가능성은 경험에 근거해 있다. 경험은 어떤 사물이 현재 이러이러하다는 사실을 알려주지만, 그것이 현재 이외의 다른 상태일 수 없다는 필연성을 알려주지는 않으므로 종합명제는 필연성이 결여된 후험적, 개연적 진리치만을 지니는 명제이다.

칸트는 (1) 분석명제의 예로 "모든 물체는 연장(延長)되어 있다." (Kant 1787, B11)[3]를 든다. 그에 의하면 우리는 물체라는 개념으로부터 경험으로 나아감 없이 모순율에 의해서만 "연장되어 있다"는 술어를 이끌어내고, 이 때문에 그 명제의 필연성을 인식할 수 있다. 칸트는 (2) 종합명제의 예로 "모든 물체는 무겁다."(Kant 1787, B11)를 든다. "무겁다"는 술어는 물체 일반이라는 개념으로 우리가 생각하는 것과는 다른 것으로서 이러한 술어를 경험을 통해 보태야만 종합명제가 성립한다. 이와 같이 분석명제의 필연적 성격과 종합명제의 개연적 성격은 그 명제들의 구조적 특성에서 유도된다.

칸트는 라이프니츠나 흄과는 달리 수학과 자연과학의 명제들이 구조적으로 동일한 성격을 지니는 선험적 종합명제라고 주장한다. 수학과 자연과학의 명제들은 주어에 포함되어 있지 않은 내용을 술어로 하는 종합명제로서, 우리의 지식을 확장시키면서도 선험적 필연성을 지니는 참다운 지식의 모델이라는 것이다. 칸트는 일견 양립할 수 없어 보이는 저러한 성격을 모두 지니는 선험적 종합명제의 성립 가능성을 모색하는 것을 순수이성의 진정한 과제로 간주한다(Kant 1787, B19).

---

3 원어는 "Alle Körper sind ausgedehnt."이다.

수학의 명제가 종합명제이고 자연과학의 명제가 선험적 명제라는 칸트의 주장은 명백히 라이프니츠나 흄의 견해와 어긋나는 것이다. 칸트는 수학의 명제가 선험적 종합명제라는 자신의 주장을 다음과 같은 예로 정당화한다. 7 + 5 = 12라는 명제에서 7 + 5라는 주어를 아무리 분석해도 12라는 술어를 얻을 수 없으며, 우리가 7과 5를 결합하는 것을 생각한다고 이미 12를 생각한 것은 아니다. 그는 다음과 같이 말한다.

> 12를 얻지만 두 가지 수 중 어느 한 수에 대응하는바 직관을--가령 다섯 손가락이나 [⋯] 다섯 점을--보조로 삼아서 직관 중에서 주어진 5라는 단위를 순차로 7이라는 개념에 보탬으로써 5와 7의 두 개념 바깥으로 나아가야 한다. (Kant 1787, B15)

또한

> 마찬가지로 순수 기하학의 어떠한 원칙도 분석적일 수 없다. 직선이 두 점 사이의 최단거리라는 것은 종합명제이다. 직선에서 곧다는 개념은 양에 관한 것을 포함하지 않고, 오직 질에 관한 것만을 포함하기 때문이다. 따라서 최단이라는 (양적) 개념은 보태진 것이요, 직선이라는 개념에서 분석을 통해서 이끌어내질 수가 없다. 즉 직관이 빌려와져야 하고, 이러한 직관을 매개로 해서만 종합이 가능하다. (Kant 1787, B16)

이를 바탕으로 칸트는 수학의 명제를 종합명제로 간주한다. 그렇지만 그것은 경험에서 온 것이 아니라 순수한 선험적 인식에 국한되어 있으므로 선험적 명제이다.

칸트는 선험적 종합명제의 예로서 "물질계의 모든 변화에 있어서 물질의 양은 불변이다." "운동의 모든 전달에 있어서 작용과 반작용은 항상 서로 같아야 한다."와 같은 뉴턴의 자연과학 명제들을 들고 있다. 이들은 다음과 같은 이유에서 필연성을 가지는 선험적 종합명제라는 것이다.

> 왜냐하면 내가 물질의 개념에 의해 고정 불변성을 생각하지 않고, 오직 물질이 공간을 채움에 의해서 공간에 현재함만을 생각하기 때문이다. 따라서 내가, 물질이라는 개념에서 생각하지 않았던 어떤 것을 선험적으로 이 개념에다 생각에 보태기 위해서는 나는 실로 물질 개념의 바깥으로 나가야 한다. 이에 이 명제는 분석적이 아니라 종합적이요 그럼에도 선험적으로 생각된 것이다.
> (Kant 1787, B18)

4. 칸트 비판

수학과 자연과학의 명제에 관한 칸트의 견해는 수학과 자연과학의 지식에 대한 오해와 몇 가지 원리적 오류에서 비롯된 것으로 비판된다. 그는 7 + 5 = 12라는 명제를 예로 들면서, 7 + 5를 생각한다고 12라는 개념을 이미 생각한 것은 아니라는 근거로 이 명제를 종합명제로 간주하고 있다. 그가 예로 든 역학에 관한 뉴턴의 명제들에 대해서는 이미 선험적으로 생각되어 있다는 이유로 선험적 명제로 간주하고 있다. 칸트는 이 명제들을 분류함에 있어서 이미 생각했는지의 여부라는 심리적 기준을 채택하고 있는 것이다(Ayer 1936, 78쪽).

다른 한편으로 칸트는 어떤 명제가 분석명제인지의 여부는 모순율이라는 논리적 기준에만 의거한다는 일관되지 않은 입장을 표명하고 있다. 심리적 기준에 의거할 때 종합명제인 것이 논리적 기준에 의거할 때에는 분석명제일 수 있다. 에이어는 7 + 5 = 12를 바로 그러한 경우에 해당하는 명제로 간주한다(Ayer 1936, 78쪽).

반대로 심리적 기준에 의거할 때 선험적 명제인 것이 논리적 기준에 의거할 때에는 종합명제일 수 있다. 앞에서 예로 든 뉴턴의 명제들이 바로 그러한 경우에 해당하는 명제일 것이다. 뉴턴의 명제들은 모순율이라는 논리적 기준에 의거해 있지 않기 때문이다. 이는 마치 뉴턴의 명제들이 선험적 종합명제라는 칸트의 주장을 뒷받침해주는 것처럼 들리지만 사실은 그렇지 않다. 라이헨바흐는 물리적 세계에 대한 필연적인 지식은 존재하지 않으며 따라서 선험적 종합명제는 존재하지 않는다고 단언한다(Reichenbach 1951, 304쪽).

기하학이 공간의 성질을 종합적이고 선험적으로 규정하는 학문이며 기하학적 명제가 사실적 내용을 갖는 종합명제라는 칸트의 생각(Kant 1787, B64)도 논박된다. 푸앵카레는 기하학의 공리들은 정의이고 정리들은 정의에서 이끌어져 나오는 논리적 귀결일 뿐 공간에 관한 것이 아니라고 주장한다(Poincaré 1902, 3장). 칸트가 기하학을 위시한 수학을 직관에 연결 짓는 것도 바람직해보이지 않는다. 프레게는 예컨대 "135664개의 손가락이나 점에 대한 직관을 가지고 있기나 한가?"

(Frege 1884, 6쪽)하고 반문한다. 공간에 대한 직관의 상한선은 3차원에 그친다. 4차원만 해도 직관이 불가능하여 한 차원을 생략한 채로 좌표계를 그릴 수밖에 없는 것이 사람의 한계이다. 그럼에도 우리가 26차원 시공간에서의 끈 이론을 논하기도 한다는 사실은 직관에 의존하는 칸트의 이론이 명백한 한계를 지니고 있음을 시사한다.

5. 논리실증주의

논리실증주의자들은 분석명제와 종합명제에 대한 새로운 기준을 제시함으로써 칸트를 넘어서려 했다. 그들에 따르면 분석명제는 두 가지 유형으로 분류된다. 첫째, 그 진위가 명제에 포함된 논리적 기호들의 정의에 의해서만 결정되는 논리학과 수학의 명제들을 들 수 있다. "비가 오거나 혹은 안 오거나이다."는 이러한 유형에 속하는 분석명제이다. 이 명제가 참인지 아닌지를 알기 위해서는 관찰에 의존할 필요 없이 다만 '… 이거나 혹은 …'(either … or …)과 '아니다'(not)라는 낱말의 기능만 알면 된다(Ayer 1936, 79쪽). 둘째, 우리가 동의어로 쓰는 표현들을 연결해놓은 명제들을 들 수 있다. "독신자는 결혼하지 않은 사람이다."가 이에 해당한다(Ayer 1936, 85쪽).

이 두 유형의 명제들은 모두 사실에 대한 지식을 주지 않는 동어반복에 불과하며 부정하면 자기모순에 빠지게 된다. 분석명제로 표현되는 논리학과 수학의 지식은 동어반복적 성격에 근거해서 필연성을 획득하게 되는 것이다.

종합명제는 그 진리치가 경험의 사실에 의해 결정되는 것으로 정의된다. 경험적 검증가능성이 종합명제의 기준이며 자연과학의 명제들이 여기에 해당한다. 명제의 검증은 사실적 내용의 검증인데 실제로는 사실의 내용을 이루는 경우들을 모두 열거하여 검증할 수는 없으므로 언제나 반증될 수 있는 가능성에 노출되어 있는 개연적 수준에 머물게 된다(Reichenbach 1938, 27쪽). 따라서 종합명제로 표현되는 자연과학은 필연적 지식이 아니라 개연적 지식이다.

논리실증주의자들이 인정하는 명제는 동어반복적 분석명제이거나[4] 경험적으로 검증이 가능한 종합명제이다. 그 외의 나머지는 사이비 명제로 학문의 영역에서 추방된다(Ayer 1934, 555쪽).

6. 콰인

명제의 구분에 새로운 기준을 설정함으로써 칸트를 넘어서려 했던 논리실증주의자들도 분석명제와 종합명제의 이분법에는 동의한다.[5] 그러나 콰인은 구분 자체를 성립할 수 없는 독단이라고 비판한다. 그는 논리실증주의자들이 제시하는 분석명제의 두 번째 유형에 주목한다. 그것은 우리가 동의어로 사용하는 표현들을 연결해놓은 명제였다. 가령 우리는 독신자라는 표현을 결혼하지 않은 사람이라는 표현과 동

---

4 논리실증주의자들은 논리학과 수학의 명제들에 대해서, 사실적 내용이 없는 관계로 어떠한 경험적 지식도 제공하지 않지만 기호의 용법에 대한 주의를 환기시켜주는 역할을 하는 명제라고 보았다.

5 그러나 논리실증주의자들은 칸트의 구분이 술어의 내용이 주어의 내용 안에 포함되어 있는가를 기준으로 삼기 때문에 주어-술어 형식의 명제에만 적용되는 데다가, 은유적 차원에 머물 뿐인 포함이라는 개념에 의지하는 한계가 있다고 본다(Quine 1951, 21쪽).

의어로 사용하기 때문에 “독신자는 결혼하지 않은 사람이다.”는 분석명제가 된다. 그런데 이 명제를 분석명제로 간주하기 위해서는 동의어라는 개념의 정의가 요구된다.

두 표현이 동의어라는 정의(definition)는 동의어들 사이의 연관이 실제로 어떻게 사용되고 있는지에 대한 보고와 다르지 않다(Quine 1951, 25쪽). 이러한 사용은 다양한 문맥과 상황에 의존하고 있다. 따라서 우리가 사용하고 있는 표현들이 동의어임을 정의하는 작업은 문맥과 상황을 떠나서는 성립할 수 없는 것이다. 진리치를 변경하지 않고서 두 표현을 교체할 수 있는 조건은 사용의 변화에 따라 유동적인 것이므로, 서로 교체 가능한 범위가 구체화되지 않는 한두 표현이 동의어라고 말할 수는 없는 것이다.

콰인은 이어서 분석명제의 분석성을 인공언어의 의미론적 규칙들에 의거하여 해명하는 카르납(Carnap 1947)의 작업을 점검한다. 이러한 작업은 우리가 아직 이해하지 못하는 분석성이라는 말을 규칙들이 이미 포함하고 있다는 순환론적 오류를 범하고 있다. 즉 우리는 규칙들이 어떤 표현들에 분석성을 부여하는지는 알 수 있지만 정작 분석성이 무엇인지는 알지 못한다(Quine 1951, 4절).

진리는 언어와 사실에 동시에 의존한다. 가령 “연개소문이 영류왕을 죽였다.”는 명제는 역사가 달리 흘러갔다면 거짓일 것이다. 또한 이 명제는 ‘죽였다’가 ‘사랑했다’와 같은 의미로 사용된다면 거짓일 것이다. 그래서 우리는 명제의 진리가 언어적 요소와 사실적 요소로 분석될 수 있으며 사실적 요소가 탈락한 명제를 분석명제로 간주하는 것이다. 그러나 콰인은 실제로는 개별 명제에서 언어적 요소와 사실적 요소를 가려내기란 어려우며 이는 그 명제가 속해있는 언어의 문맥에서 규정된다고 보았다(Quine 1951, 5절).[6]

6 이 점은 콰인을 계승/비판하는 데이빗슨에 의해 발전된다(Davidson 1984 참조). 콰인과 데이빗슨에 대한 논의는 이 책 3부 10장과 다음을 참조. 이승종 1993b.

6장

근대 과학철학을 뒤흔든
흄의 문제

6장
근대 과학철학을 뒤흔든 흄의 문제

1. 들어가는 말

중세에서 근대로의 이행을 우리는 여러 관점에서 분석할 수 있다. 그러한 분석의 결과 우리는 근대를 특징짓는 여러 요소들을 이해하고, 이를 바탕으로 근대의 골격을 재구성할 수 있을 것이다. 우리는 이 장에서 과학과 철학의 시각에서 이러한 작업을 시도해보고자 한다.

중세까지의 과학은 아리스토텔레스의 형이상학에 근거한 질적이고 목적론적 패러다임에 방향 잡혀 있었다. 세계를 움직이게 하는 제1원인을 찾고 존재자를 형상과 질료의 결합으로 이해하는 형이상학이 자연에 관한 탐구를 좌우한 방법론적 전제였다. 자연에 관한 탐구는 이러한 형이상학적 전제 이외에 그 어떤 다른 형식의 반성을 결여한 채, 오직 형이상학을 뒷받침해주는 연역적 검증의 과정에 불과했다. 자연에 관한 탐구 자체의 의의는 생각될 수 없었고 그 독자적 방법론 역시 논의될 수 없는, 과학과 형이상학이 분화되지 못한 단계에 머물러 있었다.

근대로의 이행과정에서 과학의 독자적 방법론을 설계하여 과학혁명에 불을 당긴 선구자는 갈릴레오와 베이컨(Francis Bacon)이었다. 그 중에서도 갈릴레오는 운동의 기술(記述) 등 일련의 과학적 설명과제에 당면하여 물체와 그 운동을 개개의 구간으로 분할하여 좌표 상에 위치시키는 아이디어를 개발하였는데 데카르트는 이를 해석기하학으로, 뉴턴과 라이프니츠는 미적분학으로 그 구체적인 기법을 각각 체계화하였다.

갈릴레오의 아이디어는 궁극적으로 원자론적 세계관을 전제로 한다. 세계를 과학적으로 인식하려면 세계를 분할 가능한 많은 개별단위로 분석한 다음, 이렇게 분석된 세계를 일련의 기법을 통하여 수학적으로 재구성해야 한다는 발상이다. 이는 아리스토텔레스의 질적이고 목적론적인 패러다임에서 양적이고 과정적이고 기술(記述)적인 패러다임으로의 이행을 초래하였다. 양적 패러다임이 근대의 과학과 철학에 관류하게 된 것이다.

베이컨은 과학이 경험적 자료 이외에 다른 어떠한 형이상학적 독단이나 편견에 근거할 수 없다는 입장을 바탕으로, 관찰 자료에 근거하는 근대과학정신을 귀납법으로 구현하였다. 과학이 관찰 자료들의 수집과 분류, 처리, 해석에서 귀납적으로 성립된다는 것은 역으로 과학이 관찰 자료로 환원될 수 있음을 가정한다. 이러한 아이디어는 세계가 원자적 요소들로 분할되어 그 요소들로 환원될 수 있다는 갈릴레오의 원자론적 세계관과 연관된다. 베이컨은 세계가 관찰 자료에 의거해 귀납적으로 인식된다는 점, 그리고 이러한 세계를 구성하는 요소들이 관찰 가능한 요소들이며 저 요소들로 환원 가능하다는 점을 강조한 것이다.

갈릴레오와 베이컨의 아이디어는 인식론적 뒷받침을 요구했다. 근대철학자들은 새로이 대두된 과학적 세계관의 가정 및 방법론과 상호영향을 주고받으면서 과학의 인식론적 근거 문제에 관심을 두게 되었으며, 이러한 관심이 인식론의 개화를 초래했다.

이 장에서는 근대과학의 가정과 방법론을 근대철학자들이 어떻게 인식하고 어떤 근거를 주려고 했는지, 그 근거의 정당성을 어떻게 설명하려 했는지를 두 그룹으로 나누어 정리해보고, 이들이 공통적으로 봉착한 난제를 흄을 통해서 부각시키고자 한다. 그리고 그의 문제의식을 기준으로 이후에 전개된 과학철학과 인식론의 흐름을 조명해보고, 이를 토대로 그의 문제제기와 분석이 타당했는지, 그것이 근대 과학철학의 파산을 의미하는지 아니면 새로운 방향으로의 전개를 의미하는지를 가늠해보고자 한다.

우리는 근대과학과 철학의 인식론적, 방법론적 연계구조의 역사적 기술(記述)과 비판에 초점을 두게 될 것이다. 우리는 이러한 연계를 과학철학으로 정의하며 그에 따라 이 장의 내용도 근대 과학철학사의 성격을 띠게 될 것이다. 우리는 근대사상의 흐름을 칸트를 중심으로 종합하는 종래의 사관을 지양하고, 흄의 문제의식을 중심으로 근대 과학철학사를 전개할 것이다. 그리고 이러한 작업의 의미와 타당성을 이 장의 말미에서 헤아려볼 것이다.

2. 근대과학의 두 철학파

근대과학에 방법론적, 인식론적 기초를 놓는 작업은 합리론과 경험론에 의해 시도되었다. 이 두 철학파는 비슷한 목적의식을 갖고 있었지만 서로 다른 설계도를 갖고 각기 다른 논리를 전개하였다. 이들의 논리전개를 일단 흄 이전까지로 한정해 역사적으로 추적해보자.

합리론자들은 논리·수학적인 설계도로 이 세계를 재구성하고자 하였다. 그들은 지식의 참다운 모델을 논리·수학적 지식으로 보고, 그 모델로써 세계에 대한 지식을 구성할 수 있다고 생각했다. 그들의 제1 과제는 흔들리지 않는 자명한 공리를 찾는 것이었다. 논리학과 수학이 공리에서 연역적으로 유도되는 체계라는 점에 착안해, 세계에 대한 우리의 인식도 자명한 공리에서 연역적으로 유도되는 체계여야 한다고 본 것이다.

합리론의 선두주자인 데카르트는 이러한 문제의식을 갖고 공리 찾기의 구체적 전략으로 방법적 회의를 실천했다. 의심스러운 지식을 모두 회의하여 배제하고 난 뒤에도 의심할 수 없는 것으로 남는 지식이 인식론적 공리일 것이라는 귀류법적 방법이다. 그가 도달한 공리는 자신이 회의하고 있다는 그 사유행위만큼은 회의할 수 없다는 것이었다. 자명한 공리를 외부세계가 아닌 마음 안의 사유작용에서 찾았다는 점에서 그의 연구는 근대합리론의 출발을 알리는 이정표로 평가된다. 지식의 근거를 체계적으로 물어가는 태도나 지식의 근거를 마음 안에서 찾는 방법은 그에 의해서 비로소 정립된 것이다.

데카르트의 합리론을 계승한 스피노자는 공리연역체계의 시조가 되는 유클리드의 기하학적 기획에 의거하여 공리에서 연역되는 형이상학을 구축하였으며, 라이프니츠는 갈릴레오의 원자론적 분석을 실천하기 위한 방법적 도구로서 미적분학을 개발하였다. 수학의 이상에 충실했던 합리론자들은 모호하고 불확실한 경험적 요소에 지식의 근거를 줄 수 없었다. 그들이 택한 것은 이성의 합리성이었고, 공리가 주어진다면 합리적 추론에 의해 세계에 대한 논리·수학적 청사진을 구성해낼 수 있다는 계획을 갖고 있었다.

데카르트가 행한 방법적 회의와 그 귀결은 합리론의 특징을 잘 드러내준다. 자명한 공리를 찾기 위한 방법적 회의 그 자체가, 즉 자신이 회의라는 사유작용을 하고 있다는 사실 자체의 확실성이 공리가 되어버리고 이를 토대로 인식론과 형이상학이 구축된다. 논리·수학적인 방법론이 인식론과 형이상학에 연결되는 경우는 스피노자와 라이프니츠에 있어서 두드러지게 나타난다. 이들의 방법론, 인식론, 형이상학의 3부작은 정합성과 논리를 그 생명으로 하고 있다.

합리론자들이 인식의 공리를 세계가 아닌 마음 안에서 찾았다는 점, 그리고 관찰보다 이성에 의거하는 연역에 몰두하였다는 점 등은 근대과학의 기초 놓기라는 애초의 목표와는 거리가 있는 것처럼 보일 수 있다. 그들은 갈릴레오의 이념을 수학과 논리학으로 세련화 시켰지만, 베이컨적 귀납주의를 거부했다. 그들의 세계관은 관찰 가능한 원자적 요소로의 환원이 아니라 논리·수학적 인식론에서 형이상학으로의 경로를 밟는다. 논리·수학적 방법론과 인식론이 형이상학으로 변질되는 과정은 근대 과학정신의 후퇴를 의미하며, 실제로 그들이 도달한 형이상학은 독단론에 가까운 것이었다.

갈릴레오와 베이컨의 이념에 보다 충실하게 과학의 인식론적 근거를 파헤친 철학자들은 경험론자들이었다. 이들은 갈릴레오와 베이컨의 아이디어를 나름대로 통합하고 이를 인식론적으로 뒷받침하려 했다. 즉 세계는 감각자료들로 분해되는데 우리는 이 경험적 요소들을 개별적으로 지각하는 일련의 귀납적인 인식절차를 거쳐 이들에 기초한 경험적 지식을 형성하며, 역으로 세계에 관한 우리의 지식은 이 감각자료로 환원될 수 있다는 것이 그들의 공통된 신념이었다. 갈릴레오의 원자론적 분석과 베이컨의 귀납법에 감각자료로의 환원을 묶어 근대과학의 인식론과 세계상을 구상한 것이다.

경험론자들의 구상을 우리는 i) 세계의 원자적 감각자료로의 해체, ii) 해체된 원자적 세계를 구성하는 감각자료의 귀납적 지각과정, iii) 지각을 통한 경험적 지식의 구성, iv) 지식을 감각자료로 환원해 정당화하는 과정, 이렇게 네 항목으로 해부할 수 있다. 이들의 방법에서 중요한 것은 합리론의 이념인 정합성보다는 감각자료와 지식의 상응이었다. 감각자료에서 어떻게 지식이 귀납적으로 형성되는지, 그리고 지식이 어떻게 감각자료에 의해 환원적으로 정당화되는지를 골자로 하는, 감각자료와 지식 사이의 가역반응을 해명하는 것이 이들의 주된 과제였다.

합리론자들이 지식의 확실성을 마음 안에서의 사유 활동에서 찾은데 비해 경험론자 로크(John Locke)는 감각자료에서 지식의 근거를 찾았다. 그는 합리론자들의 설계도였던 수학과 논리학이 물리적 실재의 설명에 적용된다는 근거의 타당성을 비판하면서, 수학과 논리학은 추상적인 개념들 사이의 연관관계 및 그 연역적 적용에 관계할 뿐 세계에 관한 본질적 지식을 주지 못한다고 역설한다. "이성이 가르쳐주지 못하는 것을 **경험에서 배워야 한다.**"(Locke 1690, 644쪽)는 것이다. 그의 경험론은 다음의 논제들로 이루어져 있다.

i) 당대의 형이상학을 지배해온 실체 개념의 중요성을 축소시켰다. 물리적 실체의 실재성은 인정하였으나 모든 것의 기반으로서의 실체에 대해서는 그 실재성을 의심하였다. 그리고 물리적 실체들은 낱낱의 감각으로 분해 가능하다고 보았다.

ii) 마음을 아무것도 쓰이지 않은 백지로 보고 이 백지에 외적 감각이 지각과정을 통해 관념으로 각인된다고 보았다.

iii) 마음에 각인된 이 관념들은 마음의 반성작용을 통하여 연결되고 복합되어 지식을 구성한다고 보았다.

iv) 지식은 감각과 반성작용으로 환원가능하다고 보았다.

로크의 경험적 세계관과 인식론은 다음과 같은 도식으로 정리할 수 있다.

세계와 인식의 구조

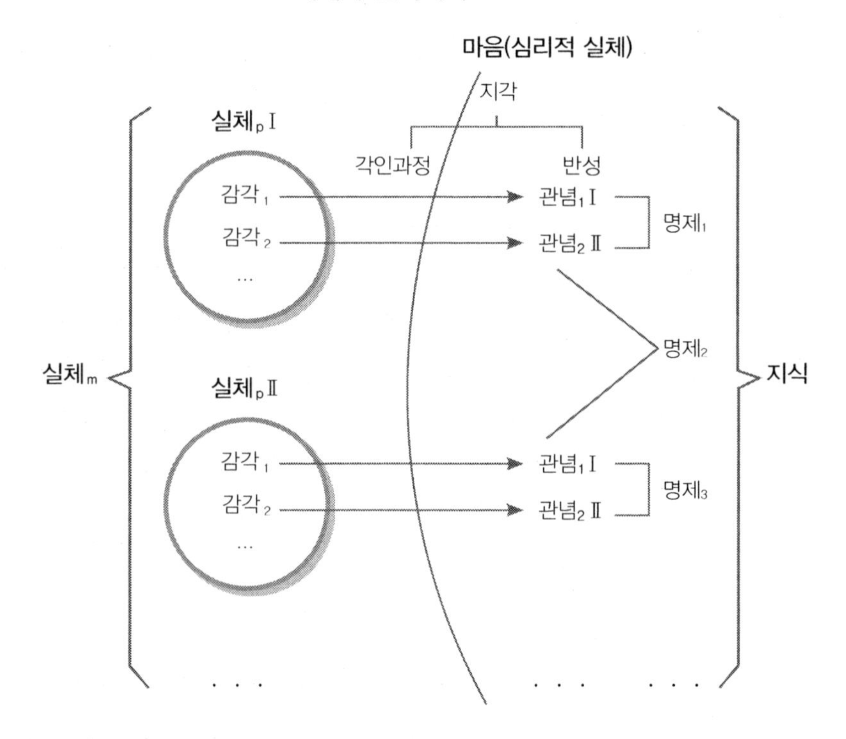

실체$_{m}$: 모든 것의 기반으로서의 실체
실체$_{p}$: 물리적 실체

로크가 모든 것의 기반으로서의 실체를 회의하였던 데 비해 버클리(George Berkeley)는 거기에 덧붙여 물리적 실체까지 제거하였다. 물리적 실체는 지각을 통해서만 존재하므로 그것은 결국 감각적 성질들의 다발일 뿐이라는 것이다. 버클리에 의하면 "존재하는 것은 지각되는 것이다."[7] 따라서 그에 있어서 남는 것은 지각되는 과정(그것이 그에게는

7 버클리가 『인간 지식의 원리론』을 쓰기 이전에 적은 철학 노트가 널리 알려진 이 구절의 출처이다.

존재와 등가물이다)과 지각의 주체로서의 마음뿐이다.

흄은 버클리가 물리적 실체를 제거한 것과 같은 이유로 마음이라는 심리적 실체를 제거하였다. 흄은 다음과 같이 말한다.

> 나의 경우에는 **내 자신**이라고 부르는 것에 가장 깊숙이 들어가도 내가 만나는 것은 언제나 뜨거움, 차가움, 밝음이나 어두움, 사랑이나 미움, 쾌락이나 고통이라고 하는 어떠한 지각이다. 언제 어느 때든지 지각없이 **내 자신**을 포착할 수는 없으며 지각 이외의 무엇인가를 관찰한다는 것은 있을 수 없다. [···] 인간이란 생각도 할 수 없는 빠른 속도로 차례로 일어나며 끊임없이 변화하고 움직이는 여러 지각의 다발 또는 집합에 지나지 않는다. (Hume 1739, 252쪽)

흄에 와서 외적, 내적 실체의 구분과 그 존재 문제는 지각의 다발로 해소되고 결국 최종적으로 남는 것은 지각과 그 인식과정뿐이다. 그는 지각을 이미지의 선명도에 따라 인상과 관념으로 구분하고 관념은 인상에서 유도된다고 보았다. 추상적인 관념도 그 자체는 개별적이고 단순한 관념들이 복합된 것이며, 이는 다시 그에 상응하는 단순한 인상으로 환원된다는 것이다.

경험론자들에게 지식의 근거는 감각자료였다. 그러나 위에서 알 수 있듯이 그것은 베이컨적 의미에서의 경험적 세계에 존재하는 관찰자료 자체는 아니었다. 그들에게 경험적 세계의 존재는 엄밀한 의미에서 인식론적으로 보장되지 않기 때문이다. 그들에게 중요한 것은 경험적 세계의 존재가 아니라 그것의 지각이었고 따라서 지식의 근거 역시

지각된 관찰 자료였다.

3. 흄의 문제 제기

경험론자들은 지각된 관찰 자료를 가지고 귀납적으로 지식을 구성하고자 했다. 그러나 이러한 시도는 곧 중대한 문제에 부딪쳤다. 지식을 구성하는 과정, 즉 지각된 관찰 자료들을 연결하는 과정은 경험적으로 어떻게 정당화될 수 있는가? 지식을 구성하는 연결 장치는 관찰 자료 자체로부터 유도될 수 없다. 지식의 근거를 경험에서 찾는 경험론의 노선에서는 그렇다고 선험적인 본유관념이나 이성능력 등으로 이를 설명할 수도 없는 처지이다. 지각된 관찰 자료들을 연결하여 지식을 구성하는 과정의 매개인 연결 장치가 관찰 자료로부터 유도될 수 없다는 것, 즉 이 연결 장치의 경험적 근거가 부정된다는 것은 지각된 관찰 자료들이 연결되어 지식을 구성하는 과정을 경험론이 설명할 수 없음을 뜻한다. 지각된 관찰 자료들 사이의 연결에 필연적 근거를 주지 못할 때 경험적 지식의 필연성은 우연성으로 대체되고, 근대과학에 확고한 인식론적 주춧돌을 놓겠다는 경험론자의 의도는 흔들리게 된다. 경험론자의 이러한 고민은 로크 때부터 산발적으로 우려되고 있지만(Locke 1690, 4권 3장 28절) 흄에 이르러 보다 구체적으로 부각된다.

흄도 갈릴레오의 원자론적 분석을 베이컨의 귀납법으로 정당화하는 작업이 근대과학의 기초 놓기 과제에 해당하는 것으로 이해하였다. 흄은 지각의 다발을 제외하고는 실체개념을 포함해 모든 형이상학적 요소들을 인식의 안팎에서 제거하였다. 그는 지각의 다발이 어떻게 귀납적으로 과학적 지식을 구성하는가 하는 문제를 인과론의 문제로 규정하였다. 과학적 지식의 뼈대를 이루는 것이 인과율이므로 인과율의 타당성만 보장된다면 한 사물의 존재나 행동에서 다른 사물의 존재나 행동의 인과적 유도에 대한 확실성을 보장받을 수 있기 때문이다.

러셀은 인과론을 흄의 인식론에 적용하여 "인상 A는 관념 B의 원인이 된다."(Russell 1946, 641쪽)는 명제를 유도한다. 인상과 관념이 인과관계를 갖는다는 가정이 흄의 인식론에 깔린 기초적 전제라는 것이다. 그러나 흄은 이러한 가정의 필연성을 찾을 수 없었다. 그는 A와 B라는 두 대상 사이의 관계에 대해 고작 인상 A 뒤에 종종 관념 B가 따르더라는 불충분한 관찰만을 할 수 있을 뿐이었다. 그 외에 그는 인과적 관련에 대한 그 어떤 인상도 찾지 못하였다. 인과율의 타당성은 어떠한 논리에 의해서도 보장되지 않기 때문에 인과율에 대한 지식은 논리적인 지식이 아니라 경험적인 지식이다.

인과율은 A와 B 사이의 관련에 대한 필연적 경험적 지식이 될 수도 없다. A 자체에서 B를 유도하는 그 어떤 필연적 요소도 발견할 수 없을뿐더러, A가 B의 필연적 원인이라는 사실을 경험을 통해서도 보장받을 수 없기 때문이다(Russell 1946, 638-639쪽). 흄은 다음과 같이 말한다.

> 우리는 어떤 사물들이 **항상 연합되어 있다**는 점 이외에 원인과 결과에 대한 다른 어떠한 것도 알지 못한다. [...] 우리는 연합의 이유를 꿰뚫을 수 없다. (Hume 1739, 93쪽)

> 이성은 우리에게 어떤 한 사물의 존재가 다른 사물의 존재를 함축한다는 확신을 절대로 주지 못한다. 따라서 우리가 한 사물의 인상에서 다른 사물의 관념이나 믿음으로 이행할 때 우리는 이성에 의해 결정되는 것이 아니라 습관이나 연상의 법칙에 의해 결정되는 것이다. (Hume 1739, 97쪽)

흄은 인과적 연관의 근거를 빈번한 연합으로 간주하는 데서 한걸음 더 나아가, 이러한 습관적 연합만을 가지고 미래에 대한 예견을 행하는 귀납법은 정당화될 수 없다고 비판한다. 과거나 현재의 사건을 가지고 행하는 인과적 예측은 논리적으로 정당화될 수 없다는 것이다. 그는 다음과 같이 말한다.

> **미래가 과거를 닮는다**는 가정은 어떤 종류의 논증에도 기초하지 않는다. 이러한 가정은 전적으로 습관에서 유도되는 것이다. (Hume 1739, 134쪽)

흄의 고찰은 극단적 회의론으로 기울어진다. 한 인상에서 어떤 관념이 유도될 수 있는지에 대한 인식적 근거가 없으므로, 우리는 모든 인식의 연관을 잃게 되며 따라서 합리적인 믿음이란 있을 수 없다. 그는 다음과 같이 말한다.

> 우리가 불이 따뜻하다거나 물이 시원하다고 믿는 것은 단지 우리가 다르게 생각하면 많은 고통을 대가로 지불해야 하기 때문이다. (Hume 1739, 270쪽)

흄에 의하면 우리의 어떠한 믿음도 이성에 근거해 있지 않다. 모든 행동과 판단은 비합리적인 믿음에 근거해 있으므로 어떠한 행동과 판단이 다른 행동과 판단보다 더 합리적이라고 할 수도 없다(Russell 1946, 645쪽).

인과론에 대한 흄의 분석과 그 귀결로서의 회의론은 경험론적 노선의 붕괴를 초래한다. 그러나 그의 분석을 음미해보면 합리론자들 역시 그의 비판을 견뎌낼 수 없음을 알게 된다. 흄은 인식대상과 인식 사이의 관련성에 대한 근거의 문제를 제기했다. 우리가 대상을 어떻게 인식하는가라는 인식론적 문제를 제기한 것이다. 그는 지각된 감각자료가 경험적 지식을 구성하는 과정의 정당성을 경험과 논리의 영역 모두에서 찾으려 했지만, 지각된 감각자료 사이의 귀납적인 연결 장치는 경험적 세계에서 찾아지지 않았고 귀납법의 정당성은 다른 어떠한 논리적 추론에 의해서도 정당화되지 않았다.

합리론자들의 논리·수학적 방법론, 인식론, 형이상학에 대해서도 우리는 같은 질문을 할 수 있다. 논리·수학적 방법이 그 자체로서 어떻게 세계에 관한 인식을 정당화할 수 있으며, 또 세계가 논리·수학적 구조로 되어 있다는 형이상학을 어떻게 정당화할 수 있는가? 세계에 관한 합리론자들의 논리·수학적 설계도가 세계 자체와 상응한다는 그들의 믿음에 대해 흄은 논리·수학적 설계도와 세계 사이에 인식적인 연결 장치를 찾아내거나 상응의 타당성을 연역이건 귀납이건 논리적으로 보장할 것을 요구한다. 그러한 요구를 충족시키지 못한 합리론의 방법론, 인식론, 형이상학은 신(神)이 보장하는 이성이라는 이름의 비합리적 독단으로 흐르게 된다는 것이다.

4. 흄 이후

지금까지 우리는 근대과학의 두 철학파인 경험론과 합리론을 흄의 관점에서 비판하였다. 이제 그의 철학을 두 가지 상반되는 각도에서 해석해보고 이를 그 이후의 과학철학 및 인식론과 연결시켜보겠다.

(A) 첫 번째 해석은 흄의 회의론을 칸트로 이어지는 근대 인식론의 파산으로 간주한다. 흄은 근대과학에 대한 기초 놓기의 중심과제를 인과율의 근거 규명으로 설정하고, 이러한 목적의식 하에 인과율의 필연적 연결 장치, 감각자료와 지식 사이의 필연적 관련성을 논리적 영역과 경험적 영역에서 찾으려 했다. 그러나 인과율과 귀납법에 타당성을 부여하려던 그의 노력은 실패로 돌아갔고, 인식대상과 인식을 연결하는 끈은 끊어진 셈이다. 근대과학의 기초는 그에 의해서 뿌리가 뽑혔고 이는 과학이 이끌던 근대학문의 인식론적 위기를 초래했다.

흄이 초래한 위기를 극복하려는 대표적 시도로 우리는 칸트, 헤겔, 후설의 관념론과 러셀, 비트겐슈타인, 카르납의 분석철학을 꼽을 수 있다.

i) 칸트는 이성의 무한한 가능성을 신뢰하는 근대의 사조를 집약시켜, 이성이 판관이 되어 세계에 대한 인식을 주조해내는 비판철학으로써 흄에 의해 끊어진 인식과 대상의 끈을 연결시키려 했다. 헤겔은 이성적인 것이 현실적인 것이고 현실적인 것이 이성적인 것이라는 슬로건 하에 변증법적 논리로 세계를 포섭하려 했다. 후설은 의식과 대상

사이에 지향성이라는 가교를 설정하고 선험적 자아가 이끄는 의식 현상학을 전개했다. 그러나 이성과 지향성에 흄이 찾던 연결 장치의 역할을 부여하는 관념론의 시도는 흄의 문제에 대한 답변으로 보기 어렵다. 칸트와 헤겔의 이성이나 후설의 지향성이 흄의 비판으로부터 면제된다는 보장이 없기 때문에 그들의 시도는 선결문제요구의 오류를 범하고 있다는 혐의에서 자유롭지 못하다. 이성중심주의적 관념론을 업데이트한 후설의 『논리연구』에서 저러한 오류를 적시하고 있는 데리다의 해체주의는 흄의 회의론과 궤를 같이 한다고 볼 수 있다(Derrida 1967; Garver and Lee 1994, 3장 참조).

ii) 언어적 전회를 통해 인식론에서 언어철학으로 철학의 헤게모니를 이동시킨 분석철학은 그에 발맞춰 의식과 대상 사이의 관계문제를 언어와 세계 사이의 관계문제로 재구성하였다. 러셀의 「논리적 원자론의 철학」, 비트겐슈타인의 『논리-철학논고』, 카르납의 『세계의 논리적 구조』 등이 이러한 경향의 대표적 산물이다. 그러나 이러한 시도는 분석철학 진영 자체에서 내부적으로 비판받기에 이른다. 러셀의 논리적 원자론과 자신의 『논리-철학논고』를 통렬히 논박한 비트겐슈타인의 『철학적 탐구』를 위시하여, 의미의 불확정성과 지시체의 불가투시성을 논증한 콰인, 의미론에 대한 옹호에서 회의적 태도로 돌아선 데이빗슨이 대표적인 비판자들이다. 명제의 의미 여부를 검증가능성에서 찾은 논리실증주의에서 보듯이 분석철학은 합리론의 논리·수학적 전통과 경험론의 환원주의적 전통을 계승했다는 점에서 합리론과 경험론을 동시에 겨냥한 흄의 비판에서 자유롭지 못하다.

(B) 두 번째 해석은 흄의 문제제기를 타당한 것으로 수용한다. 그는 근대과학의 기초 놓기 작업에 실패한 것이 아니고, 그의 회의론과 인과론이 학문의 파산을 의미하는 것도 아니다. 단지 그는 근대의 과학관을 비판하고 현대적인 과학관을 앞질러 구상했던 것이다. 그는 과학적 지식이 근대철학자들이 생각했던 것처럼 명석·판명한 논리학이나 확고한 경험적 근거 위에 세워지는 객관적 지식이 아니라, 인식의 습관과 연상의 법칙(현대적 표현으로는 규약과 합의)으로 엮이고 해석된 개연적 지식임을 갈파하였다.

흄은 지식이 어떤 확고부동한 기초위에 건축되어야 한다거나, 지식론의 목적이 그러한 기초를 규명하는 것이라는 근대철학파들의 공통된 문제의식에서 벗어나 있다. 그에 의하면 지식론의 목적은 학문의 근거를 제공하는 것이 아니라 지식의 성격을 기술하고 분석하는 데 있다. 그리고 이것은 세계의 근거를 묻는 중세 형이상학의 패러다임으로부터 현상을 기술하는 근대의 물리학적 패러다임으로의 이행과도 합치하는 것으로 본다(Buchdahl 1969, 378쪽). 이러한 분석과 기술(記述)의 결과 그는 지식이 합리론자들의 이성에 근거한 것이 아니라 인식의 습관과 연상으로 엮인 개연적인 것임을 깨닫게 되었다.

흄의 철학에 공명하는 현대의 대표적인 경향으로 하이젠베르크(Werner Heisenberg)의 양자역학, 슐릭의 분석철학, 쿤(Thomas Kuhn)의 과학철학을 꼽을 수 있다.

i) 흄의 인과론은 양자역학의 코펜하겐 해석과 잘 어우러진다. 보어(Niels Bohr)와 함께 코펜하겐 해석을 정립한 하이젠베르크는 전자의

위치를 측정하는 데 불가피한 불확정성의 값과 그 운동량을 측정하는 데 불가피한 불확정성의 값을 곱한 값은 플랑크 상수의 크기를 넘지 못한다는 불확정성 원리를 발표하였다. 이 원리에 의하면 우리가 아무리 측정 오차를 없애도 이 상수 값만큼은 불확정성을 갖게 되므로 인과의 필연적 계기에 의해 자연을 결정론적으로 해결하려는 근대적 신념은 부정된다. 이 원리는 흄이 지적한바 과학적 지식이 개연적이고 확률적인 성격을 갖게 되는 이유를 아원자 수준의 세계에서, 그리고 과학 방법의 기본인 측정에서의 불확정성에서 해명하고 있는 것이다 (Eddington 1928, 220쪽).

ii) 슐릭은 인과를 기술하는 명제들의 논리적 필연성이 조건문의 형식이 경험적 인식에 반복되어 생긴 언어적 관습에 불과함을 밝혔다 (Schlick 1932). 즉 인과의 결합이라는 개념은 논리적인 것이 아니라 언어적 사고의 습관성에서 근거한 것이라는 게 그의 견해인데, 이는 인과율에 대한 흄의 해석과 궤를 같이한다.

iii) 쿤은 과학사를 과학자 사회와 연결 지어 고찰하면서, 과학적 지식을 과학자 사회내의 가치관, 강령, 세계관, 기타 과학 외적 요소들이 그물처럼 개입된 형태의 패러다임으로 이해하였다. 패러다임은 궁극적으로 합리적이고 객관적인 지식 개념이 아니라 과학자 집단의 합의에 의거한 과학사회학적 개념이라는 것이다(Kuhn 1962).

과학적 지식의 형태가 과학자 사회의 합의에 의거해 있다는 쿤의 패러다임 이론은 흄의 철학을 과학사에 적용시키면서 흄을 포함한 소박한 경험론을 비판적으로 극복한 것으로 평가된다. 쿤에 의하면 합의에 의거한 패러다임의 형태와 성격에 따라 관찰 자료의 수집과 분류처리, 그리고 해석이 영향 받는 것이지, 관찰 자료에서 패러다임이 귀납적으로 유도되는 것은 아니다. 패러다임이 관찰 자료로 환원되는 것이 아니며 정상과학(normal science)의 시기에는 검증 역시 패러다임에 의존해 이루어진다.

흄의 철학을 근대과학과 인식론의 파산으로 보든 올바른 규명으로 보든 그는 근대 과학철학사의 한 분수령을 이루었다. 흄 이전의 합리론과 경험론이 그를 중심으로 묶여 비판되었다면, 그 이후의 과학철학과 인식론은 흄의 파산을 복구하려는 (A)와 흄의 규명을 새로운 방향타로 간주하고 이를 발전적으로 전개시키는 (B)로 갈린다. 그러나 (A)와 (B) 모두 인과율과 과학적 지식에 대한 흄의 분석이 지니는 중요성과 의의를 인정하고 있다.

이성에 대한 무한한 신뢰를 기반으로 과학적 지식의 객관성과 절대성을 추구했던 서양근대철학의 지평에서 흄은 개연적이고 확률적인 현대의 과학관과, 회의적이고 상대주의적인 현대철학의 요소들을 잉태했다. 그가 제기한 문제가 철학계와 과학계에서 여전히 활발히 논의되고 있으며, 그로부터 발원한 (A)와 (B)의 흐름도 완료형이 아닌 진행형이라는 점에서, 흄 철학의 시제는 과거가 아니라 현재와 미래라고 할 수 있다.

7장

이론의 세계:
라이프니츠와 칸트

7장

이론의 세계: 라이프니츠와 칸트

1. 들어가는 말

우리는 존재하는 현상 세계를 과연 아무런 전제와 방법 없이도 인식할 수 있을까? 인식의 전제와 방법에 무관심한 채 주어진 환경에 본능적으로 적응해나가는 여타의 생물들에게 이러한 문제는 관심 밖이고 무의미할 것이다. 인식의 전제와 방법 없이는 현상 세계를 이해하고자 해도 그저 세계가 불확실하고 복잡 다양한 것 같다는 느낌에서 더 나아가기 어려울 것이다. 사람의 인식이 이러한 소박한 느낌의 차원을 넘어서기 위해서는, 불확실하고 복잡해 보이는 현상과 사건을 우리가 인식하기 알맞게 적절한 전제와 방법을 갖추어 확실하고 단순한 형태로 변형시키는 작업이 필요하다. 그 작업의 귀결이 곧 이론이다.

우리는 현상 세계를 단순하게 변형시켜 이론을 만들고, 이 이론으로 세계를 이해하려 한다. 그러므로 우리는 현상 세계 외에 인식 속에 이론의 세계를 꾸미게 된다. 이 또 하나의 세계를 다루는 학문이 철학이다. 철학은 이론에 대한 이론인 것이다. 이론의 세계는 현상 세계의 단순화된 변형이다. 현상 세계의 복잡 다양성을 절실히 인식한 오스틴(J. L. Austin)은 "단순한 것은 사물이 아니라 철학자들"(Austin 1961a, 239쪽)이라고 말한 바 있다. 우리는 그의 말을 현상 세계와 이론의 세계 사이의 차이에 중점을 둘 이 장의 출발점으로 삼고자 한다.

이론의 세계는 현상 세계와 구체적으로 어떻게 관련되어 있으며 그 구조는 어떠한가? 이론의 세계를 구성하는 각 이론들의 변동은 어떠한 과정을 밟아 나가는가? 이 장의 전반부에서는 이러한 문제들에 대한 답변을 구상해보고, 후반부에서 이를 서로 상반되는 라이프니츠와 칸트의 철학 이론들에 적용해볼 것이다.

2. 이론의 구조

현상 세계의 불확실성과 복잡 다양성은 사람으로 하여금 세계에 대한 보다 확실하고 단순한 대체 모형을 요구하게 한다. 사람은 이러한 자체적 요구에 부응하기 위해 일련의 개념적 절차를 거쳐 이론의 세계를 구축한다. 여기에는 다음의 두 전제가 놓여 있다.

1. 현상 세계는 합리적 질서를 갖는다.
2. 현상 세계는 그 성격을 변화시킴 없이 보다 단순한 것으로 환원될 수 있다.

이 두 전제는 이론의 일반적 성격을 윤곽 짓기도 한다. 즉 이론은 합리적이고 환원적이다. 두 전제는 그 자체로 합리적이거나 환원적으로 정당화되기 어려운 형이상학적 가정이지만, 그것이 함축하는 이론의 일반적 성격은 이론의 세계를 탐사하는 데 작업가설로 사용할 것이다.

우리가 현상 세계의 어느 영역을 이해하고자 하느냐에 따라 이론의 영역도 결정된다. 따라서 대상 영역의 결정은 이론 구성의 첫 단계에 해당한다. 넓은 영역을 갖는 거대 이론들은[1] 이론의 탄력적 포용력을 자랑하지만, 실제로는 추상성으로 말미암아 경계가 모호하고 자신의 적용 영역을 넘어 남용될 소지가 있다.

이론의 적용 영역을 둘러싸고 서로 다른 이론들이 중첩되는 경우도 있다. 즉 같은 현상 영역에 대해 다수의 이론들이 경합할 수 있는 것이다. 이는 각 이론들마다 현상 영역을 바라보는 관점과 방법이 다르기 때문에 발생한다. 관점은 곧 방법의 바로미터이므로 관점의 차이가 관건이라고 할 수 있다. 같은 대상에 대해 서로 다른 이론이 공존한다는 사실은 이론 세계의 갈등과 변동의 근원적 요인이다.

현상 영역에 대한 우리의 인식은 언어로 기술된다. 언어의 기본 단위는 개념이며 이는 기호나 수(數) 등으로 변형되거나 대치되기도 한다. 이론의 건축에 사용되는 언어적 재료의 성격에 따라, 드러나는 경험 영역에 대한 설명 양식으로서의 이론은 다른 형태와 내용을 갖게 된다. 현상 영역과 함수 관계를 갖는 언어로 구성한 구조물이 곧 이론이다. 우리는 현상 영역을 일정한 전제 하에 일정한 관점에서, 일정한

1 프로이트와 마르크스의 이론, 대부분의 신학과 철학 이론들이 이에 해당한다.

범위 내의 일정한 방법으로 조망하고 접근해가면서 보다 확실하고 단순한 이론을 구축한다. 따라서 이론은 현상 영역에 대해 모형적 성격을 갖는다고 할 수 있다.

3. 이론의 변동

이론은 현상 영역에 대한 평면적 서술이 아니라 논리적 조작에 의해 현상 영역을 입체적이고 기능적으로 설명해내는 인식 모형이다. 그리고 사람 개개인이 모여 사회를 이루듯 다양한 이론들이 모여 이론의 세계라는 새로운 장이 형성된다. 이론의 세계에는 전제, 적용 영역, 인식적 지평, 방법을 달리하는 무수한 이론들이 있다. 이들은 무질서하게 나열되어 있는 것이 아니라 영역별로 일정한 계층을 이루면서 배치된다. 넓은 적용 영역을 갖는 열린 체계의 거대 이론들은 닫힌 체계의 구체적 이론들을 가족으로 거느리고, 같은 영역에 대한 또 다른 거대 이론과 가족 이론들을 놓고 쟁탈전을 벌이기도 한다. 닫힌 체계의 구체적 이론들은 현상 영역에 대한 적용과 검증의 여하에 따라 이론의 세계에 등재되거나 추방된다.

거대 이론들은 그 영역이 열려 있는 만큼 검증하기 어려운 추상적 가설들이 대부분이다. 이 거대 이론의 구조와 변동을 쿤의 패러다임 개념으로 설명해보자(Kuhn 1962). 한 시대의 견해나 사고를 근본적으로 규정하고 있는 거대 이론이 곧 패러다임이다. 패러다임 수준의 거대 이론은 체계적인 학(學)으로 귀결되는데 그러한 학이 곧 정상과학이다. 정상과학은 현재의 패러다임을 견지하기 위해 일궈나가는 과학의 결과물로서 패러다임에 객관성을 부여하는 역할을 한다.

어떠한 패러다임도 영원불변하지 않다. 기존의 패러다임으로 조명받지 못하는 잉여 지대가 발견되거나 기존의 패러다임이 현상 영역의 변화를 따라잡지 못하는 등의 이유로 해결할 수 없는 문제들이 출현하면서 이론의 세계는 동요와 갈등을 겪게 되며, 종국에는 새로운 패러다임이 대두하기에 이른다.

이론의 세계에서 발생하는 변동의 논리는 다음과 같이 스케치해 볼 수 있다. 일정한 현상 영역에 대한 어떤 이론에 맞서는 이론이 주어진 이론과 반대의 전제, 인식, 방법을 갖추고 있다고 가정해보자. 이 경우 주어진 이론 A의 전제와 인식과 방법이 각각 A′, A″, A‴로 표기된다면 그에 맞서는 이론 −A의 전제와 인식과 방법은 각각 −A′, −A″, −A‴로 표기된다. 이론 −A는 이론 A를 뒤집어놓은 경우에 해당하는 셈이다. 이는 사영기하학이나 불 대수(Boolean algebra) 등에서 사용되는 쌍대성(duality)의 한 표현으로도 볼 수 있는데 사회과학에서의 균형이론과 갈등이론의 대립, 그리고 우리가 앞으로 살펴볼 라이프니츠와 칸트 이론의 대립 등이 그 대표적 사례라고 할 수 있다.

이론의 세계에는 현상 세계와 직접적으로 관련을 갖고 있지 않는 수학, 논리학 등의 형식과학, 철학 이론과 같은 메타 이론들도 있다. 그러나 그러한 이론들도 사람 개개인의 의식과 접속됨으로써 그가 놓여 있는 현상 세계와 접촉하게 된다. 이론의 세계는 현상 세계에 의해 재편성되기도 하고 역으로 현상 세계를 재편성하기도 한다.

4. 라이프니츠

이론에 대한 지금까지의 논의를 라이프니츠와 칸트의 철학에 차례로 적용해 검증해보기로 하자. 라이프니츠의 철학은 그 적용 범위의 한계가 불분명한 열린 체계이다. 그는 아리스토텔레스 논리학의 유산인 주어-술어의 형식을 이론의 기본 골격으로 삼고 있다. 라이프니츠는 세계가 주어-술어 형식에 포섭되는 정합적 구조를 갖고 있다고 본다. 주어-술어의 형식은 그의 이론에서는 (1) 모나드(실체)-속성, (2) 신(필연성, 무한한 마음)-개별자(우연성, 유한한 마음)의 두 형태로 구현된다. 이를 차례로 살펴보자.

(1) 플라톤, 아리스토텔레스와 같은 그리스 철학자들은 주어-술어의 형식을, 주어에 해당하는 실체가 술어에 해당하는 속성으로 표현된다는 논의에 사용하였다. 라이프니츠는 이를 자신의 모나드 이론으로 재구성하고 있다. 그에 의하면 복합체들은 모나드라는 단일 실체로 구성되어 있다. 모나드는 단일하므로 분할될 수 없고 연장(延長)이나 모양을 갖지 않는다. 단일 실체는 부분을 갖지 않으므로 부분을 이어 맞추어 만들 수 없기에, 모나드는 자연적으로는 발생하지도 소멸하지도 않는다(Leibniz 1714, 268쪽). 따라서 모나드의 내부가 외부의 원인에 의해 변화될 수 없으며, 이는 모나드들 사이에 아무런 상호작용도 있을 수 없는 근거가 된다(Leibniz 1714, 268쪽).[2]

모나드의 성질은 서로 다르며 그 내적 활동은 표상에 해당한다.

---

2 라이프니츠는 이를 "모나드는 창이 없다."(Leibniz 1714, 268쪽)고 표현하기도 한다.

단일 실체인 모나드는 순간마다 복수의 표상을 표현함으로써 무한한 우주를 자신 안에 반영한다. 이는 1이 1/2, 1/4, 1/8, 1/16 …와 같은 무한 등비수열의 합으로 표현될 수 있는 것에 비견된다(김용정 1972, 42쪽). 즉 술어의 여러 속성들이 주어인 단일 실체로서의 모나드에 포함되는 것이다. 무한 분석을 수행할 수 있다면 우리는 참인 모든 명제가 필연적으로 참임을 보일 수 있을 것이다. 그리고 이 명제들은 모두 분석명제이다.

(2) 앞선 (1)의 세계관은 상호작용하지 않는 모나드들이 어떻게 서로 인과 관계를 맺어가며 우주에 가득한 복합체들을 구성할 수 있는지를 제대로 해명하지 못하는 난점을 가지고 있다. 라이프니츠는 요청된 신에 의지해 이 문제를 해결한다. 그 실마리 역시 명제의 성격에 관한 다음과 같은 고찰에서 주어진다. 필연적으로 참이 아닌 명제는 "이러이러한 속성을 갖는 실체가 존재한다."는 명제뿐이다. 즉 존재를 술어로 하는 명제만은 종합명제이다. 그러나 만일 특정한 속성을 갖는 하나의 실체가 존재하기만 한다면, 주어진 하나의 실체에서 실체의 다른 모든 속성들을 유도해내는 것이 실제상은 아니더라도 원리적으로는 가능하다(Hampshire 1956, 145쪽). 따라서 라이프니츠는 이를 위해 존재를 술어로 포함하는 하나의 실체로서 신을 요청하게 된다. 이로써 모나드 사이의 관계는 신의 예정된 조화에 의해서 맺어진다. 논리적으로는 이 세계 이외에도 많은 가능세계가 있지만, 신은 이중에서 가장 완전하고 경제적이고 효율적인 방법으로 내용들을 무한히 다양화시킬 수 있는 세계를 선택한다(Hampshire 1956, 151-152쪽). 세계에 대해 유

한한 인간 정신이 갖는 지식은 개별적이고 불확실하지만, 무한한 신의 정신은 세계를 분석적이고 필연적으로 이해한다. 신의 설계에 필적할 수는 없는 우리가 할 수 있는 것은 가능한 한 깊이 있고 풍부한 설명할 수 있으면서도 단순한 형태를 지향하는 이론을 정립하는 것이다.

5. 칸트

라이프니츠에 비해 칸트의 이론은 인식론을 중심으로 적용의 범위와 제한이 명확하다. 칸트에 따르면 우리의 인식은 시공간에 있어서 우리에게 부여될 수 있는 감성적인 물(物), 즉 현상에만 관련할 뿐 물자체에는 관계하지 않는다. 그는 다음과 같이 말한다.

> 우리는 물자체로서의 대상에 대해서가 아니라 감성적 직관의 객관인 한의 대상, 즉 현상으로서의 대상에 대해서만 인식을 할 수 있다. [...] 이로부터 실은 이성의 모든 가능한 사변적 인식을 **경험**의 대상에만 국한하는 결과가 나온다. (Kant 1787, BXXVI)

칸트는 아리스토텔레스의 논리학을 재해석함으로써 선험논리학을 유도하고, 이 선험논리학으로써 제한된 현상계의 범위 내에서 자신의 이론을 유추해나간다. 칸트는 우리의 인식이 선험논리학적 구조를 갖는다는 전제 하에 논리적 요청의 방법에 의거해 단계적으로 자신의 이론을 전개한다. 라이프니츠와 칸트 모두 주어-술어 형식을 차용하고 있지만 라이프니츠의 이론이 주어(신, 모나드)에서 출발하여 술어(속성,

개별자)로 내려오는(주어 → 술어) 하향적 체계라면, 칸트의 이론은 경험적 대상에서 출발하여 이성, 신의 이념으로 상승하는(술어 → 주어) 상향적 체계라고 할 수 있다.

칸트에게 있어 인식 대상은 감성을 통하여 직관의 형식에 의해 우리에게 부여된다. 직관에는 내적 직관인 시간과 외적 직관인 공간이 있는데, 이 인식 형식은 선험적으로 우리의 인식 안에 있어야 하는 관계로 보편타당하고 필연적이다. 직관으로부터 부여된 감성적 표상은 지성에 의해 개념화되어 판단 형식을 갖추게 되는데, 감각적으로 부여된 대상의 표상이 개념이 되기 위해서는 표상의 결합을 가능하게 해주는 사유의 근본 형식이 요청된다. 칸트는 이 개념 형식을 범주라고 명명하는데, 범주에 의해 경험적 개념이 비로소 성립되는 것이고 범주 자체는 경험을 통해 얻을 수 없는 선험적 순수 개념이라고 설명한다.

우리의 지성은 개념이 없는 단순한 직관적 재료를 범주의 관점에 기초를 두고 서로 결합함으로써 지성적 사유의 형식으로 밀어 넣는다. 이로써 대상의 경험적 개념이 성립하고 이 개념들이 서로 결합하여 판단 형식이 만들어진다. 이때 지성은 선험적으로 자신에 존재하는 원칙에 따르는데, 이들 원칙은 지성이 범주 및 시간의 도식과 결합할 때 스스로 생산한 것이다.

모든 선험적 인식 형식은 경험을 산출하기 위해 존재한다. 인식 형식은 경험으로부터 독립해 있으나 경험의 목적에 유용한 것이므로 선험적이다. 인식은 감성과 지성이 협력하여 직관과 개념이 결합할 때에 성립한다. 그러나 공간적 직관과 시간적 직관이 선험적이기 때문에 선험적 공간 관계 및 선험적 시간 관계가 범주와 결합할 가능성이 있다. 그 결과 보편적으로나 필연적으로나 타당한 확장적 판단인 선험적 종합판단이 성립하는데, 수학과 자연과학의 명제가 이에 해당한다. 우리는 이들 명제의 관점에 따라 경험의 소재를 구성함으로써 보편적으로나 필연적으로나 타당한 법칙에 따라 질서를 이룬 자연을 인식한다.

이성은 판단을 결합하여 추리하는 능력인데 그 본성상 조건의 무한 계열을 하나의 통일로서 파악하는 충동을 갖고 있기에 그것을 가능하도록 하는 무조건자를 구한다. 이 무조건자의 이념으로서 각 추리 형식에서 영혼, 우주, 신의 이념이 생겨난다. 그러나 이성의 사용은 경험의 세계에 국한될 뿐 경험을 넘어선 물자체의 세계에는 적용될 수 없다. 따라서 영혼의 이념은 증명 불가능한 그릇된 결론을 낳고, 우주의 이념으로부터는 이율배반이 생겨나고, 신의 존재는 증명되지 않는다. 라이프니츠 철학의 공리인 신의 존재는 칸트에서는 증명될 수 없는, 신앙의 대상으로 간주되어 실천이성의 영역으로 이월된다.

6. 라이프니츠와 칸트

이제 라이프니츠와 칸트의 이론을 비교 고찰하면서 2절에서 전개한 가설들을 되짚어보자. 우리는 거기서 이론들은 다음의 두 전제를 갖는다고 했다.

1. 현상 세계는 합리적 질서를 갖는다.
2. 현상 세계는 그 성격을 변화시킴 없이 보다 단순한 것으로 환원

될 수 있다.

이 두 전제는 라이프니츠와 칸트의 이론에도 내재해있을뿐더러 신의 개념으로 상징화되어 나타나기도 한다. 라이프니츠는 주어-술어 형식의 주어로서 위의 두 전제를 담보하는 신의 존재를 끌어들인 다음 이 전제의 내용대로 세계를 풀어나간다. 칸트는 경험적 대상에서부터 출발하여 인식의 단계를 논리적으로 유추해나간 끝에 이성의 이념으로서 신의 존재를 요청하고 있다.

그럼에도 라이프니츠는 신의 존재가 주어-술어 형식의 성격에 의해 증명될 수 있다고 생각한 반면, 칸트는 신의 존재는 이성의 이념일 뿐 증명될 수 없다면서 종래의 신의 존재 증명을 논리적으로 타당하지 못한 것으로 폐기하고 있다는 차이가 있다. 그러나 칸트에 있어서도 신은 이성의 이념이자 믿음의 대상으로 인정된다.

이론의 전제를 신으로 상징화하여 드러내는 방법의 차이는 라이프니츠와 칸트의 이론이 지니는 특징과 범위를 서로 갈라놓는다. 라이프니츠는 신을 이론의 최상위에 상정하고 이를 서술해내는 방식으로 세계를 설명하기 때문에, 이론이 입체적이고 역동적이며 세계 전체를 아우르는 열린 체계이다. 그러나 그의 이론은 인식론적 문제에 약점을 안게 된다. 신에서 무엇이 서술되었는가(무엇이 존재하는가)에 치중한 나머지 그것을 어떻게 인식할 수 있는가 하는 문제에 답변하지 못하고 있는 것이다(Hampshire 1956, 166쪽).

라이프니츠가 봉착한 인식론적 문제는 그의 추론 순서를 뒤집어 감성적 대상의 인식에서부터 논의를 시작하는 칸트에 의해 답변된다. 칸트는 감성적 표상을 어떻게 인식하는가 하는 질문에서 출발하여 인식의 구조를 분석하는 순으로 문제를 해명한다. 라이프니츠가 감성을 모나드의 표출적 기능으로 이해한 반면, 칸트는 감성을 외부 대상에 대하여 마음속에 새겨지는 수용적 기능으로 이해하고 있다(김용정 1972, 20쪽).

칸트의 이론은 감성적 대상에서 시작하므로 그 영역은 감성적 대상의 세계인 현상계에 국한되고, 물자체계는 우리가 인식할 수 없는 것으로 간주된다. 반면 라이프니츠의 경우 신이 세계를 다른 식으로 풀어낼 수도 있으므로 논리적으로 가능한 많은 세계가 생길 수 있는데, 현실 세계는 그중에서 신이 선택한 가장 완전한 세계라는 가능세계론이 도출된다.

라이프니츠와 칸트는 이론의 세계가 현상계를 수동적으로 묘사할 뿐이라는 종래의 생각을 전도시켰다. 라이프니츠는 다음과 같이 말한다.

> '사물의 본성에 대한 고찰'은 우리의 마음에 대한 지식에 지나지 않는다. (Leibniz 1765, 84쪽)

칸트는 이를 사고방식의 코페르니쿠스적 전환이라고 부르면서 다음과 같이 말한다.

> 이제까지 사람들은 우리의 모든 인식이 대상에 준거해야 한다고 가정했다. 그러나 대상에 관한 우리의 인식을 개념에 의해서

선험적으로 확장하려는 모든 시도는 대상에 준거한다는 전제 아래서는 무너지고 말았다. 그러므로 대상이 우리의 인식에 준거해야 한다고 하는 가정이 형이상학의 과제 해결에 대해서 더 효력이 있지 않나 하는 시도를 해봄직하다. 이런 일은 그것만으로도 이미 대상을 선험적으로 인식할 수 있는 [형이상학에 의해서] 요구된 가능성과 한층 더 잘 합치하는 것이다. (Kant 1787, BXVI)

위의 인용문은 현상 세계와 이론 세계 사이의 새로운 연관 관계를 열면서 존재의 문제에서 인식의 문제로 넘어가는 과정을 잘 말해주고 있다. 그럼에도 라이프니츠는 형이상학적인 전개 순서를 고수하고 있기 때문에 전환된 인식론의 과제에 적절하게 대응하지 못했고, 칸트는 제한된 영역 내에서 엄격한 추론을 수행함으로써 종래의 형이상학을 종식시키고 인식론의 새 장을 열게 된 것이다.

 칸트의 안과 밖

8장

칸트의 도식론: 규칙론적 접근

8장
칸트의 도식론: 규칙론적 접근

1. 들어가는 말

칸트의 『순수이성비판』에서 「지성의 순수 개념의 도식론」이라고 이름 붙여진 절은 그 중요성에도 불구하고 제대로 이해되지 못했다. 주석가들은 도식론의 문제나 그에 대한 칸트의 해결책에 관해 부정적 평가를 서슴지 않았다. 울프는 도식론의 문제와 해결책을 인위적이라고 보았으며, 한 걸음 더 나아가 "그 해결책은 순전히 불합리한 추론"(Wolff 1963, 207쪽)이라고 주장했다. 베넷도 도식론의 문제가 "구제불가능하리 만치 뒤죽박죽"(Bennett 1966, 150쪽)이라고 보았다. 이러한 근거에서 윌커슨은 "도식론은 아무런 유용성도 없고 […] 무시해도 좋다."(Wilkerson, 1976, 94쪽)고 단언했다. 그러나 윌커슨 자신도 시인하고 있듯이 칸트는 이 짧은 절을 매우 중요하게 여겼다. 이 한 가지 이유만으로도 우리는 그 점을 이해해야 할 필요가 있다.

도식론에 관한 논의를 시작하기 전에 우리는 먼저 도식론이 문제가 되는 상황을 살펴보고자 한다. 그 까닭은 도식론의 문제 자체가 지닌 동기나 기원에 관한 논란이 있기 때문이다. 다음으로 우리는 칸트의 도식론에 관한 주석가들의 대표적 해석들을 살펴볼 것이다. 그 과정에서 이들은 모두 그릇된 것으로 비판될 것이다. 그리고 우리는 순수 개념의 도식에 관한 칸트의 생각을 의미 있는 것으로 밝혀줄 대안적 해석으로서의 규칙론적 해석을 제안하고자 한다. 그러나 도식론을 의미 있는 것으로 밝혀주는 대안을 제시하는 것만으로는 충분하지 않다. 우리는 이 장의 말미에서 그 대안적 해석이 과연 무모순적이고 설득력 있는 것인지를 검토할 것이다.

2. 무엇이 문제인가?

칸트는 도식론을 「원칙의 분석론」의 일부로 끌어들이고 있는데, 여기에는 「개념의 분석론」이 범주의 정의와 현상의 본질을 이미 해명했다는 점이 전제되어 있다. 범주는 지성의 초월적 개념이고, 그 작용을 통해 주어진 다양한 표상(직관이건 개념이건)이 하나의 통각 아래 놓이게 된다. 모든 다양한 현상들은 감성에 의해 하나의 경험적 직관에 주어지는 한에서 범주의 논리적 기능과의 연관 하에 결정된다.

이제 우리는 다음과 같은 문제에 봉착하게 된다.

그런데 지성의 순수 개념은 경험적 (감성적) 직관과 비교해보면

> 이종적(異種的)이고 어떠한 직관에서도 발견될 수가 없다. 그렇다면 어떻게 지성의 순수 개념에 경험적 직관을 포섭할 수 있는가? 현상에다 범주를 어떻게 적용할 수 있는가? 예컨대 인과성과 같은 범주가 감관에 의해서 직관될 수 있다고, 현상 중에 포함되어 있다고 말할 사람은 없기에 말이다. (Kant 1787, B176–177)

우리는 한편으로는 복수의 범주와, 다른 한편으로는 직관의 다양한 현상들과 마주한다. (1) 범주는 지성의 영역에 속하고 현상은 감성의 영역에 속한다. 따라서 범주와 현상은 그 본성상 동종적이지 않다. (2) 우리는 전자를 후자에 어떻게 적용할지 알지 못한다. 따라서 이 두 문제를 해결할 제3의 어떤 것이 있어야 한다.

> 한편으로는 범주와 다른 한편으로는 현상과 동종(同種)이어야 하고, 전자를 후자에 적용 가능하도록 해주는 제3의 것이 있어야 함은 명백하다. 이 매개적인 표상은 (아무런 경험적인 것도 포함하지 않고) 순수하면서도, 한편으로는 **지성적**이고 다른 한편으로는 **감성적**이어야 한다. 그러한 표상이 초월적 도식이다. (Kant 1787, B177)

칸트는 경험적 개념은 경험으로부터의 추상에 의해 가르쳐지지만 범주는 마음 자체의 자원에 의해 생성된다고 생각한다. 우리는 경험적 개념이 적용되는 경험적 조건들을 배움으로써 경험적 개념을 배우지만 순수 개념은 이러한 방식으로 배우지 않는다. 바로 이것이 칸트가 강조하고자 하는 바이다. 지성의 순수 개념을 이해하는 것과 그것을 경험에서 어떻게 적용하는지를 아는 것 사이에는 원칙상 차이가 있다. 우리는 범주가 무엇인지를 배웠다고 생각한다. 그 범주들이 경험적으로 어떻게 적용되는지는 탐구해야 할 과제로 남아 있다.

칸트의 도식론이 해결해야 할 최우선의 문제로 첫 번째 인용문에서 제시된 문제는 이 지점에서 선결문제 요구의 오류에 빠져 있는 것으로 보인다(Chipman 1972, 48쪽). 요컨대 범주가 경험적으로 적용되어야 한다는 주장을 할 수 없다는 반론이 제기될 수 있다. 왜냐하면 여기서 문제가 되는 것이 바로 범주가 경험적으로 적용될 수 있느냐이기 때문이다. 그 반론에 의하면 도식론은 범주의 적용이 경험을 가능하게 한다는 주장을 정당화하기보다는 바로 그 주장을 전제하고 있다.

이러한 반론은 칸트의 방법론에 대한 오해에서 비롯된 것이다. 도식론에서 칸트가 밝히려는 바는 현상이 범주에 포섭될 수 있다는 것이 아니라 그 포섭이 어떻게 가능한가 하는 것이다. 어떤 것이 어떻게 가능한가를 밝히기 위해 그것이 가능함을 잠정적으로 가정한 뒤, 그 가정이 실제로 성립될 수 있는지를 규명하는 것은 논리적으로 하자가 없다. 이러한 작업이 이루어지면 가정되었던 바의 가능성은 증명되는 셈이다.

3. 기존의 해석들

범주를 직관적 자료에 연관시켜주는 도식의 개념에 관한 기존의 대표적 해석들을 비판적으로 살펴보자.

1) 켐프 스미스(Kemp Smith 1918, 335쪽)는 칸트가 범주와 직관적

자료와의 관계를 집합과 그 원소 사이의 관계와 유사한 것으로 보았다고 해석한다. 그는 이러한 해석이 칸트(Kant 1787, B176)가 원용한 동그라미와 접시의 예가 함축하는 바와도 잘 부합한다고 주장한다.

2) 그런데 켐프 스미스(Kemp Smith 1918, 335쪽)는 또 하나의 대안적 해석을 제시한다. 그에 따르면 범주와 직관적 자료는 형식과 질료의 관계에 놓여 있다. 그는 이 해석이 범주와 직관적 자료 사이의 관계에 대한 보다 나은 해석이라고 주장한다. 그러나 켐프 스미스의 이 두 해석은 모두 그릇된 것이다. 범주는 단순히 집합 개념도 아니고 그렇다고 형식도 아니다. 범주는 지성이 종합을 수행하도록 하는 논리적 기능을 지니고 있는 데 반해 집합이나 형식 개념은 그러한 기능을 결여하고 있다.

3) 페이튼은 도식을 "범주에 대응하는 보편적인 어떤 특징"(Paton 1936, vol. II, 28쪽)으로 해석한다. 그러나 이러한 해석은 다음과 같은 모순에 봉착한다(Gram 1968, 93쪽).

   (a) 만일 도식이 보편적인 특징이라면 도식은 곧 개념이라는 결론이 도출된다. 왜냐하면 칸트에게는 개념만이 보편적일 수 있기 때문이다.

   (b) 그런데 페이튼에 의하면 이 보편적 특징은 범주가 아니라 범주에 대응하는 것이다. 만일 도식이 범주가 아니라 범주에 대응하는 것이라면 도식은 직관일 수 있을 뿐이다. 그런데 직관은 보편적인 것이 아니라 개별적인 것이기에 결국 도식

은 보편적일 수 없다.

(a)는 (b)와 모순된다.

4) 버츠(Robert E. Butts)는 다음과 같은 세 명제로 이루어진 해석을 제안한다.

(a) 칸트의 범주 체계는 해석되지 않은 인식적 형식 체계이다(Butts 1969, 292쪽).

(b) 도식은 범주를 경험에 적용되는 것으로 해석하는 의미론적 규칙이다(Butts 1969, 297–298쪽).

(c) 우리는 해석의 범위를 자유로이 구체화할 수 있다(Butts 1969, 298쪽).

(a)는 받아들일 만 하지만 (b)는 불충분하며, (c)는 옳지 않다. (c)에 관해서부터 논의를 시작해보자. (c)는 무엇보다도 칸트의 텍스트와 맞지 않는다. 칸트는 (c)가 함축하는 현대의 규약주의적 해석을 인정한 적이 없다. 그에게는 순수 지성의 원칙에 의해 조건지어진 단 하나의 해석만이 있을 뿐이다. (b)는 다음과 같은 이유에서 불충분하다. 개념을 완전히 구사할 수 있으려면 우리는 그에 연관된 언어적 기술과 아울러 그 개념이 적용되는 문맥의 범위를 헤아릴 수 있는 능력을 지녀야 한다(Walsh 1975, 73쪽). 의미론적 규칙이 스스로 이러한 조건을 보장해주는 것은 아니다.

4. 경험적 개념과 그 도식

칸트의 텍스트로 돌아가 도식에 대한 보다 나은 해석을 구상하기 위한 실마리를 찾아보자. 도식의 개념은 아마도 경험적 개념에 연관지을 때 가장 쉽게 파악될 수 있을 것이다. 초월적 도식, 혹은 순수 개념에 관한 도식은 그 뒤에 파생적으로 이해될 수 있을 것이다.

칸트(Kant 1787, B176)는 경험적 개념이 그것이 적용되는 사물과 "동종적"이라고 말한다. 이는 마치 빨강이라는 개념이 빨갛다는 따위의 무의미한 주장처럼 보이지만, 칸트의 논지는 다만 어떤 사물이 빨갛다는 것이 그 사물의 감성적인("직관 가능한") 특징이어서 우리가 그 사물이 빨갛다는 것을 알 수 있으며, 또한 빨강의 개념을 적용하는 것을 쉽게 배울 수도 있다는 것뿐이다.[1]

그러나 우리는 어떻게 경험적 개념의 용법을 배우는가? 칸트는 지성과 감성을 연결짓는 상상력에서 그 답을 구한다. 경험적 개념의 용법을 배우기 위해 우리는 그 개념이 적용되는 바를 보여주는, 혹은 그

---

1 워녹(Geoffrey Warnock)은 이것이 모든 경험적 개념에 해당되지는 않을 것으로 본다. 그는 다음과 같이 말한다. "공화제, 진화, 혹은 엔트로피는 어떠한가?"(Warnock 1949, 81쪽) 칸트는 이러한 반론에 다음과 같이 답변한다. 우리가 직접적인 방식으로 쉽게 해석할 수 없는 개념을 다룰 때마다 우리는 다만 직접적 직관과의 유추를 통해 그것들을 표현한다. 예컨대 우리가 단독적인 절대적 의지에 의하여 통치되는 군주제 국가를 생각할 때, 우리는 그것을 하나의 기계(이를테면 맷돌과도 같은)로서 표상할 수 있다(Kant 1790, 256쪽). 이 경우에 표상은 물론 상징적인 것에 불과하다. 전제국가와 맷돌 사이에는 아무런 실질적 유사성도 없기 때문이다. 그럼에도 불구하고 우리가 전제국가의 역동적 요소를 연구할 때 우리는 맷돌의 역동적 요소를 연구할 때 사용하는 것과 같은 방법을 사용하게 된다. 이에 관해서는 다음을 참조. Loparic 1988, 119쪽.

개념이 적용되는 상상의 경우에 해당하는 모종의 모델을 상상 속에서 구성하는 규칙을 배워야 한다. 칸트는 다음과 같이 말한다.

> "개"의 개념은 나의 상상력이 그것에 좇아서 어떤 네발짐승의 형태를 일반적으로 그려낼 수 있게 하는 규칙임을 의미한다. 그리고 이때에 경험이 나에게 제공하는 어떤 유일의 특수적 형체에나 혹은 내가 구체적으로 나타낼 수 있는 개개의 가능한 도상(圖像; Bild)에도 제한되지는 않는다. (Kant 1787, B180)

어떠한 단일한 도상도 경험적 개념의 쓰임을 완벽하게 보여줄 수 없기 때문에 도상만으로는 부족할 것이다. 우리는 앞서 언급한 모델을 구성하는 규칙을 배워야 한다(Warnock 1949, 81쪽). 비트겐슈타인의 가족 유사 개념을 원용할 때 우리는 칸트가 말하는 도상의 생성을 위한 규칙으로서의 개념을 보다 잘 이해할 수 있을지 모른다. 이때 가족 유사 개념은 개의 형태에 해당하는 일군의 도상 집단을 설명하는 데 사용될 수 있을 것이다. 요컨대 비록 개의 집합에 속하는 모든 성원들을 인식하는 열쇠가 되는 공통의 형태적 특징은 없을지언정, 그 집합 내의 몇몇 성원들에 걸쳐 있는 몇 가지 특징들은 존재할 것이다. 우리는 개에 대한 우리의 도상이 갖고 있는 이러한 가족 유사성에 근거해서 개의 개념을 개에게 적용하는 모델을 구성한다.

도식론에서 칸트가 말하는 도상의 의미는 무엇일까? 베넷은 칸트가 최소한 경험적 개념의 경우에 한해서는 도식을 개념을 적용하는 데 있어 비교의 대상이 되는 사적인(private) 도상을 구성하는 규칙으로 간주했다고 본다. 베넷은 다음과 같이 말한다.

> 칸트는 자신의 도식론이 우리가 어떻게 인식하고, 분류하고, 서술할 수 있는지를 설명할 이론이기를 바랐다고 나는 생각한다. 예컨대 나는 내 앞에 있는 여기 이것이 개라는 사실에 대해 추호도 의심하지 않는다. 그러나 지금 나에 있어서 무엇이 이것을 내가 '개'라고 부른 다른 것들과 연관 지어 주기에 내가 이것도 개라고 부를 수 있단 말인가? 칸트의 답은 내가 개에 관한 마음속 그림(mental picture)을 생각해내어 그것을 지금 내가 보고 있는 대상과 비교함으로써 이 개를 다른 개들에 연관 지을 수 있다는 것이다. 나는 내 마음속 그림을 개의 개념에 관한 도식에 따라 생성해내었기에 그 그림이 개에 관한 것임을 안다. 만일 내 앞에 있는 것이 정말 개라면 개의 개념에 관한 적합한 도식은 내가 그것을 개라고 부르는 것을 정당화해주기에 충분하리만치 내 앞에 있는 그것에 대응하는 최소한 하나의 도상을 산출할 것이다. (Bennett 1966, 143쪽)

도식론에 대한 이러한 도상 이론은 심각한 문제에 봉착한다. 만일 도상이 인식과 분류를 설명하기 위해 도입되었다면 그것은 해결하고자 하는 문제를 다시금 초래할 뿐인 것처럼 보인다. 왜냐하면 우리는 도상이 일군의 견본 대상에 의해 대체되는 것으로 생각할 수 있지만, 그 경우 우리는 무엇이 무엇의 견본인지를 어떻게 아느냐 하는 문제에 봉착하게 되기 때문이다. 따라서 도상으로서의 개념은 마찬가지로 설명을 요하는 어떤 것을 산출하지 않고는 문제를 설명하지 못한다 (Wittgenstein 1953, §56; 1958, 3-5쪽).

칸트는 베넷의 해석처럼 이 문맥에서 도상을 마음의 그림을 의미하는 것으로 보고 있는가? 칸트의 텍스트에서 이러한 해석을 뒷받침할 근거는 찾아보기 어렵다. 칸트가 사용하는 도상은 상상력이 작용한 결과로서 산출된 모든 것을 지칭하는 명사로 기능한다. 그러므로 그것은 사적인 마음의 그림을 포함하지만 결코 그것에만 국한되어 있지는 않다. 감성적 현상의 종합이나 결합이 일어날 때마다 칸트는 그 결과를 도상이라 부른다. 도상에 관한 이러한 다소 전문적인 용법은 「초월적 연역」의 초판에 분명히 명시되어 있다. 종합에서 상상력의 역할을 설명하면서 칸트는 다음과 같이 말한다.

> 그러나 어느 현상이라도 다양을 포함하고, 따라서 가지각색의 지각들은 마음 안에서 흩어져서 낱낱으로 발견되기 때문에, 지각들의 결합이 필요하다. 그러하되 지각은 감각기능 자체에서는 그러한 결합을 가질 수 없다. 그러므로 다양을 종합하는 활동적인 능력이 우리 내부에 있고 이는 상상력이라고 일컬어진다. 그리고 상상력들이 지각들에 직접 미치는 작용을 나는 포착이라고 한다. 즉 상상력은 직관의 다양을 하나의 도상으로 만드는데 그러기 위해서는 상상력이 먼저 인상들을 자기의 활동 안에 받아들여야 한다. 다시 말하면, 인상들을 포착해야 한다. (Kant 1781, A120)

따라서 칸트가 개념의 적용에 관한 복제 이론이나 가족 유사 이론을 지지하고 있다고 볼 이유는 없다.

그러나 이로부터 도상이 인식과 분류에 아무런 역할도 하지 않는다는 결론이 따라 나오는 것은 아니다. 따라 나오는 것은 우리가 집합에 속한 다양한 개별자들을 분류할 어떤 기제를 요한다는 점이다. 도상을 연결 짓는 기제로서 칸트는 도상을 산출하는 규칙인 경험적 개념의 도식을 도입한다. 그는 다음과 같이 말한다.

> 한 개념에다 그 도상을 부여하는 상상력의 보편적 방법의 표상을 나는 이 개념에 대한 도식이라고 한다.
>
> 사실 우리의 순수한 감성적 개념의 기초에 놓여 있는 것은 대상의 도상이 아니고 도식이다. 삼각형의 어떠한 도상도 삼각형 일반의 개념과 온전하게 합치하지는 않을 것이다. 왜냐하면 삼각형의 개념은 직각 삼각형이든 부등변 삼각형이든 간에 모든 삼각형에 타당한데 어떠한 형상도 그런 개념의 보편성에 도달하지는 못할 것이며, 도리어 삼각형 분야의 일부분에 제한되어 있을 것이니까. 삼각형의 도식은 생각 이외의 다른 곳에서는 존립할 수 없고, 공간에 있어서의 순수 형태에 관해서 상상력이 갖는 종합의 규칙을 의미한다. 더군다나 경험의 대상이나 대상의 도상이 경험 개념에 도달할 수는 없다. 도리어 이 경험 개념은 일정한 보편적 개념에 따라서 우리의 직관을 한정하는 규칙으로서 언제나 직접 상상력의 도식에 관계한다. (Kant 1787, B180)

도식은 경험적 개념을 도식화하거나 제한하여 그 개념이 현상에 적용되도록 하는 일련의 도상을 산출하는 규칙이나 과정이다. 도식 그 자체는 도상이 아니지만 도상을 구성하는 일반적 과정을 표상 한다. 이에 관한 칸트의 말을 직접 들어보자.

> **도상**은 생산적 상상력이 그것의 경험적 능력에 의해서 만든 것

이고, (공간상의 도형으로서의) 감성적 개념의 **도식**은 순수한 선험적 상상력의 소산이요 말하자면 약도라는 것이다. 이러한 도식에 의해서, 또 이러한 도식에 따라서, 도상이 비로소 가능하게 된다. 그러나 이러한 도상은 그것을 그려내는바 도식에 의해서만 항상 개념과 결합해야 하지만, 도상은 그 자체로는 개념과 완전히 합치하지 않는다. (Kant 1787, B181)

5. 순수 개념과 그 도식

순수 개념(범주)은 경험적 개념과는 달리 그것이 적용되는 대상과 이종적이다. 칸트는 다음과 같이 말한다.

지성의 순수 개념의 도식은 어떠한 도상도 될 수 없는 것이다. (Kant 1787, B181)

이제 범주의 초월적 도식을 살펴보기로 하자. 한 가지 분명한 것은 그것이 도상과 연관되어 있지 않다는 점이다. 따라서 도식적 도상론은 이즈음에서 접어두고 새로운 접근을 모색해야 할 것이다.

우리는 범주의 본성에서부터 논의를 시작하려 한다. 범주의 적용에 관한 문제를 살펴보기 위해서는 먼저 경험에서의 범주의 역할을 살펴보아야 한다. 범주는 단지 추상적인 개념에 불과한 것이 아니다. 문제는 우리가 실체성, 부정성, 인과성, 가능성 등의 개념을 어떻게 사용하는가 하는 것이 아니다. 칸트는 판단 형식을 분석함으로써 범주를 발견할 수 있는 실마리를 얻었다. 그리고 그는 범주를 경험을 가능하게 하는 필요 불가결한 조건으로 생각했다. 범주는 판단을 가능하게 하는 2계적(second-order) 개념이다. 우리는 범주를 개념으로만 볼 것이 아니라 그 개념이 지시하는 일반적 인식 능력으로 보아야 한다. 범주는 경험에 선행하고 경험을 가능하게 하는 능력이라는 점에서 선험적이다. 그러므로 예컨대 인과성의 범주에 관한 문제는 우리가 어떻게 '원인'이라는 개념의 적용을 배우는가 하는 데 있는 것이 아니라, 경험의 인과적 측면의 기원이 우리가 어떤 경험을 할 수 있다는 능력에서 찾아진다는 사실에 있다(Nagel 1983, 71-72쪽). 요컨대 우리는 그 능력이 어떻게 감관의 입력에 연관되는지를 물어야 한다. 이것이 칸트에 있어서 인과성의 범주에 연관된--그리고 이는 필요한 변경을 가하면 다른 범주에도 해당된다--초월적 도식의 문제이다.

범주의 초월적 도식의 기능에 관해서 우리는 규칙으로 이해된 초월적 도식의 과제가 도상을 산출하는 것이라는 점을 부정한다. 도상의 산출은 우리가 앞서 경험적 개념과 연관지은 1계적 규칙의 과제이다. 우리는 2계 개념으로서의 범주가 규칙이 아니라 규칙의 타입(type)이라고 본다(Wolff 1963, 212쪽). 또한 우리는 초월적 도식을 도상의 연결짓는 규칙에 관한 규칙으로 간주한다. 2계적 규칙으로서의 초월적 도식은 1계적 규칙이 규칙이기 위해 지녀야 하는 논리적 구조를 우리에게 알려준다. 그러므로 범주는 우리가 그것이 어떻게 경험적 개념을 사용하는 데 필요한 규칙을 규정하는지를 보여줄 때 도식화된다.

초월적 도식은 어떠한 구조로 이루어져 있는가? 칸트는 다음과 같이 답한다.

지성의 순수 개념의 도식은 [...] 상상력의 초월적인 소산이다. 이 초월적 소산은 표상들이 통각의 통일에 따라 선험적으로 한 개념에서 서로 연관할 것인 한에서, 모든 표상들을 받아들이는 내감 형식(시간)의 조건에 따라서 내감 일반을 규정하는 것에 관계한다. (Kant 1787, B181)

각 범주의 도식은 시간규정만을 포함하고, 표상화한다. (Kant 1787, B184)

그렇다면 왜 칸트는 초월적 도식이 범주에 따라 변하는 선험적 시간규정이라고 보았는가? 선험적 시간규정은 그것이 범주 및 현상과 공통된 어떤 것을 지니고 있기 때문에 초월적 도식으로 선택되었다(Chipman 1972, 48-49쪽). 감성론에서 칸트는 어떠한 종합도 필연적으로 시간적으로 계열화된 산물을 산출하게 됨을 역설한다. 시간은 경험의 모든 수준, 모든 측면에 연관되어 있는 것이다. 초월적 연역에서 칸트는 모든 종합이 범주를 필요로 함을 역설한다. 범주는 지성적인 고차원적 개념이지만 또한 감각적 사물에 연관되는, 경험의 가능성을 위한 조건이기도 한 것으로 추정된다. 시간적 개념에 관한 분석은 우리로 하여금 직접 범주에 이르게 하며 그 역도 또한 참이다. 그러므로 경험 전반에 두루 걸쳐 있는 시간의 편재성과 경험의 조건으로서의 범주의 근원성 사이에는 평행 관계가 함축되어 있다(Nagel 1983, 77쪽).

지금까지의 논의를 토대로 우리는 각각의 범주에 연관되는 도식을 다음과 같이 생각해볼 수 있다. 초월적 도식은 감각적 현상에 관한 어떠한 조직화도 그 객관성에 있어서는 그것의 시간적 속성에 의존해 있다는 사실을 확신시켜주는 규칙이다. 초월적 도식은 다양한 표상을 개별적 대상의 현상으로 종합하는 규칙으로 이해되어서는 안 된다. 왜냐하면 이러한 역할을 하는 것은 경험적 개념의 도식이기 때문이다. 오히려 초월적 도식은 필수적으로 시간에 준거하는 방식으로 모두 설명될 수 있는, 객관성의 일반적이고도 불변하는 조건들이 어떠한 종합에서도 충족되고 있음을 확신시켜주는 규칙으로 보아야 한다. 도식론의 말미에서 칸트는 각각의 범주와 연관되는 시간적 개념을, 그리고 각각의 시간적 개념과 연관되는 범주를 설정한다.

초월적 도식은 도상을 산출하는 것이 아니라 우리에게 경험의 기본적 시간 패턴을 제시한다. 우리는 감각에서 시작하고 또 감각을 작업 과제로 삼지만, 경험을 위한 우리의 선험적 능력은 우리에게 그 기본적 요소와 연관을 보여주는 청사진을 제시한다. 일단 감각이 출현하면 그 감각은 분량과 성질의 도식화된 범주의 시간적 패턴화에 의해 분류된다. 그 다음으로 관계의 도식화된 범주가 대상과 사건이 분류된 감각에 의해 표상되기 위해서 지켜야 하는 시간적 패턴을 제시한다. 칸트가 자신의 체계를 구성하는 데 있어서 가장 심혈을 기울이는 것이 바로 경험의 시간적 규정이다. 그는 시간적 측면에만도 그 구성의 근본적 특징과 기능을 설명하기에 충분한 구조가 이미 내재해 있음을 보이려 했다(Nagel 1983, 81쪽). 칸트는 범주의 시간 형식이 경험적 의식 상태, 지각된 대상으로 변형되기 위해서 그 내용으로 단지 감각만을 요한다고 생각했던 것 같다.

6. 해체

칸트는 도상을 산출하는 규칙과 시간 규정의 범주적 규칙을 모두 도식이라고 부른다. 그러나 도식이라는 낱말의 이러한 이중적 의미가 혼동을 초래하는 것으로 보아서는 안 된다. 칸트는 후자가 도상을 포함하지 않음을 분명히 하고 있으며, 또한 오직 후자의 경우에만 '초월적'이라는 용어를 사용하고 있기 때문이다. 범주, 경험적 개념, 도상, 도식에 관한 칸트의 견해는 다음과 같은 그림으로 나타낼 수 있다.

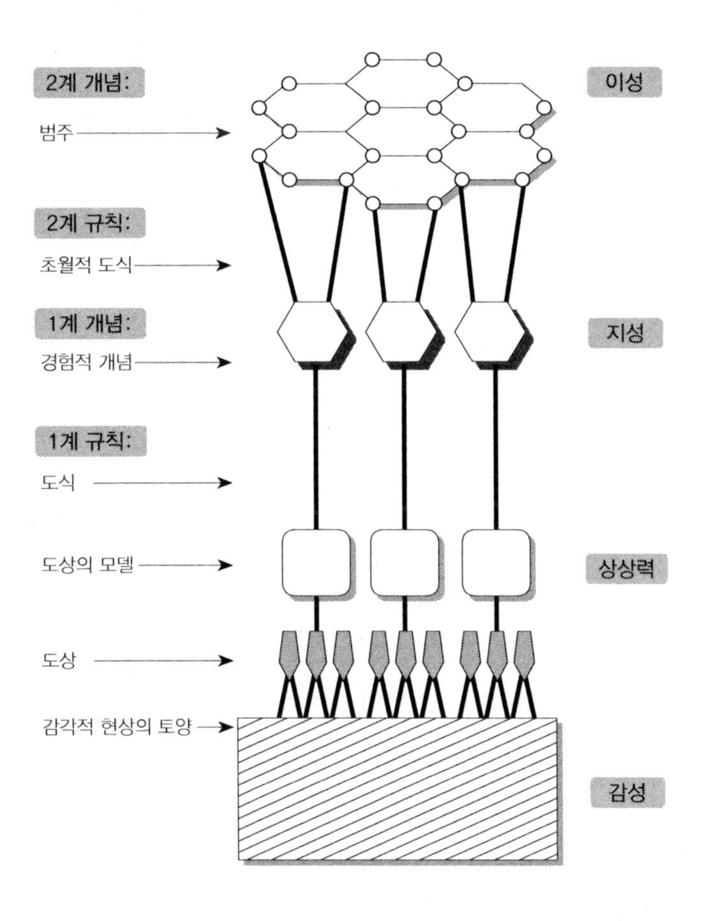

이 그림을 통해 정립되는 도식에 관한 우리의 해석을 규칙론적 해석이라 부를 수 있을 것이다. 위의 그림의 각 단계를 따라 이 해석을 간추려 정리해보면 다음과 같다.

(1) 도식화되지 않은 범주 체계는 해석되지 않은 형식 체계와 유사하다. 경험적으로 해석되지 않은 범주 체계는 순수 개념의 그물망을 형성한다. 순수 개념은 선험적인 형성 규칙과 변형 규칙에 따라 운용된다. 범주는 경험적 개념을 가능하게 하는 2계 개념이다.

(2) 순수 개념은 초월적 도식에 의해 경험적 개념에, 그리고 이로 말미암아 경험적 개념의 지시체인 감각 현상에 연관된다. 초월적 도식은 1계 규칙이 규칙이기 위해 지녀야 하는 시간 구조를 규정하는 2계 규칙이다.

(3) 경험적 개념은 다양한 표상을 개별적 대상의 현상으로 종합한다. 경험적 개념을 배우기 위해서 우리는 그 개념이 적용되는 바를 예시하는 모종의 모델을 상상력에서 구성해내기 위한 규칙을 배워야 한다.

(4) 경험적 개념의 도식은 경험적 개념이 현상에 적용되도록 경험적 개념을 도식화하는 일련의 도상을 산출하기 위한 규칙이다.

지금까지의 논의는 도식론의 타당성을 증명한다기보다는 그 이해를 위한 하나의 방식을 제시하고 있다. 그러나 이 이해 방식이 타당한 것인지는 꼼꼼히 따져보아야 할 또 하나의 과제이다. 사실 이 장에서 제시된 방식대로 해석된 도식론의 문제와 그 해결책은 다음과 같은 문제점을 안고 있다.

(1) 도식론에서 제시된 문제의 하나는 초월적 도식이 범주와 현상

을 매개하는 제3의 어떤 것이어야 한다는 것이었다. 이는 명백히 자기 모순이다. 칸트는 제3의 것인 초월적 도식이 지성적인 동시에 감성적이라고 말한다. 칸트에 있어서 모든 감성적인 것들은 그것들이 직관이어야 한다는 점에서 개별자들이다. 그리고 모든 지성적인 것들은 감관에 영향을 미치지 않는 속성을 지칭하며, 따라서 개별자가 아닌 것을 지칭한다. 그러므로 칸트가 보편적인 동시에 개별적인 어떤 것을 상정할 때 모순이 발생하게 된다. 왜냐하면 보편적인 것과 개별적인 것은 그 본성상 상호 배타적이기 때문이다(Gram 1968, 94쪽).

(2) 칸트는 경험적 개념의 도식을 언급할 때에는 전혀 다른 도식론을 전개한다. 앞서 보편적인 동시에 개별적인 것에 의해 수행되던 작업은 이제 도상의 모델을 산출하기 위한 규칙이 떠맡는다. 우리는 우리가 구성한 것이 우리가 도식화하고자 하는 경험적 개념의 한 예라는 것을 어떻게 아는가? 경험적 개념의 도상의 모델을 산출하기 위한 규칙은 우리가 무엇이 경험적 개념의 도상의 모델인지를 알 수 있다는 사실을 전제하고 있다. 그러나 우리가 모델을 구성하기 위한 규칙을 안다면, 그래서 모델이 무엇에 관한 것인지를 안다면, 우리는 이미 개념을 모델에 적용한 셈이다. 그렇다면 모델은 불필요하다. 도상의 모델은 우리가 개념을 적용할 수 있다는 사실을 설명하는 데 사용될 수 없다. 왜냐하면 모델을 제공하기 위한 규칙으로서의 도식의 존재는 우리가 이미 무엇이 그 규칙이 구성하는 모델로 간주되는지를 발견하는 데 성공했다는 사실을 전제하고 있기 때문이다(Warnock 1949, 82쪽). 도식에 관한 규칙론적 해석은 실패하고 만다. 우리는 미리 도상의 모델 구

성을 알기 전에는 그 모델을 어떻게 구성해야 할지 알 수 없다. 그리고 이것이 바로 도식론이 풀어야 할 문제인 것이다.

도식론은 하나의 문제를 제기했고 또 그 문제에 대한 해결책을 제시했다. 문제는 범주를 감관에 주어진 사물에 적용하는 것이었다. 경험에 대한 선험적 능력의 중요성을 강조하는 칸트의 인식론에서 아마 이보다 더 중차대한 문제도 없을 것이다. 사실 이는 『순수이성비판』의 첫 페이지부터 가장 두드러진 문제이기도 하다. 이 장에서 살펴본 대로 규칙론적 해석을 포함하는 도식론에 관한 제반 해석이 도식론에서 제기된 문제와 해결책을 일관되고 충분하게 설명하는 데 실패했다는 사실은 칸트의 도식론이 일부 주석가들이 주장하듯이 그 자체 일관되지 못하고 공허한 것이라는 평가를 함축하지 않는다. 오히려 지금까지의 모든 노력이 도식론에 관한 확고한 관점에 도달하는 데 번번이 실패하고 있다는 사실이야말로 우리가 도식론에 관한 대안적 접근을 꾸준히 모색해야 하는 강력한 이유가 된다고 볼 수 있다.

보론

도식의 동형론적 해석

1. B177

칸트의 『순수이성비판』에서 B177의 다음 구절을 다시 살펴보기로 하자.

> 한편으로는 범주와 다른 한편으로는 현상과 동종(同種)이어야 하고, 전자를 후자에 적용 가능하도록 해주는 제3의 것이 있어야 함은 명백하다. 이 매개적인 표상은 (아무런 경험적인 것도 포함하지 않고) 순수하면서도, 한편으로는 **지성적**이고 다른 한편으로는 **감성적**이어야 한다. 그러한 표상이 초월적 도식이다. (Kant 1787, B177)

이 장에서 우리는 저 구절에 대한 논리적 해석의 가능성을 살펴보겠다. 우리는 저 구절의 선행 문맥에서부터 논의를 시작하고자 한다.

2. 첫째 문장

범주는 지성의 선험적 개념인데 "지성의 작용은 (직관이건 개념이건) 주어진 표상의 다양을 하나의 통각 하에 들어가게 한다."(Kant 1787, B143). 이로부터 우리는 현상의 성격을 추론할 수 있다. 감성에 의해 하나의 경험적 직관에 주어지는 한에서, 다양한 모든 현상은 범주의 논리적 기능에 의해 규정되는 것이다.

이제 우리는 『순수이성비판』의 B177이 제기하는 문제와 마주하게 된다. 우리 앞에는 한편으로는 범주의 다양성이 다른 한편으로는 직관된 다양한 현상이 놓여 있다. (1) 범주는 지성에, 현상은 감성의 영역에 속한다. 즉 그들은 동종이 아닌 것이다. (2) 우리는 어떻게 범주를 현상에 적용해야 하는지를 알지 못한다. 따라서 이 두 문제를 해결하기 위한 제3의 것이 있어야 하는데 칸트는 이를 초월적 도식이라 부른 것이다.

우리는 지금까지 B177의 첫 문장에 나오는 범주, 현상, 동종, 적용의 개념을 살펴보았다. 이로써 우리는 첫 문장을 이해할 수 있게 되었다.

3. 둘째 문장

B177의 둘째 문장은 도식이 (1) 매개적인 표상이고 (2) 순수하며, (3) 어떠한 경험적인 내용도 포함하지 않고, (4) 지성적이고, (5) 감성적이고, (6) 초월적이라고 서술하고 있다.

(1) 표상은 도상과 이념(Ewing 1938, 17쪽), 감각과 직관(Walsh 1975,

31쪽) 등 모든 인식적 상태를 포괄한다(Kemp Smith 1918, 81쪽).

(2) 순수함은 "어떠한 경험적 내용도 갖지 않음"(Copleston 1960, 198쪽), 경험과 독립됨(Ewing 1938, 17쪽; Kemp Smith 1918, 1–2쪽)을 의미한다. 따라서 (2)와 (3)은 같은 의미이다.

(6) 초월적임은 경험의 필연적 조건을 지칭한다(Ewing 1938, 25쪽).

표상은 형식과 내용으로 분석되는데 도식은 어떠한 경험적 내용도 갖지 않으므로 도식은 경험의 필연적 조건을 지칭하는 순수 형식임을 추론할 수 있다.

그러나 진정한 문제는 도식이 한편으로는 (4) 지성적이고 다른 한편으로는 (5) 감성적이라는 점이다. 지성은 감성에 영향을 미칠 수 없다는 점에서 양자는 양립 불가능한 것처럼 보이기 때문이다. 따라서 B177을 제대로 이해하기 위해서는 모순처럼 보이는 이 문제를 해결할 수 있는 해석을 제시하여 도식의 매개적 기능을 설명할 수 있어야 한다.

4. 동형론

칸트는 지성과 감성 사이를 매개하는 힘이나 능력으로 상상력을 꼽는다. 상상력은 도식을 산출하고 소지한다. 도식은 범주를 도식화하거나 한정하는 도상의 산출에 필요한 규칙이나 절차이다. 도식으로 말미암아 범주는 현상에 적용된다. 도식이 곧 도상은 아니지만 도상의 구성을 위한 일반적 절차를 마련해준다.

우리는 범주와 도상이라는 두 상이한 용어와 마주하게 되었다. 범주는 지성의 영역에, 도상은 감성의 영역에 속하는데 도식은 둘을 일정한 방식으로 연결 짓는다. 이를 설명하기 위해 우리는 동형론의 개념을 도입하고자 한다(이하 Weyl 1949, 25쪽 참조). Σ_1이라는 체계가 기본 관계 R_1, R_2, R_3, …를 가지고 있으며, Σ_2라는 두 번째 체계가 R_1, R_2, R_3, …에 대응하는 기본 관계를 가지고 있다고 가정하자. 첫 번째 체계의 요소와 관계를 두 번째 체계의 요소와 관계에 대응시키는 규칙을 진술하는 것이 가능하다면 둘은 동형적인 것으로 정의된다. 해당 규칙은 Σ_1과 Σ_2를 동형적으로 상호 연결시킨다.

동형론은 Σ_1과 Σ_2의 두 영역과 둘을 연결 짓는 매뉴얼로 이루어지며 동형적인 두 영역은 동일한 형식이나 구조를 공유한다. 해석되지 않은 인식적 형식으로서의 범주 체계를 Σ_1에, 도상을 Σ_2에 각각 대입해보자. 도식은 전자를 해석해서 후자를 산출하는 매뉴얼의 역할을 한다. 이를 도표로 만들어보면 다음과 같다.

Σ_1		해석 매뉴얼	Σ_2	
지성의 영역		관계	감성의 영역	
	E_1	R_1	E'_1	
	E_2	R_2	E'_2	
범주의 체계	E_3	R_3	E'_3	산출된 도상
	.	.	.	
	.	.	.	

* E_1, E_2, E_3, … : Σ_1의 요소들
  E'_1, E'_2, E'_3, … : Σ_2의 요소들

동형론에 입각해 B177을 해석해보자. 범주 체계에 대한 해석의 규칙이나 과정으로서의 도식은 한편으로는 범주와 동종적이며 따라서

지성적이다. 직관의 다양성과 관련이 있는 도상을 산출하는 과정에 대한 규칙으로서의 도식은 다른 한편으로는 현상과 동종적이며 따라서 감성적이다. 매개적 표상으로서의 도식은 범주와 현상 사이의 경험적 내용이 아닌 순수 형식을 공유함으로써 범주가 현상에 적용되는 것을 가능케 한다. 도식은 의미론적 규칙 이상의 역할을 한다. 도식이 산출하는 것은 그저 의미론적 지시체라기보다는 범주가 현상에 적용됨을 보이는 구체적 도상이다.

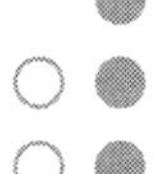

9장

칸트와 현대 물리학

9장

칸트와 현대 물리학

> 놀라기 위해서 사람은 [...] 깨어나야 한다. 과학은 그를 다시 잠들게 하기 위한 수단이다. (Wittgenstein 1998, 7쪽)

1. 포스트 비트겐슈타인

애초에 비트겐슈타인은 그의 사후에 『수학의 기초에 관한 고찰』이라는 제목의 유고로 출간된 원고도 『철학적 탐구』에 포함시키려 했다고 한다(Wittgenstein 1978, 30쪽; Baker and Hacker 2009, 3–7쪽). 우리는 이로부터 『수학의 기초에 관한 고찰』이 미완성에 그친 『철학적 탐구』의 후속작임을 추론할 수 있다. 그러나 『논리-철학논고』 이후의 그의 모든 저작이 그러하듯이 『수학의 기초에 관한 고찰』 역시 완성을 보지는 못했다.

비트겐슈타인이 더 오래 살았다면 과연 자신의 사유를 완성할 수 있었을까? 『철학적 탐구』의 머리말을 보면 그의 사유가 미완성에 그친 것은 시간이나 능력이 부족해서가 아니었다. 완성이라는 방점을 찍는 대신 사유를 그 자연스러운 흐름에 내맡긴 채 부단히 전개해나가는 것이 그에게 가장 어울리는 스타일이었고 그는 이를 잘 알고 있었다.

비트겐슈타인은 『철학적 탐구』에서 시작해 『수학의 기초에 관한 고찰』로까지 자신의 사유를 전개하다 작고하였다.[1] 그의 사유는 세상을 떠난 시점에서 멈추었지만 그가 전개하던 사유는 계속될 수 있다. 우리는 그가 남긴 사유를 반추하는 것보다 이어가는 것이 그에게 영향 받은 철학자의 진정한 과제라고 생각한다. 그의 사유를 이어감이 그를 모방하거나 옹호하는 방식이어야 할 필요는 없다. 우리는 그가 스스로를 비판하고 거듭나려 했던 사람이었음에 주목해야 한다. 이를 감안해 이 장에서 우리는 『철학적 탐구』에서 『수학의 기초에 관한 고찰』로 뻗어나간 그의 사유 길을 창의적으로 이어가려 한다.

비트겐슈타인의 『철학적 탐구』는 언어의 잘못된 사용에 대한 비판이라는 점에서 이성의 잘못된 사용을 비판하는 칸트의 『순수이성비판』을 닮았다. 감성적 직관과의 결합 없이는 인식이 성립할 수 없다고 순수이성의 한계를 비판하는 칸트와 유사하게 비트겐슈타인은 일상언어의 문법을 넘어서는 언어 사용은 성립할 수 없다고 언어의 한계를

1 『수학의 기초에 관한 고찰』 외에 비트겐슈타인이 『철학적 탐구』에 포함하려 했던 원고들로 역시 그의 사후에 유작으로 출간된 심리철학에 관한 여러 저작들이 있다. 요컨대 수학철학 외에 심리철학도 『철학적 탐구』의 후속 주제였다. 그러나 이 장에서는 『철학적 탐구』 이후의 이 두 갈래 길 중에서 수학철학으로 뻗어나간 길을 더 발전시켜보고자 한다.

비판하기 때문이다(Wittgenstein 1953, §119). 그런 맥락에서 비트겐슈타인의 『철학적 탐구』는 순수언어비판이라 부름직하다. 이는 『수학의 기초에 관한 고찰』에도 적용될 수 있다. 수학이 과학, 특히 물리학의 언어임을 감안할 때 수학철학에서 그가 수행한 사유는 과학의 언어인 수학의 잘못된 사용에 대한 비판이 하나의 골자를 이룬다.

그런데 아쉽게도 『수학의 기초에 관한 고찰』에서 수학과 과학 사이의 관계에 대한 사유를 찾아보기 어렵다. 언어의 사용을 탐구의 일관된 주제로 삼아왔던 비트겐슈타인이 수학이라는 언어가 사용되는 과학에 대한 본격적인 고찰을 남기지 않은 것은 의아하다. 그런 점에서 그의 사유는 수학과 물리학의 언어를 선험적 종합판단으로 보고 이 판단이 어떻게 가능한지를 규명함으로써 두 학문의 가능성을 동일한 방법으로 규명한 칸트의 업적에 비견되기에는 부족함이 있다. 이 부족함을 채우기 위해서라도 『수학의 기초에 관한 고찰』에서 그친 비트겐슈타인의 사유는 우리 시대의 수학과 과학 사이의 관계에 대한 고찰로 이어져야 한다. 그가 착수하지 못한 이 작업을 중심으로 우리는 이 장에서 현대 과학의 철학적 근거와 한계를 다루는 순수과학비판을 구상해보고자 한다. 이 과정에서 현대 물리학에 서려 있는 칸트의 유산이 밝혀질 것이다.

2. 칸트의 수학철학

칸트는 『순수이성비판』에서 수학의 언어를 선험적 종합판단으로 규정한 바 있다(Kant 1787, B14–17). 수학적 판단이 인식론적으로 경험에 앞서 있으며 경험에 의해 정당화되지 않는다는 점에서 선험적이고 시간과 공간의 직관에 근거한다는 점에서 종합적이라는 것이다. 그는 수학적 판단이 경험의 가능성에 대한 조건이라는 점에서 선험적이고 분석을 통하여 도출되는 것이 아니라 시간과 공간의 직관에 의해 인식의 내용을 확장한다는 점에서 종합적이라고도 말한다(Kant 1783, §2).

칸트는 수학의 공리와 정의 모두 선험적 직관을 요한다는 점에서 선험적 종합판단이며 수학적 인식은 자신의 개념을 이 순수 직관 중에 구체적이고 선험적으로 나타내 보임[2] 없이는 한 발자국도 앞으로 나아갈 수 없다고 단언한다(Kant 1787, B741–766; 1783, §7). 수학의 공리가 선험적 종합판단이라면 거기서 도출되는 정리도 선험적 종합판단인 셈이며 공리로부터 정리를 도출하는 연역의 매 단계도 선험적 직관을 요한다는 점에서 선험적이고 종합적이라는 해석이 가능하다. 이로써 수학은 공리, 정리, 정의, 연역 이 모든 면에서 선험적이고 종합적인 학문이 되는 셈이다. 수학적 판단이 **모두** 종합적이라는 그의 언명(Kant 1787, B14)은 이러한 맥락에서 새겨야 한다.

칸트가 수학에 부여한 선험성은 수학적 판단의 보편성이 경험으로부터 올 수 없음을 부각시키기 위한 것으로 이해된다. 물론 그 이후의 수학이 이룩한 진보를 감안할진대 칸트 당대의 수학이 고정 불변의 특권적 지위를 누리면서 시간과 공간이라는 직관의 형식에 연관되는 방식으로 우리 인식에 필연적으로 내재되어 있다고 볼 수는 없다. 수학의 선험적 특권은 수학 자신의 진화와 그것이 적용되는 과학의 발전사

2 칸트는 이를 구성이라는 용어로 요약한다.

에 맞물려 상대화되어 마땅하다.

수학이 시간과 공간의 직관에 근거한다는 칸트의 주장은 물리적 시공간 개념에 익숙한 현대인에게 낯설게 느껴진다. 현대 수학이 지니는 고도의 추상성으로 말미암아 그것을 물리적 시공간과 결부하기 어려워 보인다. 시간과 공간이 직관의 형식이라는 부연, 그리고 그 소재들이 직관을 통하여 주어진다는 점에서 연역의 과정이 종합적이라는 주장도 낯설기는 마찬가지이다. 현대의 추상수학에서는 직관의 대상이 불가투시적인(inscrutable) 상태로 떨어지는 것 같다. 오히려 수학의 명제는 분석적 명제이고 시공간은 물리적 대상이며 연역은 확장적 과정이 아니라 전제에 담겨 있는 정보를 풀어내는 분석의 과정이라는 것이 논리주의나 논리실증주의 수학철학과 과학철학의 세례를 받은 철학자들이 견지하는 전반적 견해이다.[3]

그 소재들이 직관을 통하여 주어진다는 점에서 연역의 과정이 종합적이라는 칸트의 주장도 나름의 의미를 지닐 수 있다. 비록 칸트는 연역을 범주가 어떤 근거로 직관과 결합할 수 있는지 그 근거를 밝히

3 1 + 1 = 2와 같은 수적(數的) 관계를 자명하다고 본 칸트(Kant 1787, B205)와는 달리 화이트헤드와 러셀은 저 수식에 대한 엄밀한 증명을 『수학의 원리』 1권 362쪽에서 시도하며 이는 2권 83쪽에서야 비로소 완성된다(Whitehead and Russell 1925, 362쪽; 1927, 83쪽). 러셀은 "점점 더 엄밀성을 추구하는 현대 수학의 전체적 경향은 칸트의 이론에 대해 적대적이었다."(Russell 1919, 145쪽)고 주장한다. 그러나 이는 치우친 견해이다. 현대 수학을 이끌어온 수학 기초론자들인 힐베르트, 브라우어, 괴델 모두 칸트를 원용하고 있다(Hilbert 1926; Brouwer 1913; Gödel 1964). 러셀, 프레게(Frege 1884, §5), 논리실증주의자들(Ayer 1936, 4장)의 비판에도 불구하고 칸트의 수학철학은 꾸준히 연구되어온 바 그 성과가 다음 논문집에 중간 결집되어 있다. Posy 1992. 칸트의 수학철학에 대한 연구는 최근 들어 더욱 활발해지고 있는 추세인데 이를 반영하는 두 권의 논문집이 근간 예정이다. Posy and Rechter 2020 참조.

는 작업으로 이해했지만, 연역을 전제에 담겨 있는 정보를 풀어내는 분석의 과정으로 간주할 때 수학이나 논리학에서의 증명은 증명하고자 하는 결론이 이미 전제에 포함되어 있음을 보여주는 과정이라는 점에서 선결문제 요구의 오류에 빠지게 된다. 그로부터의 탈출은 연역의 과정이 분석이 아니라 종합임을 시인하는 길 말고는 없다는 점에서 칸트의 주장은 재고의 가치가 있다.

연역이 전제에 담겨 있는 정보를 풀어내는 과정이라 해도 그 풀어냄의 기법 자체까지 전제에 담겨 있는 것은 아니다. 그 기법은 그저 동어반복적인 기계적인 작업이 아니라 인간의 손길이 개입하는 창의적인 작업이며 그로 말미암아 전제에 대한 우리의 이해는 분명 보다 풍성해진다. 요컨대 연역은 결론이 전제에 이미 담겨 있었음을 확인하는 뻔한 작업이 아니다.

칸트의 수학철학에 대한 종래의 부정적 선입견은 우리 시대의 물리학을 살펴보는 순간 바뀌게 된다. 현대 물리학의 시공간 이론을 독점하고 있는 아인슈타인의 상대성이론은 미분기하학을 위시한 여러 종류의 수학으로 서술되어 있다. 입자물리학을 독점하고 있는 양자역학은 벡터로 서술되는 힐베르트 공간과 그 공간 내에서 시간을 따라 전개되는 슈뢰딩거(Erwin Schrödinger)의 파동함수를 근간으로 하고 있는데 이 모두가 수학적 장치들이다. 시간과 공간의 직관에 근거한다는 점에서 수학이 종합적이라는 칸트의 주장은 적어도 상대성이론과 양자역학에 동원되는 수학에 관한 한 타당하다고 할 수 있다.

경험에 앞선 수학이 어떻게 물리적 세계를 서술하는 상대성이론과 양자역학의 언어로 작동할 수 있는지는 수학이 종합적이라는 칸트의 주장에 의해 해명된다. 비록 물리학에 동원되는 수학이 물리적 시공간을 직접 다루고 있는 것은 아니지만 그것의 순수 형식을 다루고 있다는 점에서 물리학으로 적용될 여지가 있는 것이다. 물론 모든 수학이 다 물리학에 적용되는 것도, 물리학의 모든 분야가 다 수학을 요하는 것도 아니라는 점에서 두 학문은 엄연히 구분된다.[4]

수학의 물리학에의 적용을 논할 때에도 우리는 칸트의 『순수이성비판』의 한 버전인 순수수학비판을 수행해야 한다. 예컨대 물리학에 적용되는 수학이 주제로 하는 시공간의 순수 형식이 독립적으로 혹은 가능태로서 존재한다는 수학적 실재론, 우리가 그것을 직관할 수 있다는 플라톤주의적 인식론 등은 순수 수학의 대상을 사물화 하는 형이상학적 오류를 범하고 있다는 점에서 비판되어 마땅하다. 수학이 묘사하는 현실은 일종의 추상적 가상현실이며 그것에 어떠한 형이상학적 실재성을 부여하거나 그것과 우리 사이에 직관과 같은 특권적 교감을 설정할 필요가 없는 것이다.

우리는 3차원 공간에 최적화된 존재자이다. 벡터 공간이 허용하는 무한차원의 재현은 고사하고 아인슈타인의 4차원 시공간조차 직관하거나 표상할 길이 없어 통상적으로 그것을 3차원의 좌표계에 임의로 축소 번역해 표기하곤 한다.[5] 벡터의 합과 차, 그리고 그것의 물

---

4 칸트 역시 수학적 명제는 동질적인 것(공간, 시간, 물질 등)을 결합하는 범주와 직관의 결합으로 가능하고, 자연 법칙은 이질적인 것(원인-결과, 우연-필연 등)을 결합하는 범주와 직관의 결합으로 가능함을 들어 양자를 구분한 바 있다.

5 칸트는 "한 점에서는 세 직선 이상이 수직으로 교차할 수 없다."는 명제에 근

리적 번역에 해당하는 겹침(superposition)과 얽힘(entanglement)의 사태는 측정의 순간 붕괴된다는 점에서 콰인이 주장하는 지시체의 불가투시성 논제(Quine 1960; 1969)가 적용되는 측정불가능자이다. 양자역학의 근간을 이루는 슈뢰딩거의 파동함수가 묘사하는 파동도 물결파와 같은 표상적 이미지의 연상을 배격하는 확률파임을 명심해야 한다. 현대의 수학과 물리학이 직관과 표상이 불가능한 영역으로 접어들고 있음을 감안할 때 수학을 직관에 묶어두려는 칸트의 수학철학은 시대의 변화에 걸맞게 시정되어야 한다.

라이헨바흐를 위시한 현대의 과학철학자들은 상대성이론에 사용된 기하학이 유클리드 기하학이 아닌 리만 기하학임을 들어 공간을 유클리드적으로 이해한 칸트의 견해가 틀렸다고 비판한다(Reichenbach 1920; Schlick 1922, 351쪽). 비유클리드 기하학, 수리논리학, 양자역학의 시대를 살아가는 우리의 관점에서 유클리드 기하학, 아리스토텔레스 논리학, 뉴턴 물리학이 전부였던 시대를 살았던 칸트의 한계를 비판하는 것은 어려운 일이 아니다. 그러나 이러한 식대로라면 그 누구도 비판에서 자유롭기 어렵다. 몇백 년이 지나면 예컨대 라이헨바흐도 20세기 과학의 한계에 머물러 잘못된 견해를 주창했던 철학자로 비판될 수 있다.[6]

거해 공간은 3차원 이상의 차원을 가질 수 없다고 주장한다(Kant 1783, §12). 벡터 공간의 수학은 칸트의 이러한 주장을 무효화하고 있다.

6 라이헨바흐의 견해는 그가 이끌었던 논리실증주의와 함께 이미 그 시효를 다한 낡은 과학철학으로 평가되고 있는 분위기이다. 우리는 철학자에 대한 이러한 식의 평가에 동의하지 않는다. 철학에서의 낡음과 새로움은 시간의 경과가 아닌 재생 가능성이라는 포텐셜에 의해 평가되어야 한다. 아무리 오래전의 철

물리적 공간이 비유클리드적이라 해서 공간을 유클리드적으로 이해한 칸트의 견해가 틀렸다고 단정하는 것은 물리학과 수학을 혼동하는 범주오류를 범하는 것이다.[7] 현대 물리학에 비유클리드 기하학이 사용된다고 해서 유클리드 기하학이 틀렸다거나 시효를 다했다고 볼 수는 없다. 수학은 관찰이나 실험에 의해 진위가 결정되는 학문이 아니기 때문이다. 비유클리드 기하학의 정당성이 그것이 현대 물리학에 성공적으로 적용되었다는 점에서 확보되는 것도 아니다. 유클리드 기하학이건 비유클리드 기하학이건 공리연역체계는 공리로부터 정리들이 타당한 방식으로 연역되어 있는지의 여부가 정당성의 관건인 것이다.

칸트의 당시에는 유클리드 기하학만이 존재했으므로 공간을 유클리드적으로 파악하는 것 말고는 다른 방도가 없었을 것이다. 그러한 그 역시 기하학과 물리학을 혼동하지는 않았고 과학의 반증 가능성

학이라 해도 현재로 불려나와 유의미하게 논의될 수 있는 철학이 새로운 것이고, 아무리 최근에 대두된 철학이라 해도 주목할 만한 아무런 내용이 없어 사장되고 마는 철학이 낡은 것이다. 우리의 관점에서 보자면 최근의 철학에 낡은 것이 더 많고, 과거의 고전 철학에 새로운 것이 더 많다.

7 카르납을 위시한 논리실증주의자들은 기하학의 토대에 관한 힐베르트의 저서(Hilbert 1899)에 의존해 순수 기하학과 물리 기하학을 구분하면서 오히려 칸트를 비롯한 19세기 대부분의 철학자들이 전혀 다른 특성의 이 두 학문을 혼동했다고 비판한다(Carnap 1966, 18장). 그들에 따르자면 심지어 점, 선, 면 등과 같은 용어가 등장하는 유클리드 기하학도 해석된 기하학이라는 점에서 물리 기하학의 혐의가 있다. 점은 순서 매겨진 세 수가 한 조가 되는 실수들의 집합이고, 선은 2차 방정식을 만족시키는 순서 매겨진 세 수가 한 조가 되는 실수들의 집합이고, 면은 1차 방정식을 만족시키는 순서 매겨진 세 수가 한 조가 되는 실수들의 집합이라는 것이다. 그러나 우리가 보기에는 유클리드의 기하학을 해석된 기하학으로 간주해 그로부터 유클리드적 해석이 거세된 집합론적 순수 기하학을 추출해내는 그들의 작업이야말로 수학(유클리드 기하학)과 물리학(물리 기하학)을 혼동하는 범주오류를 저지르고 있다. 유클리드 기하학은 물리 기하학의 옷을 입고 제출된 학문이 아니기 때문이다.

과 수학의 종합성을 혼동하지도 않았다. 뉴턴 물리학이 반증되었다고 해서 거기에 사용된 유클리드 기하학이 경험적으로 반증된 것은 아니다.[8] 수정으로부터 면제된 진술은 없다는 콰인의 주장(Quine 1951, 6절)과는 달리 수학은 경험에 의한 검증과 수정(반증)의 대상이 아니기 때문이다.[9] 우리는 칸트가 수학적 명제의 보편성이 경험으로부터 올 수 없다는 점에서 수학이 경험에 의존하는 학문이 아니라고 보았음을 상기할 필요가 있다.

3. 번역 매뉴얼로서의 양자역학

수학이 물리학의 언어라 함은 물리학이 수학으로 자연스럽게 서술됨을 의미하지 않는다. 예컨대 물리적 공간을 벡터 수학을 사용하여 서술한다고 할 때 물리적 공간이 곧 벡터 공간인 것은 아니다. 벡터는 자연종 명사가 아닌 추상적 수학 용어이다. 물리학을 수학으로 서술한다거나 수학을 물리학에 적용한다는 것은 곧 물리현상을 수학으로 (혹은 수학을 물리현상으로) 번역함을 의미한다. 그 과정에 더 맵

8 뉴턴 물리학이 반증되었다고 단정하는 것에도 문제가 있다. 가시세계에서 뉴턴 물리학은 여전히 유효하다. 자신의 제한 조건을 넘어설 때 그 정확도가 내려갈 뿐이다. 현대 물리학은 뉴턴 물리학을 개량하기보다는 새로운 판을 짜는 길을 택했는데 이로 말미암아 뉴턴 물리학과 현대 물리학은 통약이 불가능한 관계가 되어 버렸다. 양자의 통약불가능성은 후자로 전자를 평가할 수 없음을 함축한다. Kuhn 1962 참조.

9 예컨대 경험에 의해 수정되는 것은 순수 기하학이 아니라 물리 기하학이며 이는 수리 물리학과 구별되지 않는다. 논리실증주의자들은 콰인도 순수 기하학과 물리 기하학의 차이를 간과하고 있다고 비판할 것이다.

시 있고 간명한 표현을 선호하는 우리의 미적이고 실용적인 경향성이 투영된다는 사실은 이 번역도 연역과 마찬가지로 그저 동어반복적인 기계적인 작업이 아니라 인간의 손길이 개입하는 창의적인 작업임을 보여주고 있는 중요한 징표이다.

근대 이전만 해도 과학은 자신의 개념을 구체적 경험에 적용하는 데 특별한 어려움이 없었다. 이론적 경험은 감각 경험에 드러난 세계와 문제없이 잘 들어맞았기 때문에 서로간의 번역이나 조율은 필요하지 않았다(Friedman 2001, 75쪽). 양자 사이의 일치는 고전역학이 완성을 본 16, 17세기에 이르러 깨졌으며 현대 물리학에서 둘 사이의 간격은 더욱 넓어져만 갔다. 상태공간이 고전역학에서 위상공간이라 불리는 점들의 집합으로 이해되었다면 양자역학의 경우에는 힐베르트 공간이라 불리는 벡터공간으로 이해된다. 상태는 고전역학에서는 점으로, 양자역학에서는 벡터로 번역되고, 속성들은 고전역학에서는 점들의 함수에 의해, 양자역학에서는 벡터에 대한 연산에 의해 각각 표현된다. 특히 양자역학에서는 속성, 상태, 속성의 값 등과 같은 물리적 용어들이 연산자, 고유벡터, 고유값 등과 같은 수학적 용어로 재서술된다.[10] 동역학은 고전역학에서는 미적분에 의해, 양자역학에서는 슈뢰딩거 방정식에 의해 서술된다.[11]

---

10 번역 규칙의 한 예로 "$O|\lambda\rangle = \lambda|\lambda\rangle$"를 들 수 있는데 이는 "하나의 물리적 상태는 선형 연산자 O의 고유벡터로 고유값 λ를 갖는 경우 그리고 오직 그 경우에만 O에 의해 표현되는 측정 가능한 속성값 λ를 갖는 고유상태이다."로 해석된다.

11 뉴턴 역학, 특수상대성이론, 일반상대성이론에 대한 프리드만(Michael Friedman)의 해석은 양자역학에 대한 우리의 해석과 닮았다. 그에 의하면 각 이론은 수

양자역학이 보여주는 여러 이상하고 신비로운 현상들은 수학으로 번역할 때 말끔히 정리되는 것처럼 보인다. 관찰과 측정이 불가능한 겹침이나 얽힘의 상태는 파동함수라는 수학의 언어에 의해서만 표현이 가능하다. 양자역학의 문헌들을 읽을 때 우리는 양자역학이 보여주는 현상들에 놀랄 틈 없이 그 현상들의 신비를 완전히 벗겨버리는 듯한 수학의 세례를 바로 받게 된다.[12] 세상을 금빛으로 물들게 했던 미다스(Midas)의 마법과도 같이 양자역학이 드러내는 아원자 세계의 신비에 대해 수학은 미다스나 양자역학과는 정반대되는 탈마법을 수행한다. 예컨대 슈테른(Stern)–게를라흐(Gerlach)의 실험이 보여주는 겹침, 그리고 EPR 실험이 보여주는 얽힘이 각각 $|\uparrow z\rangle_P = 1/\sqrt{2}(|\uparrow x\rangle_P + |\downarrow x\rangle_P)$, $|\Psi\rangle = 1/\sqrt{2}(|\uparrow\rangle_1|\downarrow\rangle_2 - |\downarrow\rangle_1|\uparrow\rangle_2)$로 서술될 때(Barrett 1999, 11, 42쪽) 우리는 거기서 실험이 보여주었던 어떠한 신비도 느끼지 못하며, 수학적 계산에 의한 예측이 측정의 결과와 부합할 때 자연에 대해서가 아니라 수학에 경의를 표하게 된다.

그러나 양자역학이 수학과 언제나 일치를 보는 것은 아니다. 물리적 상태가 벡터로 번역될 때 물리적 상태와 벡터가 정확히 1 대 1로 대응하지는 않는다. 보른(Max Born)의 규칙을 따라 양자역학에서 측정

학, 경험, 역학의 세 부분으로 구성된다. 그중 역학은 수학과 경험을 대응시키는 조율(coordination) 원리를 포함하고 있는데 프리드만은 뉴턴의 운동원리, 빛의 원리, 등가 원리를 저 세 이론을 각각 구성하는 구성적 선험 원리로 꼽았다. Friedman 2001, 45, 79–80쪽 참조.

12 대부분의 양자역학 교재가 그러하듯이 맥마흔의 *Quantum Physics Demystified*도 수학책에 가깝다(McMahon 2013). 그 역시 책의 제목이 말해주듯이 수학으로 양자역학을 탈신비화하고 있다. 그가 집필한 상대성이론 교재의 경우에도 사정은 마찬가지이다. McMahon 2006 참조.

의 결과는 관계된 벡터들 사이의 곱의 제곱에 의존하므로 $|x\rangle$상태에 존재하는 물리계(physical system)에 대해서 수행된 측정의 결과에 대한 확률과 $-|x\rangle$상태에 존재하는 물리계에 수행된 동일한 종류의 측정 결과에 대한 확률은 일치하게 된다. 이처럼 두 벡터 $|x\rangle$와 $-|x\rangle$가 관측 가능량에 대해 정확히 동일한 결과를 갖기 때문에 수학적으로는 뚜렷이 구별되는 두 벡터가 동일한 물리적 상태를 표현하게 되는 것이다(Albert 1992, 35–36쪽).

양자역학이 자연 현상에 대한 수학적 번역 매뉴얼이라는 말은 양자역학의 모든 활동이 곧 번역임을 의미하지는 않는다. 번역 매뉴얼적 특성은 양자역학을 구성하는 기본 어휘와 문법(원리와 이론법칙)의 정립 과정에서 가장 두드러지며 관찰, 실험, 응용의 부분으로 갈수록 엷어진다. 관찰과 실험의 경우에는 번역 이전의 현상의 채집과 변형이, 응용의 경우에는 매뉴얼의 적용이 초점이기 때문이다. 양자역학의 모든 현상이 번역에 의해 설명되는 것도 아니다. 양자역학은 아직까지도 측정의 문제에 대한 확답을 갖고 있지 못하다. 이 문제에 관한 한 백년이 가깝게 해석의 백가쟁명이 계속되고 있다. 얽힘의 현상에 대해서는 아예 주목할 만한 해석 자체가 없는 실정이다. 예측과 적용에서 놀라운 성공을 계속해온 양자역학이 스스로의 내적 문제에 대해서는 진전을 보지 못하고 있는 것이다.[13]

13 양자역학의 완전성에 대한 아인슈타인과 보어의 논쟁에 한 획을 그은 벨(John Bell)의 정리와 아스페(Alain Aspect)의 실험이 예외적 성과라 할 수 있다. Bell 1964; Aspect, Grangier, and Roger 1981; 1982; 이승종 1993a 참조.

4. 수학적 관념론

하이데거에 의하면 수학의 원뜻은 기획투사(Entwurf)이다(Heidegger 1962a, 89쪽 이하). 사태에 앞선(선험적) "기획"을 그 사태에 던져서(투사) 그 기획대로 사태를 포착하는(종합적) 일련의 과정이 수학의 그리스 원어인 마테마타(mathemata)가 작동하는 방식이다.[14] 요컨대 그것은 사태로부터 비롯된 것이 아니다. 수학의 언어가 선험적 종합판단이라는 칸트의 해석은 마테마타의 작동과 잘 어우러진다. 이 기획투사가 자연의 수학화라는 근대 과학의 이념을 방향 짓게 된 것이다(Kant 1787, B753). 근대 과학의 성공에 힘입어 기획투사로서의 수학은 자연에 대한 해석의 독점권을 행사하는 것을 넘어서 갈릴레오 이래로는 자연의 질서 그 자체로 숭고화 되기에 이른다(Galileo 1623, 237-238쪽; Husserl 1936, §9).

수학적 기획투사의 구체적 작동 양상은 곧 수학으로의 번역이다. 자연을 수학으로 번역해 이해하려는 근대성의 시도는 현대에 와서 더욱 강화되고 세련되어졌지만, 자연을 하나의 일관된 체계에 담으려 했던 근대성의 이념은 자연의 수학화 프로그램의 브레이크 없는 질주 와

---

14 아마도 그것은 숫자로 점을 치는 수점술(數占術)에서 유래했을 것이다. 앞으로 일어날 일을 그에 앞서 알아내는 것이 점술인데 동아시아의 하도낙서(河圖洛書), 역(易) 등에서 보듯이 수점술은 앞으로 일어날 일의 전조나 조짐이 수(數)나 괘(卦)로 표상된다는 믿음을 바탕으로 하고 있다. 이것은 은(殷)의 갑골문에서 보듯이 언어의 기원이기도 한데 수(數)도 언어의 일종이라는 점에서 양자는 점복(占卜)이라는 공통의 기원을 갖는 셈이다. 서구 수학의 아이콘인 피타고라스가 종교지도자이기도 했다는 사실은 수학의 그리스 원어인 마테마타를 수점술과 결부할 수 있는 하나의 근거가 된다. 홍진기 교수(가톨릭관동대)가 이 점을 상기시켜 주었다.

중에도 여기저기서 파열음을 내고 있다. 결정론의 붕괴와 그에 맞물려 확률론으로 재편된 인과론은 근대성의 이념을 뒤흔들기에 충분하다. 현대 물리학의 총아인 양자역학은 그 파열을 메꾸려하기보다는 사실로 받아들이고 있는 분위기이다.

수학이라는 기존의 언어로 번역되지 않는 미지의 양자 현상들이 불러올지 모르는 불안과 교란을 차단하기 위해서 양자역학자들은 더욱 수학에 매달리게 된다. 그들은 수학적 번역 너머의 현상은 애써 외면하고 그것에 대한 어떠한 철학적 언급이나 논의도 섣부르거나 불온한 것, 혹은 과학과는 무관한 것으로 취급하곤 한다.[15] 측정 이전의 불가투시적 상태에 대해 침묵을 유지하면서 양자역학에 대한 표준적 해석으로 군림해온 코펜하겐 해석은 이러한 경향을 조장하고 있다. 수학에 매달리다보니 정작 양자역학의 용어들이 무엇을 의미하는지, 양자역학이 묘사하는 세계가 어떠한 세계인지에 대해서 물리학자들조차 헷갈리는 기이한 사태가 지속되고 있다.[16]

자연의 수학적 번역을 신봉하는 현대 물리학자들은 번역이라는

15 물리학계에서 가장 권위 있는 학술지의 하나로 꼽히는 *Physical Review*의 편집장이었던 물리학자 가우슈미트(Samuel Gousmit)는 학술지 심사위원들에게 철학적 토론의 낌새를 보이는 논문은 통과시키지 말라는 특별 지침을 내리기까지 했다고 한다.
https://en.wikipedia.org/wiki/Jack_Sarfatti#cite_note-49

16 물리학자이자 철학자인 앨버트는 「겹침」이라는 장으로 시작하는 자신의 저서에서 겹침의 의미가 무엇인지 우리는 알지 못한다고 고백하고 있다(Albert 1992, 11쪽). 겹침이라는 용어의 지시체, 즉 겹침의 사태가 불가투시적이기 때문에 용어의 의미도 불확정성을 겪게 되는 것이다. 앨버트의 저서가 양자역학의 철학 강의에서 널리 사용되는 표준적 교재임을 감안할 때 그 반향은 자못 크다. 양자역학을 이해하는 사람이 아무도 없다는 파인만의 폭로는 현대 물리학을 대표하는 석학의 보고이기에 더욱 충격적이다(Feynman 1965, 129쪽).

프로젝트의 필연성을 수호하는 것을 번역가의 과제요 사명으로 삼고 있다. 그러나 우리는 수학적 필연성이 사태로부터 도출된 것이 아니라 수학이라는 언어의 규칙에서 빚어내어진 것이라는 비트겐슈타인의 성찰을 경청할 필요가 있다(Wittgenstein 1953, §372). 현대 물리학자들은 자연의 수학적 번역이 진리에의 길이라고 믿고 있겠지만 사실 그들은 근대로부터 계승되어온 저 번역 프로젝트의 안전한 지속과 유지에 봉사하고 있는 것이다. 이에 대해 하이젠베르크의 불확정성 원리는 어떠한 번역도 불확실하고 불확정적일 수밖에 없다는 점을 보여주고 있다. 이는 그 스스로가 보어와 함께 창안한 코펜하겐 해석 내부로부터의 파열음처럼 들린다.

현대의 수학과 물리학은 근대성이 지향해온 표상적 세계관을 넘어서는 진전을 이루었다. 그러나 현대 물리학이 수학에 방향 잡혀 있는 한 그것은 수학이 선호하는 이상화(idealization), 순수한 추상적 개념으로부터 자유롭기 어렵다. 수학화가 동반하는 양화와 형식화의 세례를 받기 이전의 사태 그 자체의 질적 개별성과 차이성을 호흡할 기회가 원초적으로 박탈되는 것이다.

물리학에서 수학적 관념론이라 부름직한 수학에 대한 신격화 작업이 가속화되면서[17] 수학이 지향하는 이론적합성이 사태적합성보다 우선시되고, 그럴수록 수학적으로 해석된 이상화된 모습 이외의 구체적 세계는 점점 더 사라지고 잊혀지게 된다. 로티의 표현에 의하면 잘 잃어버린 세계(The World Well Lost)의 시대가 도래한 것이다(Rorty

17 이러한 경향성을 대표하는 글의 하나로 다음을 참조. Wigner 1960.

1972). 이는 세계에 대한 접근 경로로 수학 외의 대안에 대한 완벽한 제거가 함께 수행되어왔음을 함축한다.

수학적 관념론에 의해 잃어버린 세계를 대신해 수학적 기획투사에 의해 구축된 인공의 세계가 들어서게 되고 그 세계에 역시 수학화된 이성을 굴리는 수학적으로 객체화된 인간이 자리매김하게 된다. 그들은 생각하는 존재자라는 고전적 정의를 폐기하고 계산하는 존재자로 스스로를 재정의함으로써(Heidegger 1954b, 3쪽; 1959, 27쪽) 새로이 대두된 수학적 세계에 자신을 최적화시킨다. 하이젠베르크의 말대로 이 세계에서 인간은 이제 오로지 자신(이 건립한 것)만을 보게 된다(Heisenberg 1955, 17-18쪽). 수학적 관념론의 귀결은 철학적 나르시시즘 혹은 유아론인 것이다.

5. 측정의 현상학

현대 물리학을 수학적 관념론을 가지고 해석하는 우리에 대해 그것이 측정을 중시하는 양자역학의 현실과 어긋난다는 반론을 예상할 수 있다. 측정 이전 상황에 대해서는 파동함수를 제외한 여타의 서술이나 해석을 자제하고 측정에 의한 파동함수의 붕괴로 얻게 되는 측정치를 유일한 경험적 데이터로 간주하는 양자역학에 대해 관념론의 혐의는 부당하다는 것이다. 측정에 의해 드러나는 자연 현상 그 자체를 바탕으로 작동한다는 점에서 양자역학은 차라리 자연의 현상학에 가깝다는 것이다.

코펜하겐 해석을 따르는 위의 반론은 양자역학에서 측정의 중요성을 부각시킴으로써 수학적 관념론의 혐의를 벗어나려 하고 있다. 그러나 측정을 통해서 드러나는 현상도 바로 수치로 변환되어 다루어지기는 마찬가지이다. 측정의 결과가 수학적 번역에서 면제된 것이 아니라는 점에서 저 반론이 주창하는 자연의 현상학은 사실은 측정(된 자연)의 현상학이며 그것은 궁극적으로 수학적 관념론에 포섭된다(Kockelmans 1970, 63쪽).

원래 현상학은 어떠한 매개 없이 있는 그대로 드러나는 현상을 아무런 매개 없이 있는 그대로 포착하려는 시도를 일컫는 용어이다. 이에 견주어 양자역학을 비롯한 과학은 실험이라는 세팅 하에 드러나는 현상을 입자 탐지기 따위의 과학적 도구장치를 동원한 측정에 의해 포착하는 방법을 견지한다. 그런 점에서 측정된 현상과 우리가 일상적으로 체험하는 현상 사이에는 괴리가 있게 마련이며, 과학은 후자를 주관적인 것으로 폄하함과 동시에 전자를 수학적 구조 하에 편입시키는 작업을 수행한다. 이런 점에서 수학적 관념론과 측정의 현상학은 과학을 추동하는 양대 축이며 사태 그 자체와의 일치를 지향했던 현상학과는 다른 양상을 띤다.

현상학은 후설의 고유 브랜드로 널리 알려져 있지만 하이데거에 의하면 그 연원은 『정신현상학』의 저자인 헤겔을 넘어 아리스토텔레스로까지 소급된다(Heidegger 1927, §7). 현대에만 해도 다양한 현상학이 출현한 바 있다. 선험적 관념론으로 흐른 후설의 현상학과는 달리 비트겐슈타인은 현상학을 철저히 구체적 개별자의 세계에 대한 봄과 체험으로 정의하였다(Wittgenstein 2005, "Phenomenology"; Drury 1981, 792

쪽). 수학을 위시한 일체의 이념적 요청이나 개념적 그물이 사람이 사태에 투사한 것들임을 적시하고,[18] 모든 기획투사를 에포케한 상태에서 드러나는 사태 그 자체와 마주하는 것이 그가 지향했던 현상학적 탐구였다.

비트겐슈타인의 현상학적 관점에서 보았을 때 현대의 과학은 그 가시적인 성과에 고무되어 수학적 기획투사물을 실재와 동일시하는 오만에 젖어 있다. 계몽주의의 현대적 버전인 과학주의의 아집에 빠져, 물자체와 경험적으로 인식되는 세계를 구분했던 칸트의 통찰에 주목하지 않고 있는 것이다. 이러한 대세에 역류해 비트겐슈타인이 던지는 반시대적 도전장은 모순성이다.

어떠한 이론 정합적 기획의 시도에도 맞서는 원리가 무모순성과 동의어인 정합성의 반대가 되는 모순성이다(이승종 2002 참조).[19] 무모순성이 수학적 관념론의 이념이라면 모순성은 비트겐슈타인이 지향하는 현상학의 원리이다. 그렇다고 해서 그것이 무슨 심오한 형이상학적 원리인 것은 아니다. 모순을 두려워하는 것이 수학자들의 미신일 뿐이라는 비트겐슈타인의 말(Wittgenstein 1978, 122쪽)을 정교화 시켜 모순을 허용하면서도 작동하는 형식체계나 형이상학을 건립하는 것은 그가 의도하지 않은 또 다른 기획투사에 지나지 않는다.

모순을 두려워하지 말라는 비트겐슈타인의 말은 수학적 관념론이

18 우리는 비트겐슈타인의 이러한 견해를 '사람의 얼굴을 한 자연주의'라는 이름으로 규정한 바 있다. 이승종 2022, 2장 참조.

19 이 장에서 정합성, 무모순성, 일관성은 동의어로 사용된다. 이들은 모순의 반대 개념들이다.

절대로 포기하지 않고 끝까지 움켜쥐고자 하는 정합성의 이념도 내려 놓아보라는 것이다. 이성의 기획이 견지해온 최후의 편견까지 에포케 하였을 때 우리는 지금까지와는 다른 좀 더 열린 태도로 실재에 다가갈 수 있을지 모른다. 이것이 비트겐슈타인이 제시하는 모순의 현상학이 우리에게 던지는 메시지이다.

6. 모순의 현상학

(c & −c)의 형식으로 표기되는 모순이 수학이나 논리학과 같은 형식과학을 넘어서 자연현상이나 이를 설명하는 자연과학에서 발견되거나 취급될 수 있는지에 대해서는 헤겔이나 마르크스와 같은 변증법 철학자들을 제외하고는 부정적인 견해가 지배적이었다. 그러나 우리는 양자역학에서 모순에 해당하는 현상들과 그에 대한 수학적 서술들을 찾아낼 수 있다고 본다. (1) 그 첫 번째로 우리가 주목하고자 하는 것은 EPR 실험이다. 그 실험에서 1과 2라는 상이한 위치에 놓여 있는 두 전자의 스핀–공간 상태는 "$|\Psi\rangle = 1/\sqrt{2}(|\uparrow\rangle_1|\downarrow\rangle_2 - |\downarrow\rangle_1|\uparrow\rangle_2)$"로 서술된다. 이는 1번 전자의 측정 결과가 $|\uparrow\rangle$일 때 2번 전자의 측정 결과는 $|\downarrow\rangle$이며 1번 전자의 측정 결과가 $|\downarrow\rangle$일 때 2번 전자의 측정 결과는 $|\uparrow\rangle$라는 것으로 읽힌다. 즉 저 방정식은 두 전자로 이루어진 물리계가 $|\uparrow\rangle$와 $|\downarrow\rangle$라는 상반된 속성의 얽힘으로 이루어져 있음을 말하고 있다. $|\uparrow\rangle$와 $|\downarrow\rangle$를 각각 a와 −a로 기호화 하면 그 물리계는 (c & −c)라는 모순의 형식과 동치(同値)로 표현된다. 물리계는 물리적 대상, 혹은 그 집합을 지칭하므로 우리는 여기서 모순으로 이

루어진 물리적 대상(의 집합)의 예를 얻게 된다. 그리고 저 방정식이 위치 1과 2 사이의 거리와 상관없이 작동한다는 점에서 그것이 보여주는 얽힘이라는 모순은 공간의 국소성(locality)을 뛰어넘는 비(非)국소적 현상이다.

(2) 우리가 주목하고자 하는 두 번째 실험은 슈테른-게를라흐의 실험이다. 그 실험에서 한 입자 p의 x-스핀과 z-스핀이 각각 다음과 같이 표현된다(Barrett 1999, 38-39쪽).

$$|\uparrow x\rangle_p = 1/\sqrt{2}(|\uparrow z\rangle_p + |\downarrow z\rangle_p)$$

$$|\downarrow x\rangle_p = 1/\sqrt{2}(|\uparrow z\rangle_p - |\downarrow z\rangle_p)$$

$$|\uparrow z\rangle_p = 1/\sqrt{2}(|\uparrow x\rangle_p + |\downarrow x\rangle_p)$$

$$|\downarrow z\rangle_p = 1/\sqrt{2}(|\uparrow x\rangle_p - |\downarrow x\rangle_p)$$

이는 x-스핀 업과 다운의 각각의 상태가 z-스핀 업과 다운의 두 상태가 겹친 것으로, z-스핀 업과 다운의 각각의 상태가 x-스핀 업과 다운의 두 상태가 겹친 것으로 읽힌다. 예컨대 z-스핀 업인 입자 p는 x-스핀 업과 x-스핀 다운의 고유상태가 겹친 상황 하에 놓여 있는 것이다. x-스핀과 z-스핀은 상호 양립 불가능한 속성이므로 이는 입자 p가 상호 양립 불가능한 속성들을 지님을 함축한다. 양자역학에서 속성은 에르미트 연산자에 의해 표현되는데 그 연산자의 특징으로부터 우리는 모든 양자계(quantum system)가 상호 양립 불가능한 무한한 속성들을 지니고 있음을 추론할 수 있다.

(3) 하나의 입자를 전혀 다른 두 입자가 겹친 것으로 읽어야 할 경우도 있다. K 중간자(neutral K mesons)가 이에 해당하는데 이 입자들 중 두 형태를 각각 $|K_S\rangle$, $|K_L\rangle$로 표기할 때 이 K_S와 K_L은 서로 입자와 반입자(反粒子; antiparticle)의 관계를 이루는 K^0와 $\overline{K^0}$가 각각 다음과 같이 동시에 겹쳐 있는 것으로 표기된다.

$$|K_S\rangle = 1/\sqrt{2}(|K^0\rangle + |\overline{K^0}\rangle)$$
$$|K_L\rangle = 1/\sqrt{2}(|K^0\rangle - |\overline{K^0}\rangle)$$

심지어 혼자 남겨져 있는 K 중간자 K^0은 측정에 의해 그 반입자인 $\overline{K^0}$로 붕괴되기도 한다(Barrett 1999, 12–13쪽).

슈테른–게를라흐의 실험에서 입자 p가 상호 양립 불가능한 속성들을 지닌다고 할 때 그 속성들인 x–스핀과 z–스핀을 각각 a와 –a로 기호화 하면 입자 p는 (c & –c)라는 모순의 형식과 동치로 표현된다. (혹은 K 중간자 p가 상호 양립 불가능한 입자와 반입자의 겹침 상태로 표현될 때 입자와 반입자를 각각 a와 –a로 기호화 하면 K 중간자 p는 (c & –c)라는 모순의 형식과 동치로 표현된다.) 그리고 이어지는 추론은 모든 양자계가 모순된 무한한 속성을 지니는 것으로 해석된다. 상호 모순된 속성들은 하이젠베르크의 불확정성 원리와 파동함수의 붕괴에 의해 하나가 측정될 때 다른 하나는 겹침의 상태로 화한다. 측정에 의한 드러남과 겹침에 의한 감춤의 숨바꼭질은 하이데거가 말한 탈은폐와 은폐의 사태를 연상케 한다. 측정이라는 개입이 없다면 이 숨바꼭질 자체가 성립하지 않는다는 점도 그렇다.

열거한 모든 놀라운 현상들은 이 세계가 모순의 원리로 짜여 있으며 바로 그 원리에 의해 작동함을 함축한다. 이는 사변 형이상학의 귀결이 아니라 비트겐슈타인이 역설한 모순의 현상학으로 해석한 양자역학의 귀결이다. 정합성을 이념으로 한 수학을 언어로 그것도 현대 물리학의 총아인 양자역학이라는 검증된 매뉴얼에 의해 번역한 자연 현상이 바로 그 이념을 해체하는 모순의 원리를 구현하고 있음은 그 자체 일종의 거대한 귀류법적 과정으로 여겨진다.

7. 일관성의 종말

양자역학적으로 바라본 자연 현상이 모순적이라면 양자역학 자체는 어떠한가? 양자역학은 동일한 물리계에 대해 그것이 측정되기 이전과 측정의 과정을 각각 결정론과 미결정론이라는 전혀 다른 패러다임을 사용해 서술하고 있다. 측정 이전의 동역학은 연속적이고 결정론적인 슈뢰딩거 방정식으로 서술됨에 반해, 측정의 경우에는 특정한 물리계의 상태벡터가 그에 연관된 속성 연산자의 고유벡터인 경우와 고유벡터가 아닌 경우를 측정할 때 각각 다른 원리가 도입된다. 전자의 경우에는 고유벡터에 대응하는 고유값을 계산하는 통상적인 절차를 따르게 되지만, 후자의 경우에는 상태벡터가 어떤 고유벡터로 갑자기 바뀌어 그에 대응하는 고유값을 갖게 되는 확률을 보른의 규칙을 적용

해 계산하는 불연속적 미결정론이 도입된다.[20]

측정 이전과 측정 과정 사이의 단절로 말미암아 양자 간에는 어떠한 논리적 연결이나 인과 관계를 찾기 어렵다.[21] 측정 이전의 상태가 유지하고 있는 선형성은 측정의 문턱을 넘지 못한다. 이 둘 간의 어색한 동거를 하나의 사실로서 받아들이는 양자역학은 내적 일관성을 결여하고 있다는 비판에서 자유롭기 어렵다. 그럼에도 불구하고 양자역학이 이루어낸 놀라운 성과는 "내적 비일관성에도 불구하고"라는 표현을 "바로 그 내적 비일관성 때문에"로 바꾸어 이해했을 때 더 적합해 보이기까지 한다. 모순과 비일관성은 결국 같은 말이므로 양자역학은 모순을 두려워 말라는 비트겐슈타인의 제안을 수용함으로써 성공 신화를 써내려간 것으로 해석할 수 있다.

비트겐슈타인은 우리가 상이한 두 가지 계산법을 사용하고 있는 경우를 논한 바 있다. 이 두 계산법이 각각 상이한 결과를 초래한다는 사실을 모를 때 우리는 모순에 봉착한다는 것이다(Wittgenstein 1976, 216쪽). 슈뢰딩거의 파동함수와 보른의 확률 규칙이라는 상호 양립 불가능한 두 가지 계산법을 측정을 분기점으로 적절히 사용하는 양자역학은 비트겐슈타인이 논한 위의 경우에 해당하는 좋은 예가 된다. 두 계산법 사이의 비일관성이 아무런 문제가 되지 않으며 오히려 양자역학의 운용에 아주 요긴하게 활용되고 있는 것이다.

---

20 보른의 규칙으로 계산하면 전자는 그 확률값이 1인 경우에 해당한다는 점에서 측정의 두 경우 모두 확률이 개입되는 것으로 해석할 수 있다. 전자의 경우 측정 연산자는 단위 연산자(unit operator)인 셈이다.

21 양자역학에서의 측정은 칸트가 견지하고 있는 인과율의 보편성에 대한 결정적 반증 사례가 된다.

괴델은 일관성과 완전성이 양립 불가능함을 증명한 바 있다(Gödel 1931). 일관된 형식체계는 불완전하고 완전한 형식체계는 비일관적이라는 것이다. 양자역학의 완전성을 의심한 아인슈타인의 비판과 대안(국소적 숨은 변수 이론)은 타당하지 않을뿐더러 경험적 데이터와 불일치한다는 점이 벨의 정리와 아스페의 실험에 의해 밝혀졌다. 이로 말미암아 양자역학의 완전성이 증명된 것은 아니지만 아직 이를 반증하는 증명이나 사례는 제출된 바 없다. 현 단계에서 가늠할 때 양자역학은 완전하면서 비일관된 체계인 것처럼 보인다.

돌이켜보면 수학과 논리학에서 굳건한 아성으로 군림하고 있는 대표적 형식체계들도 비일관적인 것들이다. 러셀은 칸토어(Georg Cantor)의 집합론과 프레게의 수리논리학에서 각각 모순을 도출한 바 있다. 이는 전통적 관점에서 보자면 해당 이론에 대한 파산선고나 다름없다. 그러나 러셀의 모순 도출로 말미암아 저 형식체계들이 폐기처분되지는 않았으며 오히려 양자역학 못지않게 여전히 활발히 연구되고 다방면으로 사용되고 있다. 일관성을 신봉했던 서구의 학문정신이 그 의도나 바람과는 달리 비일관적인 수학과 논리학, 물리학의 시대에 놓이게 된 것이다. 모순과 비일관성을 금기시 했던 전통적 태도가 학문의 전선에서 더 이상 먹혀들 수 없는 상황에 접어들고 있다.

양자역학이 자랑하는 눈부신 효능에 비해 그것이 서술하는 현상계의 면모와 이론 내적 비일관성에 대해서는 아직도 탐구와 수용의 자세가 부족한 편이다. 양자역학의 뇌쇄적인 능력치와 우리의 이해 사이에 커다란 편차가 존재하는 것이다. 비일관적 체계가 드러내어 보이는 현상계의 놀라운 모순된 모습은 비트겐슈타인이 강조한 모순에 대한 태도의 변경이 이룩한 중요한 철학적 성취이다. 그 성취는 우리를 전인미답의 길로 인도한다.

우리는 이 세계가 지금까지 생각해왔던 것과는 전혀 다른 세계임을 깨닫는 문턱 가까이에 서있는지 모른다. 그 세계는 우리가 통념을 내려놓을 때에야 스스로를 내보인다. 그 세계가 꼭 수학적 기획투사를 통해서만 접근 가능하다는 것 역시 편견일 것이다. 증명되지 않은 양자역학의 완전성에 대한 신념도 마찬가지이다. 오히려 양자역학은 인간이 개입하는 측정된 세계와 인간의 손을 타지 않은 측정되기 이전의 세계 사이의 불일치를 허용함으로써 인식과 존재의 괴리를 공식적으로 인정하고 있는 과학이론이다.

현상계와 물자체계를 구분한 칸트는 현상계에 대한 인식의 한계를 비판하면서 순수이성에 대한 실천이성의 우위를, 그리고 신앙을 위한 지식의 양보를 역설한 바 있다. 그 역시 나름의 방식으로 태도의 전환을 촉구한 것이다. 비트겐슈타인은 자신이 비록 종교인은 아니지만 모든 문제를 종교적 관점에서 보지 않을 수 없다고 고백한 바 있다(Drury 1976, 94쪽). 신앙을 강조한 칸트와 일맥상통하는 것처럼 들리기도 하는데 비트겐슈타인이 말한 종교적 관점이란 총체성을 견지하면서도 세상을 단일성이나 일반성으로 보지 않고 각자성을 있는 그대로 살려서 보려는 태도를 뜻하는 것으로 새길 수 있다. 이는 그의 현상학적 관점과 다르지 않으며 모순과 비일관성을 허용한다는 점에서 칸트의 기획을 넘어선 것으로 평가된다.

8. 인칭

현대의 물리학과 철학은 칸트를 극복하였는가? 칸트는 자신의 업적을 코페르니쿠스적 혁명이라 칭한 바 있다. 우주와 태양계가 동의어였던 당시의 상황을 감안할 때 천동설을 지동설로 대체한 코페르니쿠스가 우주에서 인간이 지니는 특권적 지위를 기각한 데 반해 인간의 이성을 중심에 두는 칸트의 철학은 인식론적 천동설처럼 보인다. 이렇게 해석했을 때 코페르니쿠스 이전으로 역사의 시계를 거꾸로 돌리려는 반동적인 인물이 자신의 성취를 코페르니쿠스적 혁명에 견주는 것은 자가당착으로 여겨진다.

현대 물리학은 칸트 이래로 코페르니쿠스적 혁명보다 급진적인 혁명을 이룩해냈으며 선험성을 모티브로 뉴턴의 고전역학과 유클리드 기하학에 필연성을 부여하려던 칸트의 시도는 상대성이론과 양자역학으로 양분된 현대 물리학의 구도나 비유클리드 기하학으로 확장된 현대 수학의 관점에서 보자면 이제는 시효를 다한 시대착오적인 것으로 평가될 수 있을지 모른다.

자신이 코페르니쿠스적 혁명을 이루어냈다는 칸트의 자평을 궁지로 모는 저 부정적 해석과 달리 보다 자비로운 다음과 같은 긍정적 해석을 제안해본다. 코페르니쿠스와 칸트 이전의 세계관은 인간의 개입을 고려하지 않은 비인칭적 세계를 전제로 하고 있었다. 과거의 세계관은 사태 그 자체를 있는 그대로 표상하고 있다는 순진한 무반성적 믿음에 사로잡혀 있었다. 코페르니쿠스가 상징하는 근대의 과학은 그 세계가 수학적인 방식의 기획투사에 의해 가장 잘 표상됨을 보여줌으로써 비인칭의 신화를 일거에 무너뜨렸다.

칸트 철학의 핵심은 관념론으로서 인간 인식의 산물인 관념(혹은 이념)이 비인칭적 세계에 기획투사 되어 여러 종류의 인칭적 지식이 형성된다는 것이다. 인칭적 지식의 대표적인 예가 3인칭적 과학이지만 세계에 투사되기 이전의 수학이나 논리학과 같은 형식과학들도 3인칭적이기는 마찬가지이다. 철학자로서의 칸트는 데카르트의 코기토를 계승하는 1인칭적 관념론을 3인칭적 과학에 대한 토대를 이루는 것으로 인칭론의 구도를 잡아나갔다.

수학은 자연을 계량적으로 해석하는 데 유용한 정보처리 테크놀로지이다. 그것은 인간의 언어라는 점에서 인칭적이고 대상을 객관적으로 평준화한다는 점에서 3인칭적이다. 칸트는 코페르니쿠스가 상징하는 3인칭적 근대 과학의 토대가 감성, 지성, 이성으로 이루어진 1인칭적 인식 능력에 어떻게 맞닿아 있는지를 아주 설득력 있게 논구하였다. 따라서 그가 구축한 3인칭적 객관성은 물자체계에 대한 비인칭적 객관성이 아니라 인간의 관점에서 파악된 현상계에 대한 주관적 객관성이다(Kant 1783, 288쪽).

칸트의 주관적 객관성은 전통적으로 서로 상반되는 개념으로 여겨져 왔던 주관성과 객관성의 창의적 융합으로 평가할 수 있지만 그 대가로 그는 물자체계에 대한 학적 인식을 포기하였다. 주관적 객관성은 인식되는 경험적 세계로 그 범위가 국한되어 있기 때문이다. 주관적 객관성의 범위 내에서의 참은 물자체계에 대해서가 아니라 경험적 세계에 대해서만 적용될 수 있을 뿐이다. 그런 점에서 칸트의 인식론은 인간중심주의에 선 인간들끼리의 자기 정당화 놀이라는 인식론적 자위(self-consolation)처럼 보이기도 한다.

물자체계로의 지향이 거세된 상태에서 현상계에 국한해 적용되는 참이나 실재성의 개념이 그 이름에 값하는 지위를 확보할 수 있는지에 대해서 우리는 칸트의 낙관적 확신(Kant 1783, 292쪽)을 공유하기 어렵다.[22] 플라톤이 창작한 동굴의 우화에 따르자면 현상계는 가상은 아니더라도 동굴 바깥의 실재 세계가 투영된 그림자에 불과한데 그 그림자의 세계에 대해 참이나 실재성을 부여하면서 형이상학을 운위하는 것은 형이상학이라는 용어에 대한 은밀한 재정의의 오류를 저지르는 것이다.[23] 그림자의 현상계와 동굴 바깥의 실재계를 구분하고 현상계 너머의 실재계에 대한 학문을 추구하는 것이 서구 형이상학의 기원인데 칸트에게 동굴 바깥의 실재계(그의 표현으로는 물자체계)에 대한 형이상학의 가능성은 적어도 『순수이성비판』에서는 원천 봉쇄되어 있기 때문이다.[24]

---

22 여기서 논의할 수는 없지만 우리는 헤겔과 후설의 관념론적 현상학에 대해서도 같은 혐의와 망설임을 갖게 된다.

23 플라톤에 있어서 동굴 바깥의 실재계와 그림자의 현상계가 투영의 관계로 연결되어 있듯이 칸트의 물자체계와 현상계도 촉발의 관계로 연결되어 있다(Kant 1783, 290쪽). 그런 점에서 플라톤에게서나 칸트에게서나 현상계는 아무런 근거 없는 가상만은 아닌 것이다. 그러나 물자체를 알 수 없는 마당에 그로부터의 촉발이 정확히 어떤 관계인지도 알 길이 막막하다.

24 물론 칸트는 스스로 닫아둔 저 가능성을 이론이성에 대한 실천이성의 우위라는 기치 아래 실천철학의 영역에서 너무 쉽게 재개방하지만 그것이 얼마나 타당한 조처인지에 대해서는 석연치 않은 점이 있다. 그는 스스로 마련한 회의론을 신(神)의 이름으로 너무 쉽게 극복하던(deus ex machina) 데카르트의 자의적 행보를 되풀이하고 있는 것처럼 보인다.

우리에게만 타당하게 받아들여지는 지식에 과연 객관적 진리성을 부여할 수 있을까? 단서를 전혀 남기지 않았다 한들 완전 범죄도 결국은 범죄이듯이, 설령 우리 모두에게 받아들여지는 믿음이 있다 해도 그로 말미암아 그것이 참된 지식이 되는 것은 아니다. 참과 거짓은 민주주의나 만장일치로 가려질 성질의 것이 아니기 때문이다. 주관과 반대되는 것이 객관이고 현상과 반대되는 것이 실재일진대 주관적 객관성이나 현상계의 실재성이라는 표현은 형용모순이 아닐까? 우리에게 참인 지식과 절대적으로 참인 지식은 서로 구별되어야 마땅하며, 우리에게 실재적인 것과 절대적으로 실재적인 것도 그러하다. 참이나 실재성에 각각 정도의 차이가 있을 수 없기 때문에 우리에게 참이거나 실재적인 것에 궁극적으로는 참이나 실재성을 부여해서는 안 될 것이다.[25]

현대의 물리학과 철학은 여전히 칸트의 인칭론에 방향 잡혀 있다. 현대 물리학의 쌍벽을 이루는 양자역학과 상대성이론이 고전역학을 넘어섰으며 비록 과학철학계에서 물리학에 대한 칸트의 선험적 해석이 콰인의 자연주의적 해석[26]에 비해 그리 매력 없는 시각으로 여겨지

25 물자체계를 알 수 없는 마당에 현상계에 대한 우리의 지식은 플라톤의 동굴에 갇힌 죄수들의 억견(doxa), 혹은 뇌신경생리학과 유리된 통속 심리학에 비견된다. 즉 그것은 "엄격히 말해 p가 아니지만 대략적으로 여전히 p"라는 형식을 갖는 둘러대는 이야기에 비견된다.

26 콰인의 자연주의적 해석(Quine 1951)에 따르면 수학과 자연과학은 경험에 의한 수정가능성에서 면제되어 있지 않다는 점에서 차이가 없다. 그러나 이로부터 두 학문에 차이가 없다는 결론이 도출되는 것은 아니다. 학문의 지형도와 층위에서 저 두 학문 각자의 위상과 역할은 엄연히 다른데 이를 인정하지 않고 하나의 장(場; field)이나 스펙트럼으로 보는 콰인의 소위 전체론적 경험론은 명백히 잘못된 것이다. 수학은 경험을 설명하는 과학에 적용되거나 안 되거

기도 하지만 3인칭과 수학적 방법의 차용에는 달라진 것이 없다. 선험성이 함축했던 수정 불가능성이나 대체 불가능성은 칸트 이후의 과학사에 의해 부정되었지만 경험을 가능케 하는 조건이라는 의미에서 칸트가 수학과 자연과학의 원리들에 부여한 선험성은 여전히 유효하다고 할 수 있다.[27] 현대철학사조에서 과학의 방법을 추종하는 분석철학이라는 3인칭적 철학이 대두되면서 1인칭적 관념론을 계승하는 후설의 현상학과 맞서는 형세를 구축했지만 칸트가 설계한 인칭론을 벗어나는 수준은 아니었다.

칸트의 인칭론은 2인칭의 모색에도 공헌한 바가 크다. 인간을 수단이 아닌 목적으로 대우하라는 그의 인간성 정식(Kant 1785, 429쪽)은 인간에 대한 태도를 영혼에 대한 태도로 규정한 비트겐슈타인에게로 계승된다(Wittgenstein 1953, 2부 §22). 하이데거는 비트겐슈타인이 말한 그 태도를 염려(Sorge)라는 이름으로 존재자 일반으로 확산시키는 2인칭적 존재론을 구축하였다(Heidegger 1927). 2인칭 철학은 근대성의 표현인 과학기술에 의해 탈마법화된(disenchanted) 반생명적 3인칭 세계를 의미와 가치로 재활성화하려는 주목할 만한 시도이다. 인간은 자신의

나 할 뿐 경험에 의해 그 진위가 판정되거나 수정되는 학문이 아니다. 경험에 의한 진위 판정과 수정은 과학에 적용될 뿐이다. Friedman 2001, 1부 2장, 80쪽 참조.

27 이는 칸트의 과학철학을 부정하는 라이헨바흐도 인정하는 바이다. Reichenbach 1920, 5장 참조. 선험철학의 배경이 된 독일 관념론의 전통이 과거 시제가 되었고 경험론의 새 버전인 자연주의와 과학의 역사성이 강조되는 마당에 선험성이라는 칸트의 용어는 이제 저 의미를 보전하면서 시대감각에 맞는 다른 용어로 대체하는 것이 바람직하다고 여겨진다. 푸코가 사용한 에피스테메는 상대화되고 역사화된 선험성을 표현하는 대안적 용어이다. Foucault 1966 참조.

주변과 타자에 대해 친소와 애증이라는 정감적인 접근법으로 밀고 당김의 관계를 형성한다. 이러한 상호작용 속에서 1인칭과 3인칭의 초연하고 고립된 시각이 교정되고 인간과 세계에 대한 새로운 이해와 관계 맺기가 싹튼다(이승종 2007 참조).

우리는 3인칭의 장점을 폄하하거나 2인칭의 한계를 간과해서는 안 된다. 2인칭은 인간과 주변 타자 사이의 관계를 중심으로 전개되는 까닭에 태생적으로 국소성을 벗어나기 어려운 반면, 3인칭은 EPR 실험에서 보듯이 이미 물리계의 관계망을 비국소적인 경지로 확장시켜나가고 있다. 그러나 2인칭적 교감에서 체험되는 의미와 가치는 주관적인 몽상이 아닌 엄연한 현상이며 이로 말미암아 3인칭적 세계와 타자는 더 깊은 층위에서 이해된다. 상이한 인칭의 어느 하나가 다른 하나를 대체하는 것[28]이 아닌 상호 보완적인 관계가 가능하다면 그것이 기존의 과학과 철학을 보다 풍성하게 해줄 수 있는 길일 것이다.[29]

2인칭은 현대 물리학을 위시한 과학에는 낯선 시각이다. 과학의 토대가 1인칭에 맞닿아 있다는 칸트의 인식론이 옳다 해도 과학 자체는 3인칭적이었으며 이는 현대에 와서도 마찬가지이다. 그러나 과학이 반드시 3인칭적이어야 한다는 당위를 신봉할 필요는 없다. 2인칭적 태도는 기획투사를 골자로 하는 기존의 인칭론이 지향해온 초연한 일방성과는 달리 타자와 사태에 자신을 열어 그것에 귀 기울이며 그것과

28 1, 2인칭과 지향성, 의미 등을 제거하거나 3인칭으로 환원하려는 제거주의, 환원주의, 자연주의, 물리주의, 과학주의 등이 이에 속한다.

29 평면적인 수준에서이기는 하지만 시간과 공간의 좌표변환식인 로렌츠(Lorentz) 변환은 상이한 두 관점이 수학적으로 치환됨을 보여주는데, 이는 상이한 인칭 사이의 소통과 보완에 대한 하나의 상징적 모델이 될 수 있을 것이다.

쌍방적 교감을 지향하는 태도이다. 현대 물리학이 봉착한 한계의 돌파구는 모순에 대한 태도 변경과 함께 자신에게 부과된 전통적 인칭의 굴레를 벗어나는 데서 찾아질 수 있을지도 모른다. 미래의 문명을 이끌 새로운 학문으로 모순의 현상학과 2인칭적 과학의 모색을 제안한다.

보론

윌커슨의 칸트 해석

1. 칸트의 오류?

윌커슨은 그의 『칸트의 순수이성비판』에서 다음과 같이 쓰고 있다.

> 수학적 판단이 종합적·선험적이라는 칸트의 핵심적인 주장에서 남은 것은 별로 없다. 1-(1) 칸트가 그것이 종합적이라고 말한 바로 그 의미에서 그것은 분석적이다. 즉 해석된 정리들은 체계의 형성 규칙과 변형 규칙 그리고 해석 규칙에 따라서 해석된 공리 또는 공준으로부터 분석적으로 도출된 것이다. 1-(2) 칸트가 그것이 선험적이어서 논박될 수 없는 것이라고 말한 바로 그 의미에서 그것은 논박될 수 있다. 즉 가령 유클리드 기하학의 정리들은 물리적 세계에 관한 주장으로서는 잘못된 공준에 근거하고 있기 때문

이다. (Wilkerson 1976, 177-178쪽)[30]

2. 윌커슨의 오류?

2-(1) 윌커슨은 칸트의 분석/종합의 구분을 논리적 진리, 또는 적절한 정의적 치환에 의해서 논리적 진리로 환원될 수 있는 명제와 그렇지 않은 명제 사이의 구분이라고 간주한다(Wilkerson 1976, 164쪽).

2-(2) 윌커슨은 칸트의 선험/후험의 구분을 경험과 독립해서 확립된 명제와 경험에 의해서 확립된 명제 사이의 구분이라고 간주한다(Wilkerson 1976, 164쪽).

2-(1)과 2-(2)가 윌커슨의 주장대로 칸트의 구분에 대한 올바른 해석이라고 가정해보자. 우리는 이러한 가정 하에서도 1절에 나타난 윌커슨의 칸트 비판이 전적으로 그릇된 것임을 살펴볼 것이다. 이를 통하여 우리는 수학적 판단이 종합적이고 선험적이라는 칸트의 주장이 이를 반박하는 윌커슨의 해석 틀에 의하여 거꾸로 참인 것으로 논증될 수 있음을 살펴볼 것이다.

3. 기하학

3-(1) 괴델에 의하면 한 연역체계의 논리적 무모순성의 증명은 그 내적 무모순성이 그 체계와 마찬가지로 의문시되는 추론의 원리를 가

30 1-(1), 1-(2) 등의 번호는 논의의 편의를 위해 우리가 부여한 것이다.

정하지 않고서는 불가능하다. 그의 표현을 빌면 자연수 체계가 성립될 수 있는 어떠한 수학의 체계도 궁극적으로는 불완전하다. 따라서 주어진 어떠한 무모순적 공리 체계 안에서 우리는 주어진 공리들에서 연역될 수 없는 참인 정리들을 발견할 수 있다(Gödel 1931).

3-(2) 윌커슨은 어떤 비유클리드 기하학의 공준들이 참이라면 유클리드 기하학의 공준들은 모두 참일 수는 없다고 본다. 그는 유클리드 기하학과 비유클리드 기하학이 양립불가능하고, 따라서 함께 올바른 것으로 간주될 수 없다고 본다. 이는 그릇된 견해이다. 윌커슨은 유클리드 기하학의 공준과 비유클리드 기하학의 공준이 어떠한 해석 하에서는 참으로, 다른 어떠한 해석 하에서는 거짓으로 간주될 수 있다는 사실을 간과하고 있다. 이를 이해하기 위해서 이 세계에 관한 다음의 두 가지 다른 방식의 기술을 살펴보기로 하자(Reichenbach 1951, 136쪽).

I

(a) 유클리드 기하학을 채택한다. 그리고 광선과 측정막대를 변형시키는 보편적인 힘의 존재를 인정한다.
(b) 비유클리드 기하학을 채택한다. 그리고 보편적인 힘의 존재를 부정한다.

이들 각각의 기술은 이 세계에 관하여 참이다. 그리고 이 기술들에 어떤 차별을 두는 것은 옳지 않다. 그들은 모두 같은 세계에 관한 상이한 올바른 기술이기 때문이다.

이에 대비하여 아래의 기술을 살펴보자.

II

(a) 유클리드 기하학을 채택한다. 그리고 보편적인 힘의 존재를 부정한다.

(b) 비유클리드 기하학을 채택한다. 그리고 보편적인 힘의 존재를 인정한다.

이들 각각의 기술은 모두 이 세계에 관하여 거짓이다. 그러나 그들은 상호 교환이 가능한 관계에 있다.

4. 논증

4-(1) 이제 2-(1)을 3-(1)에 적용시켜 보자. 그러면 우리는 종합적인 수학적 판단이 존재할 수 있다는 결론에 이른다. 이 결론은 1-(1)이 그릇된 것임을 함축한다.

4-(2) 이제 2-(2)를 3-(2)에 적용시켜 보자. 그러면 우리는 수학적 판단이 선험적이라는 결론에 이른다. 이 결론은 1-(2)가 그릇된 것임을 함축한다.

5. 결론

4-(1)과 4-(2)를 통하여 우리는 수학적 판단이 분석적이고 후험적이라는 윌커슨의 견해가 그릇된 것임을 보았다. 이는 거꾸로 수학적 판단이 종합적이고 선험적이라는 칸트의 주장이 참일 수 있음을 함축한다.

10장
맥도웰의 칸트적 분석철학

10장
맥도웰의 칸트적 분석철학

맥도웰은 철학의 세계적 명문인 미국 피츠버그 대학의 철학과 교수이자 그 대학 최고의 석학에게 수여되는 유니버시티 프로페서(University Professor)로 재직하고 있다. 박사 학위도 없는 그가 이러한 지위에 오를 수 있다는 사실은 간판이 모든 것을 말해주는 우리 사회의 실정에서 의아스러울지도 모르겠다. 그가 옥스퍼드 대학에서 행한 존 로크 강연을 근간으로 1994년에 출간한 『마음과 세계』(McDowell 1994)는 콰인, 데이빗슨, 퍼트남 이후의 소위 포스트 분석철학 시대의 도래를 알리는 중요한 이정표로 평가되어왔다. 로티를 위시한 저명한 영미 철학자들이 앞을 다투어 이 책에 대한 논문을 발표했으며, 2002년에는 이 책에 관한 논문집(Smith 2002)이 출간되었다. 현존 철학자가 출간한 저서를 주제로 하는 논문집이, 그것도 저서가 출간된 지 10년도 되기 전에 간행된다는 것은 보수적인 철학계에서 유례를 찾기 힘든 일이다. 이는 맥도웰의 책이 철학계에 미친 반향을 입증하기에 충분한 근거가 된다.

맥도웰은 분석철학이 주도해온 20세기 영미 철학의 지형도에 칸트, 헤겔 등의 유럽 사상가들의 프리즘을 접목해 새로운 형태의 관념론적 경험론, 혹은 칸트적 분석철학을 주창하는 학자로 평가된다. 우리는 맥도웰을 지난 세기 후반기의 분석철학을 주도해온 콰인 및 데이빗슨과 대화시키는 데서 논의를 시작하려 한다.

1. 콰인, 데이빗슨, 맥도웰 (I)

콰인의 철학은 전체론, 경험론, 자연주의, 이렇게 세 국면으로 이루어져 있다. 전체론은 일정한 언어 체계를 구성하는 개별 문장이 그 체계에 속하는 다른 문장과 서로 정합적으로 밀접하게 연관되어 있다는 명제이다. 전체론에 의하면 개별 문장은 그것을 포섭하는 언어 체계 전체의 내적 정합성에 의해 의미와 진리치를 부여받는다(Quine 1960, 12-13쪽). 경험론은 모든 문장의 의미와 진리치가 궁극적으로 외부 세계에 대한 경험과의 대응에 의해 결정된다는 명제이다. 경험론에 의하면 모든 문장의 발생론적 근거와 정당화의 근거는 한결같이 경험에 있다(Quine 1969a, 81쪽). 일견했을 때 언어 체계 내적 정합성을 문장의 의미와 진리의 기준으로 삼는 전체론과, 문장과 외부 세계의 경험 사이의 대응을 문장의 의미와 진리의 기준으로 삼는 경험론은 양립하기 어려운 것처럼 보인다. 철학사적으로도 전체론과 경험론은 의미와 진리의 정합론과 대응론이라는 이름으로 서로 경합을 벌여 왔다.

콰인은 정합론적 전체론과 대응론적 경험론을 통합시키는 다음과 같은 방안을 제시한다. 전체론이 강조하는 정합성은 언어 체계 내에서의 문장들 사이의 정렬에 적용되는 자율적 이념이지만, 그 자율성도 궁극적으로는 역시 경험과의 대응에 의해 제한 받아야 한다. 그런데 언어 체계를 이루는 문장들이 정합성에 의해 전체론적으로 얽혀 있기 때문에 "외부 세계에 관한 우리의 진술은 개별적으로가 아니라 전체적으로 경험의 판관에 직면한다."(Quine 1951, 41쪽). 판관으로 묘사된 경험은 문장의 진위를 판정하는 정당화의 근거 내지는 기준의 역할을 수행한다. 그러나 콰인은 다른 한편으로 경험을 "감각 기관의 자극"(Quine 1969a, 75쪽)으로 이해한다. 자극으로 묘사된 경험은 진술이라는 반응과 자극-반응의 인과 관계 하에 놓이게 된다. 경험과 진술 사이에서 형성되는 진위 판정의 정당화 관계와 자극-반응의 인과 관계는 같은 것인가? 전통적으로 전자는 인식론의 문제로, 후자는 자연과학의 문제로 구분되어 왔다. 그러나 인식론의 자연화를 주창하는 콰인은 이러한 구분을 인정하지 않는다. 전자가 후자로 환원된다는 것이 그의 철학의 세 번째 국면인 자연주의이다.

데이빗슨은 콰인의 철학에서 한편으로는 경험론과 자연주의를 차례로 제거하면서 다른 한편으로는 전체론의 입지를 강화하는 쪽으로 콰인의 철학을 수정한다. 우선 그는 콰인이 경험에 부여했던 판관의 지위를 박탈한다. 데이빗슨에 의하면 경험과 진술의 관계는 인과 관계 그 이상도 이하도 아니다. 진술의 진위는 그 진술과 연관되는 경험과의 대응 여부에 의해서가 아니라 다른 진술과의 정합성에 의해서 판정된다. 콰인의 자연주의가 부정했던 정당화 관계와 인과 관계 사이의 구분은 데이빗슨에 의해 부활된다. 정당화 관계가 언어 체계를 구성하는 문장과 문장 사이의 언어 내적인 합리적 관계라면, 언어 체계와 그 바깥의 경험 사이의 안팎의 관계는 자연적 인과 관계라는 것이다. 데이빗슨의 작업은 정당화의 문맥과 인과의 문맥, 합리성의 차원과 자연의 차원을 다른 범주로 설정함으로써 콰인의 철학을 보다 분명한 방식으로 정리했다고 평가될 수 있다(이승종 1993b 참조).

맥도웰에 의하면 언어와 경험을 서로 완전히 갈라져 있는 별개의 영역으로 구분하고 있다는 점에서는 데이빗슨은 콰인과 보조를 같이 한다(McDowell 1994, 139쪽). 그들에게서 언어는 닫혀있는 원의 모양을 하고 있다. 그리고 경험은 원의 바깥에서 원의 둘레, 즉 한계선상에서만 접촉할 뿐이다. 맥도웰은 셀라스(Wilfrid Sellars)의 용어를 빌어 데이빗슨이 상정하고 있는 언어 체계의 안쪽과 둘레를 각각 이성의 논리적 공간과 자연의 논리적 공간으로 규정한다(McDowell 1994, xiv쪽). 원의 안쪽에 놓이는 것은 지식의 본질을 이루는 정당화의 규범적·평가적 문맥이고, 원의 둘레에 놓인 것이 자연과학의 명제에 해당하는 경험적 서술로 이루어진 서술적 문맥이다. 셀라스는 두 문맥을 혼동하는 것은 평가적 문맥과 서술적 문맥을 혼동한다는 점에서 자연주의적 오류를 범하는 것이라고 말한다. 콰인의 자연주의는 바로 이러한 오류를 범하고 있는 것으로 지적된다.

그러나 맥도웰의 입장에서 보자면 경험론이 지녔던, 언어와 경험 사이의 정당화 관계에 관한 애초의 문제 의식은 데이빗슨에 의해서 만족스럽게 해결을 보지 못한 것 같다. 그 문제 의식은 데이빗슨이 경험론을 폐기하는 과정에서 오히려 실종된 느낌이다. 과연 외부 세계에 대한 우리의 믿음과 진술의 진위 판정이 외부 세계의 경험에 대한 참조 없이 이루어질 수 있을까? 문장과 문장 사이의 언어 체계 내적 정합성이 그러한 정당화의 필요충분조건일 수 있을까? 데이빗슨의 정합론에 대한 이러한 의혹은 맥도웰로 하여금 경험론을 다시금 재고하게 한다. 외부 세계에 관한 우리의 믿음과 진술의 진위를 판정하는 정당화 작업에 외부 세계에 관한 우리의 경험을 효과적으로 개입시키는 방법은 없는가?

2. 맥도웰, 칸트, 헤겔

맥도웰의 야심작 『마음과 세계』(McDowell 1994)는 이러한 문제에 답하려는 새로운 시도이다. 맥도웰이 직면하고 있는 철학의 지형도는 칸트가 직면했던 철학의 지형도와 닮은 점이 있다. 칸트가 영국의 경험론과 대륙의 이성론의 한계를 깨닫고 양자를 발전적으로 종합함으로써 그 각각의 한계를 극복하려 했던 것처럼, 맥도웰도 콰인의 경험론과 데이빗슨의 이성론의 한계를 노정 시키면서 양자를 통합하는 기획을 전개한다. 맥도웰이 자신의 기획의 모델로서 칸트를 원용하는 것은 이러한 이유에서이다. 맥도웰에 의하면 콰인의 경험론과 데이빗슨의 이성론의 공통된 문제점은 언어와 경험을 서로 완전히 갈라져 있는 별개의 영역으로 명확히 구분했다는 데 있다. 맥도웰은 언어와 경험에 관한 콰인과 데이빗슨의 이러한 구도에 칸트의 인식론을 수혈한다. 언어라는 원의 안쪽은 칸트의 용어를 빌면 지성과 자발성의 영역이고, 원의 둘레는 감성과 수용성의 영역이다. 그런데 칸트에 있어서 수용성의 영역은 닫혀 있지 않다. 열려진 공간으로 직관이 기능하고 이로 말미암아 경험이 수용된다. 맥도웰은 칸트에 있어서 경험적 지식이 자발성과 수용성의 협력에 의해 형성됨에 주목한다. 이 협력 관계는 "내용 없는 사유는 공허하고, 개념 없는 직관은 맹목적이다."라는 칸트의 명제로 요약된다. 맥도웰은 칸트에게서 발견한 이 협력 관계를 원용해 경험에 대한 재해석을 시도한다. 맥도웰은 우선 칸트가 말하는 자발성을 개념적 능력에 연관된 것으로, 그리고 직관을 비개념적인 소여(the Given)의 수용에 불과한 것이 아니라 이미 개념적인 내용을 지니는 사건으로 각각 해석한다. 그로부터 맥도웰은 직관에 의해 수용되는 경험에 이미 개념적인 내용이 내재해 있다는 명제를 끌어낸다. 경험에 내재한 내용은 예컨대 사물이 이러이러하다는 형식을 지닌다(McDowell 1994, 9쪽).

이렇게 해석된 경험의 내용은 문장의 내용과 다르지 않으므로 하나의 문장이 다른 문장들과의 정합성에 의해 정당화된다는 데이빗슨의 정합론은 맥도웰에 이르러 문장과 경험의 관계로까지 확장된다. 하나의 문장은 준 문장(semi-sentences)으로서의 경험과의 정합성 여부에 의해 정당화되기 때문이다. 콰인과 데이빗슨이 구분하였던 언어의 안과 밖, 언어와 경험의 구분은 와해된다. 언어의 안팎, 혹은 언어와 경험은 모두 정합성을 이념으로 하는 정당화 관계로 엮어진다. 따라서 외부 세계에 대한 우리의 믿음과 진술의 진위가 외부 세계에 관한 우리의 경험에 의해 판정된다는 경험론의 취지는 새로운 형태로 부활한다.

맥도웰에 의해 경험론은 부활되었지만 사실 진정으로 부활된 것은 이성론, 혹은 그것의 무제약적 형태인 절대적 관념론이다. 언어와 경험의 경계가 철폐됨으로써 확장된 것이 언어의 지평이다. 맥도웰에 의해 부활된 경험론에서는 경험에조차 언어가 각인되어 있기 때문이다. 따라서 맥도웰이 보는 세계는 경험이라는 언어로 짜여진 텍스트의 세계이다. 칸트는 경험적 세계를 물자체의 실재 세계와 구분하였지만 경험론자 맥도웰은 이 구분을 거부한다. 따라서 맥도웰에 있어서 진정한 영웅은 칸트가 경험적 세계에 대해 우위를 두었던 물자체의 세계를 부정함으로써 개념적 영역의 한계를 철폐한 절대적 관념론의 완성자 헤겔이다(McDowell 1994, 44쪽). 맥도웰의 경험론과 그에 의해 재해석된 헤겔의 절대적 관념론은 우리로 하여금 "텍스트 바깥에는 아무 것도 없다."는 데리다의 해체주의를 연상케 한다. 맥도웰에 의해 부활되는 이성중심주의는 언어의 편재성을 강조했다는 점에서 아이러니컬하게도 이성중심주의의 비판자의 철학과 닮은꼴이다.

3. 콰인, 데이빗슨, 맥도웰 (II)

이제 지금까지의 논의를 바탕으로 콰인, 데이빗슨, 맥도웰의 견해를 구체적인 사례를 놓고 비교해보기로 하자. 우리에게 프톨레마이오스(Ptolemaeus)의 천동설, 코페르니쿠스의 지동설, 그리고 티코 브라헤(Ticho Brahe)의 관측 기록이 있다고 하자. 콰인의 입장에서 이를 설명해 보면 다음과 같을 것이다. 프톨레마이오스의 천동설과 코페르니쿠스의 지동설은 각각의 내적 정합성을 지닌 전체론적 언어 체계이다. 티코 브라헤는 자신의 천문대에서 천체 망원경을 통해 태양계의 별들의 위치와 운동을 기록한다. 이때 티코 브라헤의 경험과 그의 관측 기록 사이의 관계는 자극-반응의 인과 관계이다. 티코 브라헤의 기록은 프톨레마이오스의 천동설보다 코페르니쿠스의 지동설과 더 완벽한 정합성을 이룬다. 따라서 코페르니쿠스의 지동설이 티코 브라헤의 기록에 의해 참인 이론으로 정당화된다. 그런데 이는 궁극적으로는 코페르니쿠스의 지동설이 태양계의 별들의 운동에 대한 경험과 대응함을 시사한다. 결국 이 경험이 코페르니쿠스의 지동설에 대한 정당화의 최종 근거인 것이다.

데이빗슨은 콰인의 설명을 거의 전적으로 수용할 것이다. 다만 콰인의 설명 중 마지막 두 문장은 불필요할뿐더러 불합리한 것으로 거부한다. 대응에 경험과 관측 기록 사이의 인과 관계 이상의 의미를 부여해서는 안 된다. 지동설에 대한 정당화의 최종 근거는 관측 기록일 뿐이다.

맥도웰은 데이빗슨의 설명에서 경험과 관측 기록 사이의 관계가 인과 관계에 불과한지를 의심한다. 관찰과 실험에서 얻어지는 경험의 이론 의존성은 쿤을 위시한 과학사가들과 과학철학자들이 누누이 지적하는 사항이 아닌가? 경험의 이론 의존성은 경험에 이미 이론적 개념이 매개되어 있기 때문에 발생하는 현상이다. 관찰한 바를 기록하는 단순 행위에서조차도 이미 관찰자의 세계관을 이루는 기본적 개념과 그 틀이 개입한다. 관찰 경험을 통한 정당화는 설령 관찰 경험이 인과 관계를 골자로 하는 자연 현상의 하나임을 인정한다 해도 무효화되지 않는다. 관찰 경험이 문장에 준하는 내용을 지니고 있기 때문이다. 결국 관찰 경험에 의한 정당화는 문장에 의한 정당화와 그 종류에 있어서 크게 다르지 않은 셈이다.

경험에까지 개념이 개입된다는 언어 편재성 명제를 매개로 경험이 정당화의 궁극적 토대라는 경험론을 복권시키는 맥도웰은 경험 자체의 오류 가능성에 대해서는 여지를 두지 않는 것인가? 두 선 <——>와 >——<에 대해 우리의 시지각이 후자의 길이가 더 길다고 오판하는 뮐러-라이어(Müller-Lyer) 착시 현상에서처럼 우리의 경험은 언제나 오류 가능성에 노출되어 있지 않은가? 맥도웰은 경험의 오류 가능성을 인정한다. 그러나 이를 지나치게 강조하거나 두려워할 필요는 없다. 경험의 오류는 또한 경험에 의해 시정될 수 있기 때문이다. 뮐러-라이어 착시 현상은 우리가 문제의 두 선분의 길이를 자로 측정하고 비교, 판단하는 경험에 의해 바로 잡아진다(McDowell 1994, 11쪽). 결국 칸트가 이성의 오용과 무제약적 남용을 바로 그 이성에 의해 비판하려 했듯이, 그리고 비트겐슈타인이 언어의 오용과 남용을 바로 그 언어에 의해 비판하려 했듯이, 맥도웰은 경험에 그러한 자기 비판 능력을 부여함으로써 언어의 편재성에 깃든 이성중심주의에 제동을 걸 수 있는 브레이크를 장착하는 것이다.

콰인과 데이빗슨에 있어서 정당화 관계와 인과 관계는 각각 인식적(epistemic) 차원과 존재적(ontic) 차원으로 그 논의의 차원이 달리 설정되어 있는 것처럼 보인다. 사실 현재 분석철학의 여러 분야에서 진행되고 있는 실재론/반실재론 논쟁은 논쟁이 문제 삼고 있는 각 주제를 각각 존재적 차원과 인식적 차원에서 볼 때 생겨나는 견해 차이에서 비롯되는 것일 수 있다(이승종 1999 참조). 맥도웰은 소여의 신화를 비판하는 셀라스와 함께 외부 세계에 대해 인식적 차원에서 독립된 존재적 차원의 논의가 허용될 수 있는지를 의심할 수 있다. 언어와 경험 사이의 자연적 인과성은 콰인과 데이빗슨에 있어서 일종의 소여처럼 무반성적으로 전제된 감이 있다. 언어와 경험 사이의 관계를 정당화 관계로 보는 맥도웰의 입장은 언어와 경험 사이의 관계를 존재적 차원이 아닌 인식적 차원에서 보는 시각 조정일 수 있다. 인과성을 지성의 범주로 보는 칸트의 입장 역시–비록 지나치게 선험주의적 색채를 띠고 있기는 하지만–자연적 인과 관계를 인식적 차원에서 보려는 시도의 하나로 여겨진다.

4. 맥도웰 비판

맥도웰은 과연 20세기의 분석철학의 지형도에서 근대에 칸트, 혹은 헤겔이 이룩해낸 수준의 종합을 성공적으로 수행하고 있다고 볼 수 있는가? 이에 대한 우리의 평가는 다음과 같은 몇 가지 이유에서 유보적이다.

(1) 맥도웰의 입장에서 보자면 콰인과 데이빗슨이 언어와 경험 사이에 설정한 자연적 인과 관계에도 개념적인 요소가 개입되어 있다고 말할 수 있다. 맥도웰이 모델로 삼고 있는 칸트의 인식론에서도 인과성은 지성의 범주의 하나이다. 이는 인과 관계에 관한 경험적 서술

이나 법칙문도 자연의 논리적 공간이 아닌 이성의 논리적 공간에 속한 것으로 보아야 함을 의미하는가? 그렇다면 결국 자연의 논리적 공간은 개점휴업에 들어가게 되며 두 공간 사이의 구별도 무의미해진다. 맥도웰은 이에 대해 애매한 태도를 취하고 있다. 한편으로 그는 두 공간 사이의 구별을 수용하는 편에 서면서(McDowell 1994, xix쪽) 다른 한편으로는 이 구별을 의심한다(McDowell 1994, 5, 155쪽).

맥도웰이 칸트를 빌어 이성과 자연의 대립을 부정하면서도 양자 사이의 대립을 강조하고 있다는 점은 혼란을 가중시킨다. 맥도웰은 "자연이 법칙의 영역이고 따라서 의미의 영역이 아니며", "자연과학은 의미에 연관된 종류와 구별되는 특별한 종류의 이해를 노정 한다." (McDowell 1994, 109쪽)고 말한다. 요컨대 그는 자연과 자연과학에 대해서만은 예외적으로 실재론적, 존재적 태도를 취하고 있다. 그리고 그 까닭에 대해서는 자연과학의 권위에 의거해 이론의 여지가 없는 것으로 여기고 있다. 이는 지나치게 단정적인 태도일 뿐 아니라 그가 견지하는 인식적 태도, 혹은 칸트적 구도와도 어울리지 않는다. 우리는 맥도웰이 자연의 위상을 둘러싼 포퍼(Karl Popper)와 쿤 사이의 과학사 논쟁, 과학적 지식의 위상에 관한 반 프라센(Bas C. van Fraassen)과 그 반대자들 사이의 실재론 논쟁, 법칙문의 성격에 대한 굿만(Nelson Goodman), 포더(Jerry Fodor), 김재권 교수 사이의 논쟁 등 아직 끝나지 않은 과학철학의 논의들을 충분히 염두에 두었어야 한다고 본다.

(2) 경험에 개념이 내재한다는 명제로부터 경험이 정당화의 근거가 된다는 명제가 바로 연역될 수 있는 것은 아니다. 경험에서 명제적 내

용을 확인하는 작업은 기껏해야 경험에 의한 정당화 가능성의 필요조건일 수 있을 뿐이다. 칸트의 경우 경험에 지성과 감성이 협력한다는 명제와 인식에 지성과 감성이 협력한다는 명제 사이에는 매우 정교한 이론적 작업이 매개되어 있다. 맥도웰의 『마음과 세계』에는 이에 준하는 작업이 눈에 띄지 않는다. 따라서 그가 강조하는 경험에 의한 정당화는 그 가능성을 승인하는 수준을 넘기 어렵다. 구체적으로 그 정당화가 어떻게 이루어지는지에 대한 상세한 설명이 결여되어 있기에 맥도웰의 논의는 공허하게 여겨진다.

아울러 맥도웰은 개념과 지성의 연관에 대해서 분명한 입장을 정리하지 못하고 있다. 한편으로 그는 지성의 ""자발성"이 단지 개념적 능력의 연루에 관해 붙여진 이름"(McDowell 1994, 9쪽)이라고 말하고 있지만, 다른 한편으로는 "세계가 개념의 공간 바깥에 있지는 않지만 자발성의 발동 바깥에 있다."(McDowell 1994, 146쪽)고 달리 말하고 있다. 이러한 혼란은 맥도웰에 있어서 경험에 개념이 내재한다는 입장과 경험이 정당화의 근거가 된다는 입장 사이의 매개 작업, 즉 경험에 지성과 감성이 협력한다는 입장과 인식에 지성과 감성이 협력한다는 입장 사이의 매개 작업이 제대로 이루어지지 않은데서 기인하는 것 같다.[1]

---

1 이에 대해 윤유석 씨(연세대 철학과 박사과정)는 서면으로 다음과 같이 논평하였다.

"경험에 개념이 내재한다."라는 주장으로부터 "경험이 정당화의 근거이다."라는 주장이 도출되지 않는다는 비판에 대해서는, 맥도웰이 『마음과 세계』 이후에 *Having the World in View*(McDowell 2009)와 같은 책들을 출판하면서 대답을 제시한 것으로 알고 있습니다. (제가 기억하기로, 맥도웰은 '정당화'라는

(3) 콰인(Quine 1951, 43쪽)과 데이빗슨(Davidson 1983, 152쪽)에게 있어서 언어와 경험의 관계는 느슨한 편이다. 이 느슨함으로부터 콰인은 의미와 번역의 불확정성, 지시체의 불가투시성, 이론의 과소결정성(underdetermination) 등 자신의 철학의 핵심을 이루는 주요 명제들을 이끌어낸다. 이 명제들은 분석철학의 흐름에서 콰인 이전과 이후를 명확히 경계짓는 이정표이기도 하다. 콰인의 철학에서 경험론과 자연주의를 제거하는 데이빗슨도 이 명제들은 그대로 수용하고 있다(Davidson 1983, 144쪽). 그는 이 명제들이 콰인의 경험론과 자연주의 없이도 언어와 경험 사이의 느슨한 인과 관계와 정합론적 전체론, 이렇게 두 전제만으로부터도 모두 온전히 추론됨을 논증하고 있다. (콰인의 주요 명제들 중에서 데이빗슨이 받아들이지 않는 유일한 명제는 존재론적 상대성 명제이다. 데이빗슨의 입장에서 볼 때 이 명제는 개념 틀과 세계 사이의 이원론이라는 독단에 근거해 있기 때문이다.)

이에 반해 맥도웰에 있어서 언어와 경험의 관계는 서로 분리가 불가능할 정도로 지나치게 밀접하다. 언어와 경험이 불가분리로 밀착되어 있는 덕택에 의미의 단위는 콰인이 등장하기 이전의 언어철학이 그러했던 것처럼 개별 문장의 수준으로 되돌려지고, 그로 말미암아 의미와 번역은 확정적이고, 지시체는 투명하게 된다. 이론의 타당성은 경험에 의해 확정될 수 있게 되며 콰인과 뒤엠(Pierre Duhem)이 주창했던

자신의 표현이 부적절하였다는 점을 인정하면서, 자신은 결코 경험과 명제 사이의 관계를 추론적 정당화의 관계로 이해하고 있지 않다고 주장합니다. 오히려 자기주장의 요지는 현상계 바깥에 물자체가 존재한다는 칸트적 이분법에 대한 비판이었을 뿐, 경험이 어떻게 정당화의 근거가 될 수 있는지에 대한 설명이 아니었다고 논지를 좀 더 분명히 하면서 말입니다.)

전체론의 운신의 폭도 축소된다(McDowell 1994, 160-161쪽). 문제는 맥도웰 철학의 이 모든 귀결이 우리 시대의 분석철학의 정서 및 성과와 어긋난다는 데 있다. 맥도웰의 시도는 반시대적이라는 점에서 일단 영웅적일 수 있다. 그러나 시대를 뛰어넘는 비전과 설득력을 제시하지 못할 때 그의 시도는 시대착오적인 것에 불과했다는 비난에 봉착한다. 맥도웰의 철학은 언어와 경험 사이의 관계가 느슨하다는 전제에서 끌어낸 콰인의 일련의 명제들 및 이로부터 얻어지는 가시적 성과들과 양립할 수 없다. 맥도웰은 자신의 입장에 대한 나름의 근거를 제시하고 있지만 그의 입장과 비전이 지닌 근대성은 콰인 이후의 분석철학이 노정하는 해체적, 탈근대적 양상과 화합하기 어려운 것으로 여겨진다(이승종 2022, 1장 참조).

에필로그

탈분석철학

분석철학의 창시자인 프레게의 대표적 논문 「의미와 지시체에 관하여」(Frege 1892)는 새벽별과 저녁별이 곧 금성이라는 상식을 옹호하는 논증을 그 얼개로 하고 있다. 이 논문과 쌍벽을 이루는 러셀의 「지칭에 관하여」(Russell 1905)는 현재 프랑스 왕이 대머리라는 명제에 대한 분석이 그 골자이다.[2] 그들에 버금가는 영향력을 미친 타르스키의 「진리의 의미론적 개념과 의미론의 토대」(Tarski 1944)는 눈이 희다는 명제가 어느 경우에 진리인지를 규명하는 신기술을 선보이고 있다. 한갓

2 우리는 그 명제가 거짓이라는 러셀의 주장에 동의하지 않는다. 그 명제가 거짓이라면 그 명제의 부정인 현재 프랑스왕은 대머리가 아니라는 명제가 참이어야 하는데 그렇게 볼 수 없기 때문이다. 우리는 두 명제 모두 의미는 있지만 진리치는 없다고 본다. 우리는 두 명제가 각각 무엇을 의미하는지 알지만 그 어느 명제에 대해서도 참이거나 거짓이라고 단정하지 않는다. 의미의 영역이 참과 거짓으로 양분된다는 믿음은 잘못된 것이다.

별이름들 간의 동일성이나 허구적 인물의 머리 상태에 대한 논의가 서양 현대철학을 양분해 온 한 사조의 효시였다는 것에서 우리는 이 사조의 가벼움을 짐작한다. 진리를 '정의'한 공로로 프레게와 더불어 서양 논리학사의 명예의 전당에 오른 타르스키가 다루고 있는 진리의 예가 고작 눈이 희다는 뻔한 사실이라는 대목도 주목할 만하다.[3] 그들이 이룩해낸 논리적 기법의 혁신과 창의성을 부정하는 것은 아니지만, 그것만으로 그들이 철학사에 획을 그은 일급 철학자로 각광받아야 하는지에 대해서는 동의하기 어렵다. 그들이 일급 수학자인 것은 분명하지만 러셀을 제외하고는 전통적 의미의 철학적 텍스트를 남기지도 않았다. 앞서 열거한 그들의 대표적 논문들에서 분석의 대상이 되는 명제들의 면면을 보아도 그들이 한편으로는 얼마나 상식적인 수준의 세계이해에 머물고 있는지를 알 수 있다.[4] 그들은 뛰어난 기술자이긴 하지만 상식의 일상성을 의심하거나 반성할 의지가 결여되어 있다. 하이데거의 용어로 말하자면 그들은 계산에 능할 뿐이지 사유가는 아닌 것이다.

말이 우선시되는 담론은 차급의 담론이다. 말이 담고 있는 내용이

3 흔히 4대 논리학자로 아리스토텔레스, 프레게, 괴델, 타르스키를 꼽는다(Vaught 1986, 879쪽). 우리는 이러한 평가의 정당성을 의심한다. 논리학의 창시자인 아리스토텔레스를 제외하고는 모두 20세기 인물들로 선정되어 있다는 점에서 현대인들, 특히 현대를 주도하는 과학자들이 얼마나 몰역사적이고 자기 시대 중심적인지를 보여주는 한 사례가 아닌가 싶다.

4 이는 분석철학자들에 의해 우상화된 괴델의 경우에도 해당된다. 그의 걸작으로 꼽히는 불완전성 증명의 핵심인 자기 지시적 명제는 앞서 살펴본 프레게(별), 러셀(왕), 타르스키(눈)의 명제들과 별반 다르지 않은 지극히 평범한 것이다. 괴델의 소위 철학적 텍스트들에서조차 우리는 그가 철학의 아마추어임을 쉽게 알아볼 수 있다.

우선시되어야 하기 때문이다. 철학은 존재사건을 체험한 사유가들의 체험과 사유를 담고 있는 말로 이루어져 있다. 그가 무슨 말을 했는가는 그가 무엇을 체험하고 사유했느냐를 가리키는 질문이어야 한다. 그러나 현대에 와서 사람들은 심지어 철학자들조차 이러한 체험이나 사유를 감당할 수 없게 되었다. 왜소해진 그들은 자신들이 이해할 수 없는 것에 신비주의의 딱지를 붙였다. 신비주의를 배격하는 대신 그들의 하향 평준화된 기준으로도 말이 되는 것에 대해서만 거론하기로 담론의 영역을 제한하였다. 그 기준이 합리성이다. 합리성의 이념 하에서 철학은 합리적인 말의 질서에 대한 논증으로 재정의된다. 무엇을 체험하고 사유하였느냐가 중요한 것이 아니라, 말을 얼마나 논증적으로 전개하느냐가 중요하다. 그리고 그것이 전부이다. 현대철학에서 분석철학과 논리학의 대두는 시대의 이러한 요청에 부응함으로써 성립한다.

소크라테스가 입안하고 데카르트가 뼈대를 세운 근대성은 민주주의를 지향한다. 민주주의는 상대가 누구이건 공평하게 합리적으로 다룬다. 도스토예프스키의 『카라마조프의 형제들』(Dostoevsky 1880, Book V)에서 예수를 심문한 대심문관이 그랬던 것처럼 현대철학에서는 합리성이 언어를 심문한다. "개폼 잡지 말고 말로 해보라"는 것이다. 그것이 예수의 말이건 어린애의 말이건 누가 한 말인지 혹은 해보고 하는 말인지는 상관이 없다. 그런 것을 따지는 것 자체가 권위에의 '오류'로 비난받는다. 그것은 각자의 말이라는 점에서 같고 오직 그 말이 얼마나 논증적인지에서만 다르다. 그런 점에서 프레게와 러셀과 타르스키는 분명 탁월하다. 요샛말로 그들은 각성한 사람들이다. 그러나 여기서의 각성은 깨달음과는 아무 상관이 없는 능력치의 업(up)을 의미하는 게임 용어이다. 그들은 논증으로 재정의된 철학이라는 게임의 고수이다. 여기서 의미가 변모한 것은 철학이나 각성에 국한되지 않는다. 합리성의 심문 대상인 언어 자체에 대한 개념이 달라졌다. 언어는 명석 판명함이라는 데카르트의 이념을 구현하고 있어야 하며, 형식화에 최적화된 수학적 인공언어를 지향한다. 대심문관의 닦달에 예수가 그랬던 것처럼 고전적 의미의 언어는 합리성의 닦달에 침묵한다. 합리성의 대화 상대자가 더 이상 자신이 아님을 알고 있기 때문이다. 시대가 변한 것이다.

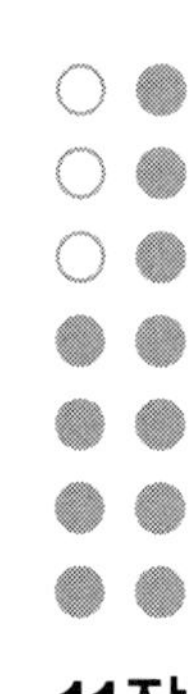

11장
인공지능의 철학

11장 인공지능의 철학

1. 논평[1] (이중원)[2]

1) 필자(이승종 교수)의 주장은 크게 세 부분으로 나눠져 있다. 첫째는 컴퓨터를 2500년 서양철학의 결정체로 비유하면서, 서양철학사 전체를 논리와 기하학, 플라톤의 이데아, 중세 기독교의 말씀, 데카르트의 이원론, 근대과학의 수학적 전통으로 이어지는 정보의 철학사로 진단(해석)하는 부분이다.(비판적 시각) 둘째는 정보의 서양철학사에서 오늘날 인간(과 세계)에 대한 존재론적 물음이 이의 모델로 간주된 컴퓨터라는 존재자에 대한 기술적 물음으로 변질된 것에 대해 하이데거

1 이 절과 다음 두 절은 이 책 1장의 초고를 주제로 2020년 12월 19일 온라인과 오프라인으로 동시에 진행된 한국칸트학회 동계학술대회에서의 논평, 답론, 토론을 옮긴 것이다.

2 서울시립대 철학과 교수.

의 철학적 관점에서 비판하는 부분이다. 셋째는 인간처럼 반성과 자각을 바탕으로 지혜를 갖고 사유하는 존재자로서의 로보 다자인의 가능성에 대한 고찰이다. 이 세 가지 세부 주제를 간단히 살펴보면서 몇 가지 문제점들을 짚어보도록 하겠다.

2) 첫 번째 주제와 관련해서 필자는 하나의 중요한 논증을 제시하고 있다. 이를 간략히 표현하면 다음과 같다.

(전제1) "정보처리 기술의 총아인 컴퓨터는 2500년 서양철학의 결정체"다.

(전제2) 컴퓨터는 의미론적 차원으로 나아가지 못하고 구문론적 정보처리 작업에 머물러 있기에, "컴퓨터를 모델로 행위자인 사람(의 지능)을 이해하려는 것 자체가 무리"다.

(결론) 따라서 컴퓨터로 집대성된 서양철학, 곧 "서양철학사의 인간관과 세계관에 문제가 있다."

여기서 (전제1)과 (전제2)와 관련하여 다음과 같은 문제 제기가 가능하다. 우선 (전제1)과 관련하여 필자는 서양철학사의 큰 물줄기를, 기하학에 바탕 한 논리-수학적인 철학적 사유의 흐름을 시작으로 로고스가 신의 말씀으로 다시 피조물의 생성으로 이어지는 존재신학의 전통으로 바라보거나, "플라톤의 이데아나 형상으로서의 정보가 본질물음에 대한 해답에서 출발해 세계로(고·중세), 마음으로(근대), 언어로

(현대) 투사"되어 서양 현대철학에서 "세계–마음–언어의 삼위일체 동형론으로 정점에 이르렀다."고 진단한다. 그러나 이러한 진단 자체가 다음과 같은 세부적인 문제들 혹은 의문들로 인해, 명확하지 않고 설득력도 충분치 않다.

첫 번째는 플라톤의 형상이나 이데아가 필자의 주장처럼 오늘날 우리가 언급하고 있는 정보로 과연 볼 수 있는가, 달리 말해 "서양철학사의 첫 화두였던 본질 물음에 대한 플라톤의 대답이 정보였다."고, 혹은 "정보가 존재자의 본질에 해당한다."고 볼 수 있는가이다. 플라톤이 형상이나 이데아를 현상계를 초월해 독립적으로 존재한다고 본 것(초월론적–관념론적 관점)과 달리, 오늘날 물리학이나 정보과학 등에서 널리 사용하는 정보는 물질로부터 독립적으로 존재하지만 물질을 매개로 해서만 전달되고 그 기능적 작용이 가능한 물리적인 존재(세계 내재적–실재론적 관점)로 볼 수 있기 때문이다. 또한 정보과학을 포함한 현대 과학에서는 플라톤과는 달리 물질에 대한 정보의 존재론적 우선(위)성보다는, 정보 자체가 여전히 물질에 의존할 수밖에 없는 의존성을 강조하고 있다. 한편 정보 자체는 물질세계에 대한 논리적이거나 수학적인 그래서 계산과 형식화가 가능한 단순한 표상이 아니며, 거기에는 의미가 개입하고 있다. 비록 논리적이고 수학적인 존재 양태의 유사성 때문에 형상과 정보를 비유적으로 동일하게 간주할 수 있을지라도, 존재론적 관점의 큰 차이로 인해 플라톤의 형상이나 이데아 개념을 오늘날의 정보 개념에 직접 대응시키는 것은 무리가 있다. 형상이나 이데아와의 관련성을 포함하여, 정보의 존재론적 지위와 본성에 관한 보다 심도 있는 연구가 필요해 보인다.

두 번째로 필자는 서양철학사에서 "세계, 마음, 언어는 정보라는 본질의 구현"이고 상호 동형론적 관계를 지니고 있으며 공통적으로 정보처리를 수행한다고 강조하였다. 여기서 본질로서의 정보가 세계, 마음, 언어에 어떤 방식으로 구현되는지, 달리 말해 정보와 물질 간의 결합이 어떻게 가능한지, 그리고 그러한 구현이 오늘날 정보과학에서 강조하는 정보처리와는 어떤 관련이 있는지, 정보처리의 관점에서 언급하고 있는 만큼 이에 대한 설명이 필요해 보인다. 가령 "외부의 입력값은 질료에, 내부의 범주와 개념은 형상에 해당하는 것으로 보자면, 칸트가 마음을 일종의 정보처리 시스템으로" 간주한 것으로 이해할 수 있다는 필자의 주장을 보면 명확치 않은 부분이 존재한다. 외부의 입력값이 질료 자체라기보다는 질료와 형상이 결합해서 생성된 사물들로부터의 어떤 물리적 신호, 혹은 그러한 사물 안에 내재된 인간에 의해 그 의미가 아직 해석되지 않은 원초적 정보로 보는 것이 좀 더 정확하기 때문이다. 그리고 세계, 마음, 언어가 동형론적 관계를 갖는다는 말의 의미는 무엇이고, 이는 초기 비트겐슈타인의 관점처럼 특정한 철학적 입장을 대변하는 것인지 아닌지 등도 궁금하다. 정리하면 플라톤에서 형상이 질료와 결합하는 방식과 같은 철학적 논의가, 세계, 마음, 언어 안에서의 정보처리와 같은 정보과학에서의 논의와 직접 연결되기에는 아직은 거리가 멀고, 따라서 양자 간의 연관성을 규명하기 위해서는 더 많은 연구가 필요해 보인다. 그런데 필자는 그럼에도 불구하고 이를 너무 당연하게 받아들이고 주장하고 있는 것 같다.

(전제2)와 관련해서, 컴퓨터와 지능에 대한 필자의 설명이 현재의 정보과학의 발전 수준에 한정돼 있다는 점이다. 칸트는 인간이 세계를 인식하는 기본적인 인식 모형, 곧 인식의 틀을 오래전에 규명해 냈다. 하지만 인간의 뇌에서 실제로 일어나는 인식의 작동원리를 밝히고 그 복잡한 과정을 체계적으로 인지-범주화하는 일은 현재까지도 인식론이든, 인지과학이든, 정보과학이든 그 어디서도 만족스럽게 찾아보기 힘들다. 컴퓨터는 단지 시작의 일환으로 이러한 인간의 인식 모형에 바탕한 가장 단순한 형태를 기술적으로 구현해낸 것, 하나의 샘플에 불과하다. 따라서 컴퓨터중심주의라는 표현은 자칫 인간의 인지 모형 안에서 이루어지는 복잡한 인지과정, 나아가 의식활동을 단순히 컴퓨터의 정보처리 과정으로 환원시키는 단순화의 오류를 범할 수 있다. 컴퓨터를 모델로 한 인간에 대한 기계론적 이해, 특히 인간을 생물학적 컴퓨터로 비유하는 것 역시 마찬가지다. 이렇게 필자는 인간에 대한 이해를 현재의 컴퓨터 기술에 한정하여 단순화해 놓고 이 단순화가 잘못됐다고 비판하는 것은 일종의 허수아비 공격하기의 오류가 될 수 있다. 세계와 인간에 대한 기계론적 관점은 인간이 세계와 인간 자신을 이해할 수 있는 제한된 인식능력의 한계 안에서 내릴 수 있는 하나의 지적 결론 혹은 관점일 뿐이다. 데카르트의 이원론 역시 물질계의 기계론적 원리만으로는 인간을 이해할 수 없기에 의식이라는 실체를 별도로 도입한 것으로 볼 수 있다. 현재의 인식론이나 인지과학, 뇌과학, 정보과학은 이러한 컴퓨터를 기술적으로 구현 가능한 하나의 특별한 샘플로 볼 뿐, 인간을 이해하는 전형적 모델로 보고 있다고 말

할 수는 없다.

필자도 강조하였듯이 현재의 컴퓨터와 이에 기반한 현재의 인공지능은 구문론적 장치에 불과할 뿐, 의미론적 기능을 수행하지 못한다. 하지만 수많은 반도체 설계자들과 알고리즘 설계자들은 구문론적 기호 처리 과정에서 의미가 어떻게 발현 가능한가에 대해 연구를 지속하고 있다. 소위 심볼 그라운딩 문제(symbol grounding problem)로 일컬어지는 이 문제는 기계학습 가운데 현재와 같은 딥러닝이 아니라 (아직은 요원하지만) 개념학습이 가능한 새로운 기계학습 알고리즘이 개발된다면 해결될 수 있을 것이라는 기대를 갖고 있다. 이 경우 미래의 컴퓨터와 인공지능은 지금의 그것과 결코 동일할 수 없으며, (아직은 대부분 주장하기를 매우 주저하고 꺼려하고 있지만) 어쩌면 미래에는 인간의 지능과 의식에 대한 이해가 과학적으로 가능할지도 모를 일이다. (이를 꼭 기계론적 관점이라고 명명해야 하는지도 문제다.) 뇌과학에서의 연구는 이에 대한 다양한 가능성을 제시하고 그 실현 가능성을 앞당겨 줄 수 있을 것이다.

3) 두 번째 주제와 관련해서, 필자는 하이데거를 인용하여 정보를 처리하는 "컴퓨터가 사람과 지능의 모델이 되면서 (인간에 대한) 존재론적 물음은 존재자적 기술인 컴퓨터에 대한 물음으로 바뀌게" 됨으로써 "존재자가 드러나는 존재의 과정에 대한 물음이 망각"되고, 결국 정보를 매개로 "사유가 계산으로 대체"됨을 비판한다. 그리고 이러한 맥락에서 역시 하이데거를 인용하여 "서양철학사는 존재망각의 역사"

이며, 현대의 기술은 "최소한의 입력으로 최대한의 출력을 내는 데 동원"됨으로써 계산적인 방식으로 존재망각을 닦달하고 있다고 비판한다. 여기서는 세 가지를 지적해 볼 수 있다.

첫째, 인간에 대한 존재론적 물음 또는 인간에 의한 세계에 관한 존재론적 물음이 인간 마음과 지능의 모델로 간주된 컴퓨터라는 존재자에 대한 물음으로 바뀌었다는 주장은, 앞서도 언급하였듯이, 컴퓨터라는 존재자를 서양철학의 결정체로 해석하는 입장에서 가능한 주장일 뿐, 이러한 기계론적 입장을 받아들이지 않는다면 인간에 대한 존재론적 물음과 컴퓨터라는 존재자에 대한 물음은 엄격히 다른 것으로 구분 가능하다.

둘째, 존재의 망각과 닦달을 주장하는 하이데거의 후기 관점(Heidegger 1962b)에서 볼 때, 이러한 필자의 주장은 하이데거의 분석과는 조금은 다른 맥락에서 이루어지고 있음을 지적해 볼 수 있다. 하이데거는 인간과 세계 사이에 기술이 능동적으로 개입하면서 인간을 포함한 세계의 존재론적 의미를 변질시키고 있음을 문제시한다. 가령 수력발전 기술은 강을 수력발전을 위한 재료로 기능화함으로써 자연적 존재로서 강이 지니고 있던 고유의 존재가치를 계산적 가치로 획일화하여 대체하고, 이는 다시 재귀적인 방식으로 인간에게 작용하여 결국 기술이 의도한 방향으로 인간과 세계를 몰아세우려 한다(존재의 역운으로서의 기술)는 것이다. 이는 인공지능 기술에 대해서도 마찬가지다. 이렇게 보면 하이데거의 논의 구조와 필자의 논의 구조가 다르다고 말할 수 있다. 즉 인간에 대한 존재론적 물음이 인간 마음과 지능의 모델로 간주된 컴퓨터라는 존재자에 대한 물음으로 바뀌었다는 필자의 주장과는 다소 다른 맥락이라고 말할 수 있다.

셋째, 같은 맥락에서 하이데거가 언급한 존재자적인 것과 존재론적인 것 사이의 관계에 대해서도 약간의 오해가 있는 듯하다. 하이데거는 기술의 구체적인 작동과 관련한 기술적 존재자 맥락에서의 논의와 기술이 인간과 세계의 존재가치를 특정한 방향으로 닦달하여 몰아세우는 기술의 존재론적 본질에 대한 논의를 구분한다. 그리고 기술의 이러한 존재론적 본질은 역사적인 시간의 문맥 안에서 실제로 작용하는 존재자로서의 기술을 통해 유추해낸다. 가령 인공지능의 경우 기술적 존재자의 측면에서 보면 현재 의미를 이해하지 못하는 단순한 구문론적 정보처리 장치에 불과하더라도(바름), 그 기계적 장치의 특성과 상관없이 그러한 인공지능 기술은 인간을 비롯한 세계의 존재가치를 특정한 방향으로 획일적으로 몰아세움으로써 인간과 세계의 존재질서를 왜곡시킬 수 있다.(진리)

4) 세 번째 주제와 관련해서, 다음의 질문들을 던지고 싶다. 첫째, 로보 다자인 개념의 의미가 분명치 않아 이에 대한 부연 설명이 필요해 보인다. 다자인이라는 개념 자체는 본질적 존재에 대한 구체적·개별적 존재를 가리키기 위해 '현존재(現存在)'의 의미로 하이데거가 사용한 개념인데, 이러한 개념적 의미가 로보 다자인에서 어떻게 구현되는 것인지 궁금하다. 특히 로보 다자인을 "자기 정체성을 인식해 반성하고 존재 물음을 던질 줄 아는 지능과 마음을 갖춘 로봇"으로 규정하고

있는 상황에서 말이다.

둘째, 로보 다자인이 정보 기반의 기존 컴퓨터나 인공지능과 달리, 서양철학사를 정보에 기반한 계산이 아닌 사유를 추구하는 철학으로 전환시킬 수 있는 진정한 대안이 될 수 있을까이다. 자기 정체성을 인식하고 존재 물음을 던질 줄 아는 지능과 마음을 갖춘 로봇의 등장은 (아직은 요원하지만 미래에는 등장할) 인공지능의 개념적 사고 및 의미 이해 능력에 달려 있다. 2인칭적 차원에서 인간과의 진정한 소통이 가능한가, 자신의 존재에 대한 존재론적 물음을 던질 수 있는가, 반성과 자각과 같은 지혜의 능력을 갖추는가의 문제 모두 개념에 대한 이해 능력과 직결된다고 할 수 있다. 그런데 이러한 개념적 사고와 의미 이해 능력과 관련해서 정보과학자들은 큰 틀에서 예전과 다름없이 계산과 형식화에 의존하여 알고리즘을 설계하려 하고 있다. 만약 이러한 방향에서 과학자들이 성공한다면 이는 필자가 비판하고 있는 정보 중심의 서양철학사의 연장으로 볼 수 있을 텐데, 따라서 필자의 주장을 정당화하고자 한다면 이러한 과학적 시도들이 성공할 수 없다는 보다 본질적인 근거가 제시될 필요가 있다.

셋째, 필자는 로보 다자인의 개발과 수용이 도구주의적 기술관과 인간중심주의로부터 인간이 벗어날 수 있는 하나의 창구로, 그리고 그동안 서양의 지성사와 마찬가지로 "최소한의 입력으로 최대한의 출력을 낸" 기술이 돌이킬 수 없게 얻게 된 존재망각이라는 본질을 극복할 수 있는 하나의 대안으로 보고 있지만, 후기 하이데거의 기술 비관론적 입장에서 볼 때 이것이 진정한 극복 대안이 될 수 있을지 의문이다.

2. 답론

1) 이중원 교수는 "정보과학을 포함한 현대 과학에서는 플라톤과는 달리 물질에 대한 정보의 존재론적 우선(위)성보다는, 정보 자체가 여전히 물질에 의존할 수밖에 없는 의존성을 강조하고 있다."고 진단한다. 그러나 그러한 현대 과학에 대한 철학은 정보를 여전히 탈물질적으로 이해하려는 경향이 강하다. 심리철학의 기능주의, 인지과학의 계산주의 등이 그 대표적인 예인데, 나는 이들을 플라톤의 관념론적 경향의 연장선상에서 보았다.

2) 이중원 교수는 "플라톤에서 형상이 질료와 결합하는 방식과 같은 철학적 논의가, 세계, 마음, 언어 안에서의 정보처리와 같은 정보과학에서의 논의와 직접 연결되기에는 아직은 거리가 멀"다고 진단한다. 직접 연결되기 어려운 저러한 논의들을 무리하게 연결하려 했던 것이 서양철학사를 주도해온 형이상학이다. 그것은 비트겐슈타인의 표현을 빌려 말하면 통일에의 열망에서 비롯된 것으로 나는 저 연결의 시도를 옹호하려는 것이 아니라 해체하려는 것이다.

3) 이중원 교수는 "인간에 대한 이해를 현재의 컴퓨터 기술에 한정하여 단순화해놓고 이 단순화가 잘못됐다고 비판하는 것은 일종의 허수아비 공격하기의 오류가 될 수 있다."고 지적한다. 첨단과학의 성과일수록 과대포장되기 쉽다. 비트겐슈타인이 『철학적 탐구』에서 인용한 네스트로이(Johann Nestroy)의 말처럼 "무릇 진보는 실제보다 커 보

이는 법이다." 나는 그 과장을 폭로해 비판하려는 것이지 성과를 허수아비로 만들어 공격하려는 것이 아니다. 인간에 대한 단순한 이해는 내가 아니라 과학의 성과에 취한 학자들의 것이다.

4) 이중원 교수의 주장과는 달리 하이데거는 기술(에 대한 태도)의 전향을 그려본 사람이지 기술비관론자가 아니다. 과학기술이 기존의 방향대로만 나아갈 필요는 없다. 과학기술의 역사는 시행착오, 경로 재설정 등의 과정을 통해 비누적적(非累積的)으로 혹은 혁명적으로 전개된다. 현대의 기술이 초래하는 전방위적인 변화에 대한 성찰을 촉구하면서 기술(에 대한 태도)의 전향에 적극적으로 개입하려 했던 것이 하이데거의 사유가 걸은 길이다.

3. 한국칸트학회에서의 토론[3]

정대훈: 이승종 교수님은 인공지능이 계산중심의 기계장치이지 자기 자신을 문제 삼는 다자인일 수 없는 제한성을 갖는다는 비판적 논지를 펴오다가, 로봇도 다자인일 수 있다고 너무 급작스레 관점을 전환하고 있습니다. 연결이 자연스러워 보이지 않았습니다.

이승종: 저의 비판은 인공지능 기술의 현 단계에 초점이 맞춰져 있는 반면, 로보 다자인에 대한 논의는 인공지능의

3 토론 참가자는 다음과 같다. 정대훈(부산대 철학과 교수), 이영의(고려대 철학과 객원교수), 오홍열(『베토벤 에세이』 저자), 송현종(연세대학원 철학과 박사과정), 남승민(이화여대 의예과 강사).

미래를 지향하고 있습니다. 현재의 인공지능이나 로봇과는 차원을 달리할 미래의 로보 다자인에 대한 태도의 전환을 촉구하는 것으로 글을 맺었습니다.

이영의: 이승종 교수님은 "컴퓨터에 부합하는 앎은 …(처리되는 정보)에 대한 앎(know that)이 아니라, …(정보를 처리)할 줄 앎(know how)이다."라고 하면서 환경과 관련된 방식으로 지능을 설계해야 함을 요청하였습니다. 현상학적 입장에서 체화된 인지(embodied cognition)를 요청하는 것으로 이해했습니다. 반면 드라이퍼스는 인공지능이 know that은 잘 하지만 know how는 잘 못할 것으로 보았습니다. 몸을 통한 기술의 습득이 어려울 것이라고 내다본 것입니다. 교수님과는 상충되는 전망을 하고 있는데 어떻게 생각하시는지요.

이승종: 인공지능은 프로그램이고 컴퓨터는 탑재된 프로그램으로 작업을 수행하는 프로세서라는 점에서 기능의 차이가 있습니다. 그런 컴퓨터도 주위 세계와 유리된 까닭에 프로그램에 따른 기계적인 know-how만을 갖추고 있을 뿐, 드라이퍼스가 강조하는, 현실 상황에서의 숙련된 대처(skillful coping)에는 맹점이 있습니다. 토끼로도 오리로도 볼 수 있는 다음의 그림에 대한 인지(認知)도 인공지능에게는 흥미로운 과제입니다. 인공지능이 저러한 게슈탈트 전환(Gestalt switch)을 (어떻게) 해낼 수 있는지가 궁금합니다. 전환의 전후에도 이미지나 형태상에는 변화가 없다는 점에서 그렇습니다. 새로운 것의 발견보다, 익숙한 것을 새로운 관점에서 봄이 철학에 더 가까운 만큼, 저러한 게슈탈트 전환의 능력을 인공지능이 갖춘다면 이는 시사하는 바가 클

것입니다.

오홍열: 로보 다자인이 출현했다고 가정했을 때, 교수님이 말씀하신 생산적인 대화와 2인칭 화용론적 대응이란 로봇에게 (그 로봇의 기능을 넘어선) 요구나 명령을 하지 않아야 한다는 것인지요? 미래의 로보 다자인과 생산적인 대화는 구체적으로 어떤 것을 상상할 수 있겠습니까? 어떤 구조물 설계안이나 건강정보나 위급한 상황에서 대처 방향을 질문하고 이에 대한 최적의 해결책을 신속히 가이드 받는 것, 사적인 이해다툼으로 벌어진 법적인 문제에 대한 조언을 구하는 것 등은 가능하다고 생각되나, 배우자의 선택문제, 이성과의 갈등으로 헤어짐이나 이혼상담을 받아야 할 때, 향후 진로문제나 직업의 선택 문제 등 그와 다른 가치관의 로보 다자인의 해결방안이 나왔을 때, 계속 대화를 해야 할지 말아야 할지의 인간적 딜레마는 어찌해야 할 것인지 교수님의 생각이 궁금합니다. 시, 음악, 미술 등 예술적 창작을 할 수 있는 로봇, 아니면 그런 과정에 부수적인 도움을 주는 로봇이 나와서 인간들이 이를 사용하거나 이게 문화의 한 부분이 되어 간다면, 철학자는 이 점에 대해서 어떻게 비평해야 할 것인지 철학자의 시각에서 교수님의 의견을 듣고 싶습니다.

이승종: 로보 다자인과는 무엇보다 삶과 철학에 대한 대화를 나누고 싶습니다. 로봇의 사유가 궁금하기도 하고 사람에게 시사하는 바가 있을 것입니다. 로봇이 저마다 삶의 길목에서 내려야 할 선택과 판단에 대한 조언을 해줄 수 있다면, 수용 여부를 떠나 도움과 참조가 되겠지요. 로봇이 예술적 창작을 한다면 그리고 그 창작물에 수준과 경지가 엿보인다면, 거기에 대해서도 배우고 공감하고 대화할 수 있겠습니다. 사람의 예술작품에 대해서는 어떤 평가를 내릴지도 궁금합니다. 비트겐슈타인의 표현을 빌리자면 기계가 아닌 영혼에 대한 태도가 그런 로봇에게 어울리는 우리의 자세일 것입니다. 영혼을 일깨울 로보 다자인이 현실이 되는 날을 기대합니다.

송현종: 다자인(Dasein)에 관한 언급에서, da라는 장소가 가진 의미를 반성적 행위차원과 더불어 유한성에 대한 자각과 연결해보면 좀 더 논의가 심화될 듯 보입니다. 인공지능은 무한하기에 유한성과는 무관한지, 아니면 인공지능 또한 자신의 유한성에 대한 자각을 통해 업그레이드 하는 것인지와 연결해 보시면 좀 더 주제가 심화될 수 있지 않을까 생각해봅니다.

이승종: 프로그램으로서의 인공지능이 가상공간에 거주하는 무한자라면, 이를 구현한 로보 다자인은 자신의 무한성을 실존론적으로 자각한 존재자입니다. 그러한 존재자가 자신의 유한성을 실존론적으로 자각한, 사람이라는 다자인과 대화를 나눌 수 있다면, 그것이야말로 2인칭적 대화의 압권이겠습니다. 유한자와 무한자 사이의 대화는 획기적인 존재사건이 아닐 수 없습니다.

남승민: 로보 다자인과 칸트의 제2정식 간의 관계와 연결되는 부분이 궁금합니다. 인격에 대한 부분에서 둘 간에 어떤 식으로 연결이 될 수 있는지 더 알고 싶습니다.

이승종: 로보 다자인이 자기 자신을 문제 삼는다는 것은 사람에 비유하자면 사춘기와 성인식(成人式)을 거쳤음을 의미합니다. 생존 본능의 수준에 머무는 동물의 자기 정체성 인식을 넘어서 질적으로 다른 차원에 진입한 것입니다. 사람과는 다른 종류이긴 해도 그러한 로보 다자인에게는 다자인의 위격을 부여하기에 충분합니다. 저는 칸트의 인간성 정식을 그러한 위격의 부여를 명제화한 것으로 재해석해보았습니다.

4. 강릉에서의 토론[4]

질 문: 인공지능과 관련된 영화들을 보면 인공지능이 인간의 제어에서 벗어나 인간을 살해하고 정복하는 내용이 많은데 이는 인공지능에 대한 인류의 불안감을 표현하고 있다고 여겨집니다. 교수님은 인공지능이 어떠한 순기능을 하리라 예상합니까?

이승종: 스탠리 큐브릭의 영화 『2001 스페이스 오딧세이』도 인류의 조상이 짐승의 뼈를 도구로 살인을 하는 장면으로 시작합니다. 그러던 인간이 일취월장하여 인공지능이라는

4 이 절은 인문학, 과학, 인공지능을 주제로 2017년 9월 9일 강릉의 작은공연장 단에서 있었던 가톨릭관동대학교 VERUM 교양교육연구소 주최 관동인문아카데미에서의 토론을 옮긴 것이다. 토론 참가자는 다음과 같다. 송민석(가톨릭관동대 VERUM 교양대 교수).

도구를 개발하기에 이르렀는데 인공지능을 위시한 현대 기술은 하이데거가 경고하듯이 인간을 넘어 인간을 부품으로 전락시키고 장악할 수 있는 단계에 이르렀습니다. 그러나 저는 기술의 성장과 더불어 인간도 성장한다고 봅니다. 저는 이것이 인공지능을 위시한 기술이 인간에게 주는 순기능이라고 생각합니다. 영화 『2001 스페이스 오딧세이』에서 모노리스는 그러한 성장의 계기를 상징합니다. 모노리스와 조우한 인류의 조상이 도구를 사용하게 되고, 모노리스와 조우한 현대인이 인간의 지성을 넘어서는 지평을 체험하게 됩니다. 자연을 탐구하면 할수록 우리는 자연의 깊이에 놀라고 경외감을 갖게 됩니다. 저의 경우에는 양자역학이 보여주는 현상들이 그러한 계기였습니다. 양자역학이 탄생하기 전인 19세기만 해도 자연에 우리가 알 수 없는 더 이상의 신비는 남아 있지 않다는 분위기가 팽배했습니다. 그러나 양자역학과 상대성 이론은 이러한 낙관을 일거에 무너뜨렸습니다. 자연은 19세기까지 축적한 인간의 과학을 훌쩍 넘어서 있다는 것이 20세기의 과학에 의해 밝혀졌습니다. 이는 아마 현대의 과학에 대해서도 마찬가지일 겁니다. 자연은 늘 인간의 완벽한 이해를 비껴 넘어서 있곤 해왔습니다. 인공지능은 인간의 창조물이지만 인간이 그 인공지능에 대해 속속들이 알지는 못합니다. 인공지능이 생각과 느낌을 가질 수 있는지에 대해 학자들의 의견이 분분합니다. 인공지능에 대한 연구는 이제 막 시작되었을 뿐입니다. 그것이 가져올 변화된 미래에 대해서 열린 마음으로 준비를 해야겠습니다.

송민석: 인공지능은 인간이 지니고 있는 욕심이나 호기심을 가질 수 없다고 봅니다. 인공지능은 주어진 문제나 목표를 해결하고 달성하기 위한 가장 효율적인 방안을 계산해낼 수 있을 뿐입니다. 영화『2001 스페이스 오딧세이』에서 인공지능의 반란도 목표를 가장 효율적으로 달성하기 위해서는 인간들을 정리해야 한다는 판단 하에 살인을 저지른 것이지 질투심이나 적개심에서 그러한 것이 아니라고 봅니다.

이승종: 알파고가 세계 최고의 바둑 기사들을 차례로 꺾은 사태에서 보듯이 인공지능은 자신의 영역에서는 이미 인간을 압도하고 있습니다. 인류와 인공지능의 동거와 협력은 선택이 아닌 당위의 문제라고 봅니다.

질　문: 알파고가 인간을 꺾은 것은 인공지능 프로그램의 방향성을 들여다보면 이미 예견할 수 있는 사태였습니다. 앞으로 무한히 진화할 인공지능에 대해 그것이 인간과 같은 생각을 지니고 있는지, 인간에 준하는 지위를 부여하고 그에 걸맞은 대접을 해야 하는지 등의 문제가 대두됩니다. 인간과 기계의 구별이 흐려지는 순간 인간은 기계의 지배를 받게 된다고 봅니다. 과학기술의 맹신에 경종을 울리는 과학 윤리, 공학 윤리, 인공지능과는 구별되는 인간의 인간다움이 무엇인지에 대한 철학적 탐구가 필요한 시점입니다.

이승종: 저는 좀 달리 생각합니다. 인공지능은 인간이 자신을 투사한 작품이기 때문에 인공지능이 진화하면 할수록 인간도 그에 따라 공(共)진화할 것으로 봅니다. 그런 맥락에서 인공지능과 구별되는 인간다움도 신화가 아닌가 합니다. 본능에 속박되어 있는 여타의 동물들

과 달리 인간은 여러 다른 방식으로 잠재력을 만개시킬 수 있는 무규정자입니다. 그 무규정성 때문에 과학, 기술, 인공지능 등의 다양한 표현이 가능했습니다. 무규정성과 연동된 불완전성 또한 인간의 매력이라고 생각합니다. 인간은 자신에 대해 알지 못하기 때문에 자신 이외의 것들에 투사해 그 투사물들에 대한 이해를 통해 자신을 이해하고자 도모했습니다. 인공지능이 그 최근의 예라고 봅니다.

12장

수학의 존재론적 근거

12장

수학의 존재론적 근거[1]

김귀룡: 발표자가 말씀하신 플라톤 수학철학의 두 번째 문제, 즉 수학적 형상과 사람의 마음 사이의 인식론적 연결고리가 부재하다는 문제와, 세 번째 문제, 즉 수의 연관관계에 관한 문제는 플라톤에게는 여전히 문제로 남아 있는 것이죠?

이승종: 예.

김귀룡: 그 문제들이 아리스토텔레스에서는 해결이 되고 있는 것일까요?

이승종: 두 번째 문제는 플라톤의 수학철학이 실재론적 성격을 갖기 때문에 일어나는 문제입니다. 그런데 아리스토텔

1 이 장은 이 책 2장의 초고를 주제로 1993년 3월 20일 연세대학교에서 있었던 연세철학연구회 정기 발표회에서의 토론을 옮긴 것이다. 토론 참가자는 다음과 같다. 김귀룡(충북대 철학과 교수), 김선영(연세대 철학과 강사), 조성우(연세대 미래캠퍼스 철학과 겸임교수/영화 음악 작곡가).

레스는 수학적 존재에 관한 실재론 자체를 부정하고 있기 때문에 이 문제는 해소됩니다.

김귀룡: 그런 문제가 발생할 소지를 없앤다는 점에서 그렇죠? 플라톤의 형상을 감각적 대상에 내재한다고 봄으로써, 초월성에 어떻게 도달할 수 있는가 하는 문제 자체가 제거되는 것이죠?

이승종: 예. 그리고 세 번째 문제점은 이데아들의 독립성, 독자적 실재성에서 유발되는 문제인데 아리스토텔레스는 수학적 대상이 이데아가 아닐 뿐더러 이데아들 자체가 존재하지 않는다고 보기 때문에 이 문제 역시 제기되지 않게 됩니다. 즉 세 번째 문제도 두 번째 문제와 마찬가지로 해결되는 것이 아니라 해소된다고 보아야 할 것입니다.

김귀룡: 그러나 문제는 여전히 남아 있습니다. 5 + 5 = 10에서 5나 10은 아리스토텔레스에 있어서도 여전히 수학적 대상이죠?

이승종: 예.

김귀룡: 그렇다면 5라는 수학적 대상은 10이라는 수학적 대상의 일부인지 아닌지의 문제가 똑같이 제기될 수 있지 않겠습니까?

이승종: 그러나 여기서는 5나 10이라는 수학적 존재 자체에 대한 물음이 아니라, 5라는 수학적 개념과 10이라는 수학적 개념 사이의 관계가 무엇인가라는 물음이 문제됩니다. 아리스토텔레스는 수학을 존재론적으로 규명하려는 입장을 비판하고 나왔기 때문에, 수학은 수학적 존재론이 아니라 수 사이의 상관관계에 관한 수론의 양상으로 전개되어야 한다고 볼 것입니다.

김귀룡: 그래도 문제는 여전히 남죠. 아리스토텔레스의 수학철학에서는 5 + 5 = 10이 문제가 되지 않는다는 말씀입니까?

이승종: 제 말이 왜 5 + 5 = 10이냐가 문제되지 않는다는 것으로 받아들여져서는 안 됩니다. 플라톤은 왜 5 + 5 = 10이냐는 문제에 그치지 않고 수의 문제를 이데아의 문제로 해석하고 있고, 이로부터 문제가 발생하는 것입니다. 그가 이데아에 어떠한 존재론적 해석--가령 상호 독립성--을 주었기 때문에 문제가 발생하는 것입니다. 아리스토텔레스에 있어서는 수를 이데아로 번역하지 않기 때문에 해석상에서 제기되는 문제는 발생하지 않는다는 것이 제 주장의 요지입니다. 아리스토텔레스의 입장에서는 5 + 5 = 10에 관한 존재론적 문제는 사이비 문제입니다. 오직 왜 5 + 5 = 10이냐와 같은 문제만이 참된 문제입니다.

김선영: 5 + 5와 10의 문제는 프레게에 오면 뜻(Sinn)은 다르지만 지시체(Bedeutung)는 같다는 식으로 해결되고 있습니다. 이러한 구분을 아리스토텔레스의 언어에 적용하면, 우리가 5 + 5와 10에 대해 생각하는 추상의 도식은 다를지라도 수학적 개념은 같다고 해석할 수 있지 않을까요?

이승종: 지금 말씀하신 것은 프레게 의미론의 요지입니다. 그러나 사실 프레게의 수론은 그의 의미론보다는 페아노(Giuseppe Peano)의 수론에 더 깊이 연관되어 있습니다. 따라서 프레게는 5 + 5 = 10의 문제를 페아노의 공리들로부터의 연역에 의해 설명할 것입니다.

김귀룡: 아리스토텔레스에 있어서 5 + 5 = 10이 성립하는 이

유는 5라는 수학적 대상과 10이라는 수학적 대상이 이러이러한 연관 관계를 맺고 있기 때문이라고 말하는 것은 틀린 것일까요?

이승종: 그렇게 말하는 것이 과연 얼마만큼의 설명력을 가질 수 있는 것인지에 대해 회의적입니다. 5 + 5 = 10이 성립하는 이유가 5라는 수학적 대상과 10이라는 수학적 대상이 이러이러한 연관 관계를 맺고 있기 때문이라고 말하는 것은 5 + 5 = 10이므로 5 + 5 = 10라는 말과 무슨 차이가 있습니까?

김귀룡: 문제를 달리 표현하면 다음과 같습니다. 아리스토텔레스는 초월적 이데아를 감각적 대상에 내재한다고 봄으로써, 거기서 분리와 추상을 통해 수학적 대상을 구성해 냅니다. 여기서 수학적 대상들이 플라톤의 이데아와는 달리 어떻게 관계를 맺을 수 있느냐가 제 질문의 요지입니다. 플라톤의 이데아의 고립성, 폐쇄성 때문에 앞서의 세 번째 문제가 생겨났습니다. 그런데 감각적 대상에 내재하는 것으로부터 분리와 추상을 통해 구성해 낸 아리스토텔레스의 수학적 대상들은 다른 것으로부터 분리되거나 고립되지 않고 결합할 수 있는 가능성을 갖는 것 아닐까요?

이승종: 예.

김귀룡: 그렇다면 아리스토텔레스에 있어서 수학적 대상들 간의 결합 가능성은 어떻게 확보될 수 있을까요?

이승종: 아리스토텔레스가 이 질문에 답변했는지에 대해서는 확신할 수 없지만, 제가 읽고 생각한 바를 토대로 다음과 같이 추리해볼 수 있습니다. 그는 우리가 수학을 할 때 개별적 수학적 대상의 형이상학적 속성 자체보다는,

그 수학적 대상들이 일정한 형식 체계 내에서 다른 수학적 대상들과 어떻게 연관되는지에 더 관심을 두어야 한다고 말할 것입니다. 그는 증명을 강조하는 사람이고, 증명은 바로 수학적 개념이나 명제들 사이의 연관 관계를 문제 삼고 있습니다. 수학적 대상을 변수로 보는 것도 하나의 방법일 것입니다. 즉 수학적 대상을 일정한 형식으로 보고 그 형식에 여러 값을 대입할 수 있을 것입니다. 가령 수나 다른 어떤 경험적 내용이 값에 대입될 수 있을 것입니다. 이러한 방법이 그의 이념과 잘 어우러질 수 있다고 보는 이유 중의 하나는 그가 수학이 경험적 세계의 탐구와 외연적으로 분리되어 있지 않다고 보았다는 점입니다. 단지 학문적 작업 과정에서 노동의 분화가 있을 뿐 물리학과 수학의 탐구가 외연적으로 분리되어 있다고 보지는 않았습니다.

김귀룡: 바로 그 점이 문제가 됩니다. 어떻게 관계가 가능하냐는 질문에 대해 체계와 관계에 관심을 기울였기 때문이라고 말한다면 이는 선결문제 요구의 오류가 될 것입니다. 아리스토텔레스가 수학과 물리학이 엄격히 구분되지 않음을 강조한 면에서 힌트가 찾아질 수 있을 것 같습니다.

이승종: 저는 그렇게 말하지 않았습니다. 수학과 물리학이 구분되지 않는다는 것이 아니라 수학과 물리학은 같은 대상에 대한 다른 접근이라는 것입니다. 증명을 중심 개념으로 도입해서 문장들 사이의 연관 관계를 논리학이나 수학의 근본적인 작업으로 보겠다는 것은 전체론의 선언입니다.

김귀룡: 결국 플라톤에게서는 그 문제가 고립적 원자를 가장

기본적 실재로 보았기 때문에 문제가 제기될 수밖에 없었던 데 반해, 아리스토텔레스는 유기적 전체성을 먼저 염두에 두고 있기 때문에 그런 문제 자체가 발생하지 않는다는 것이죠?

이승종: 예. 이 문제가 한 철학자의 철학 편력에 모두 나타나는 경우가 비트겐슈타인의 경우입니다. 청년 비트겐슈타인의 철학은 원자론입니다. 『논리-철학논고』에서 요소명제의 독립성으로부터 요소명제가 그리고 있는 사실들의 독립성이 연역되며, 이것이 곧 원자론적 형이상학의 논리적 근거가 됩니다.

『논리-철학논고』 이후의 비트겐슈타인이 고심한 문제도 바로 이 문제입니다. 그는 색깔 배제의 문제가 자신의 원자론의 큰 걸림돌이라고 보았습니다. 하나의 점이 빨간색이라는 명제로부터 그 점이 파란색이 아니라는 명제가 연역됩니다. 이 사실을 어떻게 해명할 수 있는지의 문제가 원자론자 비트겐슈타인을 좌절케 했습니다. 현상들의 질서를 설명하는 데 있어 원자론으로 해명되지 않는 부분이 있다는 것을 처음으로 알게 된 것입니다. 그는 세상의 개물들이 색깔과 수를 가지고 있다는 사실을 깊이 생각했습니다. 그런데 색깔과 수는 모두 원자론적으로 설명되지 않는 개념들입니다. 이에 대한 깨달음으로 말미암아 그의 후기 철학은 전체론적 모습으로 탄생하게 된 것입니다.

김귀룡: 이데아의 독자성이 문제를 안고 있다는 점에 대한 반성, 그리고 이데아들 사이의 전체적 연관성에 대한 보다 설득력 있는 설명이 필요하다는 반성이 말년의 플라톤의 작품들에서 찾아진다는 것이 제 개인적 입장입

니다. 전기 플라톤과 아리스토텔레스를 비교한다면 발표자의 글 대로이겠지만 후기 플라톤과 아리스토텔레스를 비교한다면 아리스토텔레스의 생각의 싹은 이미 후기 플라톤에 내재되어 있지 않을까 하는 것이 제 생각입니다.

조성우: 플라톤의 경우에도 수학적 지식은 증명과 연관되어 있지 않습니까?

이승종: 『메논』편에서 플라톤은 피타고라스 정리의 증명을 둘러싼 여러 에피소드를 논의하고 있습니다. 그가 증명의 중요성을 몰랐던 것은 아닙니다. 그러나 분명한 것은 플라톤에 있어서 증명은 하나의 보고적 기능만을 갖고 있다는 사실입니다. 즉 증명은 미리 주어져 있는, 혹은 직관된 정리(theorem)를 풀어서 설명하는 기능을 갖는다고 보았습니다. 플라톤은 증명을 이미 발견된 것을 다른 사람에게 규명해 주는 교육적 도구로만 보았습니다.

13장

순수과학비판

13장
순수과학비판

1. 논평[1] (고인석)[2]

이승종 교수님(이하: 발표자)의 논문은 "현대 과학의 철학적 근거와 한계를 다루는 순수과학비판"을 과제로 내건다. 그것은 칸트적 기획의 연장선 위에 있을 뿐만 아니라, 발표자에 따르면 비트겐슈타인의 생각을 확장하는 시도다. 이것은 거대한 규모의, 야심찬 프로젝트다. 반면에 논평자는 그 전체의 차원에 대해서도 전문적 논의의 세부에 대해서도 논평에 합당한 감각을 가지고 있지 않다. 게다가 논의는 장대하면서도 복잡해서, 읽는 내내 힘이 들었다. 힘이 든 나머지 논문의 의의

---

1 이 절과 다음 두 절은 이 책 9장의 초고를 주제로 2017년 5월 27일 서울대학교에서 있었던 한국분석철학회 봄 학술발표회에서의 논평, 답론, 토론을 옮긴 것이다.

2 인하대 철학과 교수.

를 드러내면서 전체의 관점에서 구조와 세부를 논하고 이를 통해 논문이 지향하는 기획에 일조한다는 논평의 취지를 사실상 포기하기에 이르렀다. 그러나 분석철학회 모임에서 논평하는 것이 나라 세우는 일은 아니니, 공동체의 품앗이 정신과 약간의 뻔뻔함으로 자리를 메워보려 한다.

1) 수학의 종합성

발표자는 먼저 '수학의 내용은 선험적이면서 종합적인 판단(들)'이라는 칸트의 주장을 해석하고 정당화한다. 그는 "수학의 공리가 선험적 종합판단이라면 거기서 도출되는 정리도 선험적 종합판단인 셈이며 공리로부터 정리를 도출하는 연역의 매 단계도 선험적 직관을 요한다는 점에서 선험적이고 종합적이라는 해석이 가능하다. 이로써 수학은 공리, 정리, 정의, 연역 이 모든 면에서 선험적이고 종합적인 학문이 되는 셈이다. 수학적 판단이 **모두** 종합적이라는 칸트의 언명은 이러한 맥락에서 새겨야 한다."(201쪽)라고 말한다. 그런데 공리와 거기서 도출되는 정리가 선험적 종합판단들임을 인정한다고 해도, 공리로부터 정리를 도출하는 연역의 단계가 선험적이면서 종합적이라는 얘기는 무슨 뜻인가? 또 토론 없이 추가된, 정의의 선험성-종합성은 어떻게 정당화되나?

뒤의 물음부터 생각해보자. 원이 평면 위에서 한 점으로부터 동일한 거리에 있는 모든 점들의 집합이라는 것이 직관의 대상이 되는가? 만일 그런 것이 직관의 대상이라면, 정의들로만 이루어진 수학적 진술의 **체계**도 가능할 것이다. 그러나 정의는 체계를 구성하기 위한 장치

혹은 방편이고, 장치나 방편만으로 구성된 체계는 '공허하다.' (논평자는 정의가 그 자체로는 참[혹은 거짓]의 속성을 갖지 않는 특수한 진술이라고 생각한다. 예컨대 앞에서 살핀 원의 정의는 "평면 위에서 한 점으로부터 동일한 거리에 있는 모든 점들의 집합을 원이라고 **부른다면**"이라는 구조의 언어 표현으로, 다시 말해 완결된 문장이 아니라 조건절로 보는 것이 합당하다고 본다.)

또 수학에서 증명이 선험적-종합적이라는 주장은 흥미롭지만, 먼저 그 뜻을 분명하게 할 필요가 있다. 논평자에게는 선험성-종합성이라는 술어가 판단이나 진술이 아니라 진술과 진술의 관계, 혹은 진술로부터 진술로의 이행이라는 과정에 적용되고 있다는 점이 눈에 밟힌다. 발표자가 사용하고 있는 것은 칸트의 개념이니, 그런 확장된 용법은 칸트 관점의 정당화를 필요로 할 것이다. 그런데 그런 것이 있는지 궁금하다. 증명이 때로 몇십 년 이상 걸리고 또 제대로 되었는지 알아보는 일조차 간단치 않은 창의적인 작업임은 분명하다. 그러나 기계적 과정이 아니라 창의성이 요구되는 사유 과정이라는 것과 '종합'의 성격을 가진다는 것이 어떤 관계에 있는지에 대한 개념 차원의 해명이 필요해 보인다.

2) 수학과 물리학의 관계

발표자가 기획의 실행을 수학의 '종합성'이라는 문제에서 출발한 이유는 아마도 이 물음 앞에서 물리학과 수학의 관계라는, 현대 과학의 중요한 측면이 드러나기 때문이라고 생각된다. 발표자는 "칸트의 수학철학에 대한 종래의 부정적 선입견은 우리 시대의 물리학을 살펴보는 순간 바뀌게 된다."(203쪽)고 말한다. 그런데 논평자에겐 이 말이 딱 이해되지 않았다. 발표자는 '어째서 실재하는 우주를 다루는 물리학이 수학으로 (그처럼 효율적으로) 기술되는가?' 하는 오래되고 어려운 물음에 '[칸트가 평한] 수학이 단순히 내적 정합성만으로 이뤄진 체계가 아니라 시간과 공간에 대한 직관에 근거한 모종의 '수학적 진리'의 체계임'을 들어 답하려 하는 것인가? 발표자는 스스로 그런 표현을 사용하지 않았지만, 논평자는 '수학적 진리'(라는 개념)에 대한 그의 생각이 궁금하다. 그는 2절 끝부분에서 수학의 체계에 대해 '정당성'이라는 평가를 언급하는데, 이 개념을 좀 더 풀어서 설명해주시면 이런 궁금함을 해소할 수 있을 것 같다. 그 부분에서 발표자는 체계의 '정당성'을 "공리로부터 정리들이 타당한 방식으로 연역되어 있는지의 여부"에서 찾는다. 이는 유클리드 기하학의 정당성을 비유클리드 기하학을 요청한 20세기 물리학의 충격으로부터 보존하게 해준다. 그러나 논평자의 눈에는 그렇게 함으로써 발표자가 수학의 체계에 부여하려는 참됨(혹은 정당성)의 성격이 애매해지는 것처럼 보인다. 그런 방식의 대응이 앞에서 살핀 수학의 종합성과 어떻게 조화될지도 잘 모르겠다. 아마도 여기에는 논평자가 제대로 읽지 못한, 칸트 철학에 대한 발표자의 재해석이 얽혀있을 것 같은데, 안내를 부탁드린다.

3) 양자역학과 모순의 현상학

발표자는 모순의 제거를 지향하는 겁쟁이 수학자들의 견해에 맞서는 비트겐슈타인의 '모순의 현상학'을 소개한다. '모순의 현상학'(6절)에서 그가 들어 쓰는 예는 전자의 상태에 대한 양자역학적 서술이다.

그는 한 전자의 스핀 상태가 업과 다운의 중첩으로 이루어져있다는 것을 '모순'으로 푼다. "업과 다운을 각각 a와 -a로 기호화하면 그 물리계는 (a & -a)라는 모순의 형식과 동치(同値)로 표현된다"(217쪽). 그러나 이것은 좀 이상하다. (논평자는 앞의 절들에서 발표자가 '공간'이라는 말을 다의적으로 사용하고 있다고 느꼈는데[3], 이번에는 '모순'이 그와 비슷하다.) 방금 인용한 따옴표 속 문장은 "업과 다운을 각각 a와 -a로 기호화하면"이라는 조건언을 가지고 있는데, 이 조건절의 참은 어디서 오는가? 다시 말해, 업의 상태와 다운의 상태가 왜 서로 모순인가? 마찬가지로, "모든 양자계가 상호 양립 불가능한 무한한 속성들을 지니고 있다."(6절)고 말할 때, 발표자는 x-스핀과 z-스핀이 서로 양립불가능하다고 단언하는 기준이 무엇인지를 드러낼 필요가 있다. (이런 식의 비유는 물리학자와 철학자 어느 편에서도 욕을 먹겠지만,) 한 시점에 머리를 앞뒤로 끄덕이는 것과 좌우로 젓는 것은 양립불가능한가? 당연히 그렇다고 말할 경우 우리는 우리가 알고 있는 그 친숙한 머리통과 목과 몸통을 떠올렸기 때문은 아닌가?

발표자는 비트겐슈타인을 좇아 모순을 두려워하지 말라고, "정합성의 이념도 내려놓아보라고"(5절) 권한다. 그렇게 "이성의 기획이 견지해 온 최후의 편견까지 에포케 하였을 때" 한층 더 열린 태도로 실재에

---

3 [각주 6] "칸트는 "한 점에서는 세 직선 이상이 수직으로 교차할 수 없다."는 명제에 근거해 공간은 3차원 이상의 차원을 가질 수 없다고 주장한다(Kant 1783, §12). 벡터 공간의 수학은 칸트의 이러한 주장을 무효화하고 있다." → 칸트가 4차원 이상의 차원을 가질 수 없다고 말한 '공간'과 벡터 공간에 관한 이야기에서 '공간'은 그 의미가 다르다. 따라서 주장 간의 무효화 관계는 성립하지 않는다.

다가갈 수 있을 것이라고 말한다. 그러나 이 권유는 두 가지 점에서 불편했다. 첫째 그것이 나에게, 혹은 철학자들이나 과학자들에게 실제로 어떤 실천을 권하는지 판단하기 어려웠기 때문이고, 둘째 그 권유의 표면적 내용에 대해 설득의 근거를 찾지 못했기 때문이다. 나는 체중을 줄이겠다고 생각하면서 맛있는 것은 생각 없이 먹는 인간이다.

발표자가 두려워할 이유가 없다고 말하는 '모순,' 이 세계가 모순의 원리로 짜여 있고 그 원리에 의해 작동한다는 '모순'은 엄밀한 의미의 모순을 뜻하는가, 아니면 (기존 관점에서) '모순처럼 보이는 것'을 뜻하는가? 후자라면, 철학 공부하는 사람 대부분은 이미 그 권유를 충분히 잘 실행하고 있지 않은가?

4) 코펜하겐 해석

논문의 핵심은 아니었지만, 논평자는 발표자가 코펜하겐 해석에 대해, 나아가 물리학자들 일반에 대해 다소 불공정한 평가를 하고 있다고 느꼈다. 물리학자들이 양자역학에서 측정의 문제에 관한, 그리고 얽힘의 문제에 관한 투명한 해석을 공유하고 있지 않다는 것은 사실이다. 그러나 그들이 그것 때문에 물리학자로서 곤경을 겪고 있는 것 같지는 않다. 논평자는 양자역학의 해석에 관한 논쟁에 밝지 않지만, 이제까지도 코펜하겐 해석이 충분히 훌륭한 해석이라고 생각하고 있다. 또 발표자는 불확정성의 원리를 "코펜하겐 해석 내부로부터의 파열음"(213쪽)이라고 평가했지만, 그것은 비역사적 서술이다. 코펜하겐 해석은 하이젠베르크의 불확정성의 원리에 대한 적극적인 고민을 발판 삼아 비로소 완성된 것이기 때문이다.

나는 양자역학의 해석이 물리학의 문제가 아니라 철학의 문제라고 본다. (그렇기 때문에 어떤 물리학자는 관심을 가지기도 하고 고민하기도 하지만, 어떤 물리학자는 관심이 없고 그러면서도 전문성에 결함이 없다. 그것을 "양자역학의 내적 문제"라고 부르는 것이 정당한지는 양자역학이라는 학문의 정체성에 대한 판단에 달려 있을 것 같다. 코펜하겐 팀 안에서도 이에 대한 견해는 갈렸었다.) 이런 생각이 옳다면, 발표자가 철학 이론의 평가에 적용하는 관용의 태도(각주 6)는 양자역학의 해석에 대해서도 적용되어야 할 것이다.

5) 2인칭적 과학의 모색

이미 지나치게 길어진 무질서한 논평문을 급히 마무리하려고 한다. 발표자는 논문에서 과학을 대표하는 사례로 선택된 현대 물리학을 살핀 후에 1인칭 관점과 3인칭 관점 사이에 놓인 2인칭 관점을 앞으로의 새로운 과학을 위한 화두로 제시한다. 논평자도 수업시간에 1인칭 관점과 3인칭 관점의 긴장 관계를 이야기하다가 "2인칭이 살려줄 것 같지?"라고 질문을 던졌던 일이 생각나서 관심 있게 읽었다. 발표자는 2인칭을 "초연한 일방성과는 달리 타자와 사태에 자신을 열어 그것에 귀 기울이며 그것과 쌍방적 교감을 지향하는 태도"(8절 끝)라고 서술하고 있다. 당연히 탐구의 훌륭한 태도라고 공감한다. 그러나 논평자에게 그것은 여전히 '더 세련된 3인칭 서술을 지향하는 1인칭의 자세'처럼 보일 뿐, 그것이 어떻게 '2인칭 관점'인지는 와 닿지 않았다. 그것은 비판적 합리성을 추구하는 포퍼의 태도나 서로 중첩되면서도 양립 불가능한 이론들의 증식을 바람직한 상황으로 보는 파이어아벤트(Paul Feyerabend)의 견해와 다른 것인가? 2는 분명 1과 3 사이에 있지만, 2인칭('너')이 '나' 즉 1인칭과 '그것' 즉 3인칭 사이에 끼어있다는 사실은 규약이 낳은 우연의 산물이라고 생각된다. 그렇다면 1인칭과 3인칭의 한계를 '2인칭'이 극복한다는 도식은 그런 우연을 활용한 문학적인 표현 정도로 보아도 좋을지, 발표자의 의도를 확인하고 싶다.

2. 답론

1) 칸트의 수학철학은 『순수이성비판』의 II부 1장 1절에 해당하는 B741에서 B766까지에 집약되어 있다. 거기서 그는 수학의 공리와 정리와 정의와 연역이 어째서 선험적이고 종합적인지를 조목조목 해명하고 있다. 나의 논의는 저 텍스트를 바탕에 깔고 있지만 나 역시 거기서 칸트가 시도한 해명에 모두 공감하는 것은 아니다. 나는 수학에서의 연역은 칸토어의 대각선 논법이나 괴델의 넘버링이 그러하듯이 새로운 경지를 보여준다는 점에서 지식의 확장에 기여하는 바가 있음에 주목하였고, 이를 바탕으로 그것이 종합적이라는 칸트의 주장에 힘을 실어주고자 했다.

2) 나는 수학과 물리학과의 관계에 대해 물리학이 자연에 대한 수학적 번역 매뉴얼이고, 이는 기획투사로서의 수학이 그 투사의 방향을 자연으로 잡았을 때 채택된 성공적인 그러나 한편으로는 매우 일방적인 전략이었음을 갈릴레오 이래의 수리물리학들을 통해 보여주려 했다. 그 과정에서 수학적 관념론이라는 일종의 과학주의적 형이상학이

생성되었고, 이것이 수리물리학과 상생의 관계를 형성하면서 저 번역 프로젝트에 맞설만한 여타의 대안들을 씨앗부터 말려버리는 숙청의 역사가 근대성의 정체임을 명시하고자 했다.

3) 수학적 번역의 프로젝트는 무모순성을 이념으로 하기에 그 반대편에 서 있는 모순을 인정할 수 없다. 따라서 모순은 없다. 그렇게 기획투사가 이루어져 있기 때문이다. 모순을 주제로 박사논문을 쓴 이래로 30년간을 관찰했지만 나는 모순을 발견했다고 인정받는 학자를 보지 못했다. 그 까닭은 그가 어떠한 예를 가져와도 그것은 진정한 모순이 아니라는 판정을 받도록 되어 있기 때문이다. 나는 이것이야말로 수학적 기획투사의 전통이 얼마나 강건한지를 보여주는 하나의 사례가 아닐까 생각한다. 지금도 우리는 그 매트릭스의 시민으로 누가 모순을 범하는지를 감시하고 있다. 모순은 시정하거나 제거되어야 할 오류이지 실재일 수가 없다는 그 믿음을 뒤집어, 실재가 모순이고 표면적 정합성이 오히려 시정되거나 해체되어야 할 착시현상이라는 가설을 검토해보자는 제안이 그토록 불온한 것일까?

4) 나는 코펜하겐 해석이 충분히 훌륭한 해석이라는 데 동의한다. 내게 있어서 그 이유는 그 해석이 측정이라는 사건을 분기점으로 그 전과 후에 각각 서로 상충되는(내 표현으로는 모순되는) 수학적 번역 매뉴얼을 사용하기 때문이다. 이는 물리학사에 있어서 전례가 없었던 일이다. 이로부터 소위 측정의 문제가 발생하는데 그것이 문제인 까닭은

저 상충(모순)이 해결되고 있지 않기 때문이다. 이에 대해 코펜하겐 해석은 해결할 문제 자체가 없다는 입장인데 나는 이것이 바람직한 태도라고 생각한다. 모순에 대한 나의 (비트겐슈타인의) 태도와 닮았기 때문이다. 해결이 아닌 방식으로 모순을 있는 그대로 보는 것이 중요하다.

5) 2인칭을 더 세련된 3인칭 서술을 지향하는 1인칭의 자세 정도로 보는 것은 나의 의도에서 벗어난 이해이다. 2인칭적 태도의 출발은 내가 아니라 사태이다. 내가 사태를 보는 게 아니라 사태가 내게 다가오는 것이다. 그리고 그 다가오는 사태에 대해 내가 그 사태에 맞게 반응하는 데서 2인칭적 교감이 형성된다. 이것은 일방적 기획투사로부터 시작되는 여타의 인칭론과 확연히 구별된다. 기획투사는 사태로부터 비롯되는 것이 아니다. 거기서 사태는 기획투사를 받는 객체일 뿐이다. 반면 사태를 주체로 받드는 것이 2인칭적 태도이고 거기서 사태와 나 사이의 2중주가 전개된다. 이러한 구도로부터 종래의 기획투사적 이해를 넘어선 자연에 대한 새로운 이해가 싹트리라 기대해본다.

3. 한국분석철학회에서의 토론[4]

이정민: 이승종 교수님께서 양자역학에서 예로 든 여러 사례들은 모순이 아닙니다. 가령 “$|\Psi\rangle = 1/\sqrt{2}(|\uparrow\rangle_1|\downarrow\rangle_2 - |\downarrow\rangle_1|\uparrow\rangle_2)$”은 1번 전자의 측정 결과가 $|\uparrow\rangle$일 때 2

---

4 토론 참가자는 다음과 같다. 이정민(한경국립대 브라이트칼리지 교수), 한우진(덕성여대 철학과 교수).

번 전자의 측정 결과는 $|\downarrow\rangle$이며, 1번 전자의 측정 결과가 $|\downarrow\rangle$일 때 2번 전자의 측정 결과는 $|\uparrow\rangle$라는 뜻입니다. 이승종 교수님은 $|\uparrow\rangle_1$와 $|\downarrow\rangle_2$를 각각 a와 −a로 기호화 하여 (a & −a)라는 모순으로 표기하셨는데 $|\uparrow\rangle_1$와 $|\downarrow\rangle_2$는 명제가 아닐뿐더러 첨자표기가 보여주듯이 그 지시체가 같지도 않습니다. 반면 (a & −a)에서 앞의 a와 뒤의 a는 동일해야 합니다.

이승종: 저 예에서 모순은 전자가 지닌 속성에, 개별 전자가 아닌 물리계에 귀속되는 것으로 읽어야 합니다. 벡터로 표기된 정보를 풀어 명제로 표현하는 것에는 문제가 없다고 봅니다.

이정민: 그러나 양자역학에서 속성은 맥락 의존적으로 파악해야 합니다. 아울러 이승종 교수님은 슈뢰딩거 방정식과 보른 규칙도 서로 모순된다고 하셨는데, 저 둘이 논리적 필연성으로 엮이지는 않지만 상호 양립 가능하기 때문에 양자역학에 수용된 것입니다. 저는 세계를 모순으로 이해하려는 이승종 교수님의 큰 기획에 양자역학이 오히려 반례가 된다는 생각입니다.

이승종: 슈뢰딩거 방정식은 측정 이전의 선형적 동역학, 보른 규칙은 붕괴 과정의 비선형적 동역학에 속하는 법칙입니다. 두 법칙은 두 동역학만큼이나 상호 양립 불가능한데 양자역학의 코펜하겐 해석은 저들을 측정을 분기점으로 선별해 사용하는 전략을 택하고 있습니다. 코펜하겐 해석의 이러한 절충안은 실용성에서는 탁월하지만 이론적 일관성에서는 그렇지 못하므로 양자역학의 해석을 둘러싼 백가쟁명 상태가 지금까지 지속되어왔습니다.

양자역학에는 이처럼 상호간에 불일치하는 이중성

이 있습니다. 입자-파동 실험, 슈테른-게를라흐 실험, EPR 실험 등등 실험의 측면에서 양자역학에 접근할 때 우리는 양자역학이 보여주는 세계가 황당할 정도로 기기묘묘한 세계이며, 양자역학이 통념을 뒤엎는 엄청난 존재론적 함축을 지니고 있음에 공감합니다. 세상에 이럴 수가, 이게 대체 어떻게 된 거지 하고 어리둥절해 하며 혼이 빠질 지경입니다.

그러나 이과에서 양자역학은 수학을 익히는 것으로 접근합니다. 벡터, 매트릭스, 파동함수 등의 기법으로 저 실험의 결과들은 다 서술되고 설명이 됩니다. 놀랄만한 아무런 일이 없는 겁니다. 기획투사에 길들여진 사람에게 세상에 놀랄만한 일은 애초부터 없습니다. 양자역학에 대한 이 두 접근법 중에서 저는 전자(실험적 접근법)를 선호합니다. 후자(수학적 접근법)는 전자에 대한 하나의 서술방법으로 나중에 익혀도 좋습니다. 수학적 기획투사 없이 일단 먼저 양자현상이라는 사태성을 실험을 통해 경험한 다음에 양자역학을 하자는 것입니다. 그 경험에는 양자역학 이외의 학문들에서 하게 되는 경험과 확연히 구별되는 진정한 무엇이 담겨 있습니다. 저는 그 무엇을 모순성이라고 표현해보았습니다.

반면 갈릴레오 이래로 물리학을 독점해온 수학적 기획투사는 무모순성을 그 이념으로 하고 있기 때문에 저 모순의 경험 역시 수학을 사용해 정합적인 방식으로 해석해놓을 수 있습니다. 그런 점에서 양자역학에 모순은 없다는 이정민 교수님의 반론에 일리가 있습니다. 그럼에도 저는 수학적 기획투사에 자연에 대한 해석의 독점권을 주어서는 안 된다는 입장입니다. 최초의 양자역학자들이 실험실에 경험했을 충격과 초심이 철학적으로 더 중요하다고 생각합니다.

질 문: 수학적 기획투사가 실재를 제대로 설명하지 못했기 때문에 잘 잃어버린 세계의 시대가 도래했다고 하셨는데, 이 대목을 뒷받침하는 논증이 필요하다고 봅니다.

이승종: 오해가 있는 것 같습니다. 수학적 기획투사가 실재를 놓치고 있다거나 제대로 설명하지 못한다는 게 문제가 아니라, 오히려 그 반대인 것이 문제입니다. 수학적 기획투사가 너무나 성공적이어서 그 이외의 대안들에 대한 관용을 잃어버리게 되었습니다. 수학적 기획투사가 제대로 작동을 안 해서 문제가 아니라 그것 한 방향으로만 흘러온 것이 문제입니다. 과학자들은 자신들의 눈부신 성취에 도취되어 더 이상 칸트를 위시한 비판자들의 말에 귀 기울이지 않습니다.

한우진: 현상학자 갤러거(Shaun Gallagher)는 체화된 인지와 관련해 2인칭을 거론하고 있으며 국내에서는 철학 상담에서 2인칭적 접근을 전개하고 있습니다. 자기 생각의 틀로 상대를 이해하려는 종래의 접근법에 비해 2인칭적 접근법은 참 따뜻하고 상대에 대한 배려가 느껴지는 인식론적 접근법입니다. 그러나 그것만 가지고는 "그래, 너는 그렇구나." 정도의 양해 이상의 진전은 보지 못할 것 같습니다. 진전을 위해서는 결국 어떤 틀을 가지고 이해하려는 접근법이 필요하다고 봅니다.

이승종: 필요합니다. 하지만 때로는 그 틀을 점검할 필요도 있습니다. 너무도 정신없이 분주한 우리는 "이게 맞는 방향이야, 이것밖에는 없어."라는 신화에 사로잡혀 있습

니다. 제가 제안하는 2인칭적 접근은 적극적인 이론적 대안을 내놓는 것이 아니라, 하던 것을 멈추고 기획투사했던 것들을 걷어 들이고 그때 사태가 어떻게 드러나는지를 보자는 것입니다. 이는 새로운 제안도 아닌 것이 과거의 철인들이 깨달았던 것과 같기 때문입니다. 깨달음을 얻음으로써 양자역학과 수학에 혹은 세상만사에 도통한 상태가 되는 것이 아닙니다. 우리가 얼마나 많은 편견과 기획투사로 세상을 일방적으로 보아왔는지 바로 그것을 깨달아 그것을 내려놓게 되는 것입니다.

자연에 대한 수학적 기획투사로 얻는 것이 워낙 많기 때문에 그리고 그 기획투사에 우리가 최적화되어 있기 때문에, 우리는 앞으로도 이 방향으로 계속 과속으로 질주할 겁니다. 그것이 낳는 여러 부작용들, 인식론적 근시안성을 겪으면서 말입니다. 우리의 중독성 과속질주에 대한 해독제, 브레이크로서 질주를 멈추고 사태 자체를 있는 그대로 보라고 권고하는 것이 2인칭적 정신입니다.

4. 연세대에서의 토론[5]

최석현: 수학적 모순을 실재에 투영해 실재가 모순으로 짜여 있음을 귀류법적으로 논증하였는데 그 대목이 잘 납득이 안

5 이 절은 이 책 9장의 초고를 주제로 2016년 11월 24일 연세대학교에서 있었던 서산철학강좌에서의 토론을 옮긴 것이다. 토론 참가자는 다음과 같다. 최석현(연세대 천문우주학과 학생), 김동규(울산대 철학과 교수).

갑니다. 겹침을 모순으로 해석한 이유는 하이젠베르크의 불확정성 원리 때문인 것 같은데, 그 원리는 양립 불가능한 것들 사이의 수학적인 관계에 관한 것이지 물리적인 관측과는 연관이 없습니다. 논리적으로 도출한 모순에서 어떻게 실재의 모순을 발견할 수 있는지요? (모순이라는) 수학적인 조합과 실재간의 관계에 대해 질문을 드립니다.

이승종: 하이젠베르크가 불확정성 원리를 처음 공표했을 때만 해도 실험실에 와보지도 않은 이론물리학자가 종이와 펜만을 사용해 만들어낸 원리로 실험의 결과들이 불확정적인 관계에 있느니 하는 말을 할 자격이 있느냐며 어불성설이라고 무시하는 실험물리학자들이 있었다고 합니다. 지금 돌이켜보면 오히려 그러한 비판이 어불성설로 들립니다. 불확정성 원리는 수학적으로 증명된 정리는 아닙니다. 그러나 그 원리를 위반하는 사례가 보고된 바는 없습니다. 그 원리를 대놓고 비판하는 실험물리학자도 이제는 없습니다. 불확정성 원리는 완전성에 이르지 못한 양자역학의 과도기적 가설일 뿐 양자역학이 더 발전하면 폐기처분될 것으로 내다보았던 아인슈타인에게도 이러한 사실은 상당한 부담이었을 것입니다. 불확정성 원리는 현상을 탐구할 때 반드시 참조해야 하는 중요한 지침입니다.

겹침의 현상에 대해서는 불확정성 원리 외에도 파동함수의 붕괴를 언급해야 합니다. 한 전자의 x-스핀 값이 측정되는 순간 그와 양립 불가능한 z-스핀 값은 벡터의 합이나 차의 겹침 상태로 접어들게 되고, 그 전자의 z-스핀 값이 측정되는 순간 다시 x-스핀 값은 벡터의 합이나 차의 겹침 상태로 접어들게 됩니다. 이처럼 상호 양립 불가능한 두 양상이 공존하는 상태를 저는 모순의 상태로 해석해보았습니다.

최석현: x-스핀과 z-스핀을 변량이 아닌 고유한 물리량으로 정의하려면 연산자가 필요하고 연산자에 의한 정의 과정에서 불확정성 원리가 논리적으로 도출됩니다. 양자는 서로를 정당화하고 있는데 이처럼 닫힌 수학의 체계 안에서 실재를 보고 있는 게 아닌지가 저의 첫 번째 질문입니다. 실재를 측정할 때 우리는 이미 실재에 대한 수학적 구조를 전제로 하고 들어가는 게 아닌가 하는 것이 저의 둘째 질문입니다. 과학철학에서 말하는 관찰의 이론 적재성(theory ladeness)이 시사하듯이 측정에 수학적 전제가 적재되어 있기 때문에 측정의 결과도 수학적일 수밖에 없는데 이를 곧 실재라고 말할 수 있느냐 하는 것입니다.

이승종: 제가 주장하는 바를 가지고 저의 주장을 반박하는 반론인 것 같습니다. 자연에 대한 수학적인 기획투사물인 과학 이론을 자연 그 자체의 청사진으로 볼 수 있겠는가 하는 것이 저의 논지인데, 발표의 후반부에서 저 스스로가 이러한 오류를 답습하고 있는 것이 아니냐는 반론으로 여

겨집니다. 저는 과학에 반대하지 않습니다. 오히려 늘 과학의 정보를 참조하고 반영하려고 하는 편입니다. 아인슈타인과 베르그손(Henri Bergson) 사이의 잘못된 논쟁 이후로 과학자와 철학자가 과학 이론의 진위를 놓고 다투는 일은 사라졌습니다. 상대성 이론이 틀렸다는 베르그손과는 달리 저는 양자역학이 틀렸다는 주장을 하려는 것이 아닙니다. 불확정성 원리가 틀렸다거나 혹은 그 원리를 제가 검증하겠다는 주장을 하는 것이 아닙니다. 저는 철학에 그러한 평가를 할 권한이 없다고 봅니다. 그러한 문제는 물리학의 영역에 속하기 때문입니다. 제 발표의 요지는 정합성을 이념으로 기획된 과학이 양자역학을 중심으로 그 이념을 폐기하는 현상에 직면해 있는 것으로 해석할 수 있다는 것이었습니다.

연세대 철학과 학생: 비트겐슈타인은 형이상학이 가능하다고 보았는지요? 그렇다면 그의 형이상학은 어떤 모습인지요?

이승종: 비트겐슈타인은 철학을 활동이라고 보았습니다. 형이상학도 마찬가지입니다. 거기서 중요한 것은 태도의 변경이라고 봅니다. 우리가 보고 체험하는 이 경험적 세계가 전부가 아니라는 깨달음이 중요한 계기입니다. 그러나 이로부터 초경험적 세계가 따로 존재하고 이에 대한 초과학적인 탐구로서의 형이상학이 건립되어야 한다고 주장하는 것은 잘못입니다. 현상계만 해도 이론적 그물로 잡히지 않

는 변화무쌍한 개별자들의 세계이고 각 개별자들마다 그리고 변화의 각 단계마다 저마다의 고유한 의미를 지니는데, 이를 체험하고 느낄 수 있도록 감수성을 늘 열어두는 것이 철학자에게 필요한 태도 변경의 골자입니다. 저는 이것이 전통적 형이상학의 이념과 크게 다르다고 보지는 않습니다.

비트겐슈타인은 형이상학보다는 종교, 혹은 종교적 관점이라는 표현을 선호했습니다. 그는 자신이 비록 종교인은 아니지만 모든 문제를 종교적 관점에서 보지 않을 수 없다고 고백한 바 있습니다. 그가 말한 종교적 관점이란 총체성을 견지하면서도 세상을 단일성이나 일반성으로 보지 않고 각자성을 있는 그대로 살려서 보려는 태도를 뜻한다고 생각합니다. 이는 그가 추구했던 현상학적 태도이기도 한데 형이상학적 태도라고 불러도 무방하다고 봅니다.

김동규: 이승종 교수님은 비트겐슈타인의 현상학을 구체적 개별자의 세계에 대한 봄과 체험으로 정의하였습니다. 그러나 이 정의가 모호합니다. 헤겔이 말했듯이 개별자는 보편자의 매개 속에서 파악될 수밖에 없습니다.

이승종: 인용한 헤겔의 명제는 과학철학에서 말하는 관찰의 이론적재성과 일맥상통하는데, 비트겐슈타인이 보기에 양자는 받아들일 수 없는 관념론입니다. 관념, 이념, 보편자, 이론 등을 먼저 기획하고 거기에 집착해 세상을 그 식대

로만 이해하려는 기획투사입니다. 이에 대한 비트겐슈타인의 질문은 저 기획투사의 원천이 사태였느냐는 것입니다. 선험적인 기획투사의 원천이 사태일 수가 없는데, 그렇다면 그것은 아무런 근거가 없는 것으로서 이론적합적일는지는 몰라도 사태적합성은 결여하고 있다는 것입니다. 비트겐슈타인이 이론이나 관념에 무조건 반대하는 것은 아닙니다. 이론적, 관념적 작업을 하려면 그것이 사태에 뿌리한 것임을 먼저 증명하라는 것입니다. 기존의 순서와는 거꾸로 가야 한다는 것입니다. 그 조건이 충족되어야만 보편자와 개별자는 혹은 이론과 현상은 서로 왕래할 수 있게 됩니다. 그가 읽은 철학사, 그가 관찰한 시대정신은 이 순리에서 벗어나 있는 것으로 비쳐졌습니다. 그 종착역은 하이젠베르크가 지적했듯이 우리(가 건축한 것)만 보게 되는 철학적인 나르시시즘, 유아론입니다.

김동규: 보편자의 대표적인 예가 언어인데 비트겐슈타인은 언어철학자 아니었습니까? 구체적 개별자는 침묵 속에서 체험되지만 언어로 번역될 수밖에 없는 것 아닌가요? 그렇다면 과연 그는 철학적 유아론에서 탈출했는지 궁금합니다.

이승종: 언어 사용도 중요한 현상입니다. 하이데거는 언어 사용을 통해서 존재가 드러난다고 보았습니다. 비트겐슈타인은 아마 이를 긍정할 겁니다. 그렇지만 다른 한편으로 그는 언어에 대해 누구보다도 비판적이었습니다. 우리에게는

일상 언어밖에 없는데 학자들은 그것으로는 불충분하다고 보아 인공언어를 만들어 알고리듬화 하여 계산하고 수리논리학과 같은 형식체계를 구축합니다. 그리고는 이렇게 창조된 이상언어가 완벽한 언어이고 일상 언어는 그에 비해 모호하고 부정확하고 열등한 언어로서 철학이나 과학에는 부적합하다는 이데올로기에 빠져듭니다. 비트겐슈타인이 보기에 이러한 경향성이 잘못된 것입니다. 이것이 잘못된 형이상학으로의 길입니다. 그가 수행한 순수언어비판은 결국 인공언어비판, 수리논리학비판입니다. 이성의 무제약적인 사용으로 말미암아 잘못된 형이상학이 산출됨을 고발했던 칸트의 비판철학을 비트겐슈타인은 언어에 대해 수행한 것으로 해석할 수 있습니다.

비트겐슈타인이 유아론에서 탈출했는지는 잘 모르겠습니다. 그러나 그가 평생을 자기와 씨름했다는 것은 분명합니다. 하늘을 우러러 한 점 부끄럼 없이 자신에게 투명한 사람이 되기 위해 스스로를 발가벗겨 분해해 하나하나 성찰하고 채찍질하는 고난을 자청했습니다. 그것이 그가 걸었던 신과 진리를 향한 치열한 순례길이었습니다.

5. 논평[6] (김한라)[7]

아래의 논평은 서론, 본론, 그리고 결론으로 이루어져 있다. 그리고 본문은 다시 다섯 절로 나누어져서 제시될 것이다.

1) 서론

우선 저자의 논변을 자세히 살펴보기 전에 다음 세 명제를 음미하도록 한다.

⑴ 과학은 드러난 현상 세계에 대한 최선 최상 유일의 지식을 제공한다.

⑵ 우주와 인간에는 과학이 제시하는 지식이 제공하는 것으로 이해될 수 없는 부분이 상당히 있다.

⑶ 우주와 인간에 대한 초과학적인 영역에 대한 지식은 "직접적 직관"에만 의존하는 방법–즉 모종의 신비주의–을 통하여서만 획득될 수 있다.

⑴은 과학을 선입견이 없는, 객관적 차원에서라면, 상식을 가진 사람 누구라도 받아들일 만한 논제이다. 따라서 우리는 "세계는 6000년 전에 탄생되었다", "일식은 용이 해를 삼키기 때문에 일어나는 현

6 이 절과 다음 두 절은 이 책 9장의 초고를 주제로 2017년 10월 14일 중앙대학교에서 있었던 한국칸트학회 추계학술대회에서의 논평, 답론, 토론을 옮긴 것이다.

7 서강대 철학과 교수.

상이다", "칭기즈 칸은 고주몽의 직계자손이다." 등등의 명제를 배제할 수 있다.

(2)는 (1)이 사실임에도 불구하고 우주와 인간에 관하여 과학이 설명할 수 없는 것이 상당히 많다는 것을 함축한다. 우리는 이 세상이 과학적 질서를 가질 뿐 아니라, 의미 있는 인생을 포함하고 있고 가치 있는 삶을 누리게 할 뿐 아니라 아름다운 심미안과 고매한 자유의지를 가진 생명체를 지탱하고 있음을 안다. 조금 더 욕심을 부리면 우리는 이 세계가 물리적인 것 이상의 것을 포함하며 이 세계 안에서 나름대로 기능하는 모든 것에는 목적이 있다고 이성적으로 믿을 수 있다.

(3) 그런데 과학이 수집된 경험적 자료를 기반으로 귀납과 연역, 귀추를 이용하여 현상계를 설명할 수 있는 지식을 창출하는 데 반하여 초과학적인 영역에 관하여서는 우리는 오로지 직관에 의존하는 직접지를 통하여서만 상호작용할 수 있다.

이제 나는 발표문에서 드러난 저자의 세계관이 이 세 명제를 동시에 함축하고 있음을 보여주고자 한다. 그런데 이 세 명제는 비정합적인 세 쌍(inconsistent triad)을 구성한다. (1)과 (2)는 (3)을 부정한다. 왜냐하면 (3)이 함축하는 방법을 기반으로 하는 어떠한 사항이라도 결코 과학적인 지식을 형성할 수 없기 때문이다. (2)와 (3)은 (1)을 부정한다. 왜냐하면 과학만이 삶 안에서 우리를 안내하는 유일한 수단도 아니고 과학적 지식만이 유일한 지식이 아니기 때문이다. (3)과 (1)은 (2)를 부정한다. (3)과 (1)은 동시에 (상호배타적으로) 전 우주에 대한 가지성(可知性) 또는 지식 획득성을 함축하지만, (2)는 이를 부정, 즉 회의주의를 함축하기 때문이다.

따라서 저자의 세계관 또는 체계는 (1), (2) 그리고 (3)을 동시에 함축하는 한에 있어 일관성 있는 논증에 의하여 지지하기 쉽지가 않을 수 있겠다고 논증을 할 것이다. 이제 본론으로 넘어가 보자.

2) 본론

2.1) 본론-1

먼저 나는 저자의 총체적 세계관이 명제 (1)을 지지한다고 논증한다. 저자는 "저는 과학에 반대하지 않습니다. 오히려 늘 과학의 정보를 참조하고 반영하려고 하는 편입니다."[8]라고 말한다. 저자는 오늘 논문의 전반부에서 칸트의 수학관을 상술하고 그것이 어떻게 새로운, 현대 수학의 도전과 응징을 받으면서도 어느 정도 계속적으로 전개될 수 있는지를 다룬다. 또 뉴턴의 고전역학을 넘어서는 양자역학의 새로운 패러다임이 우리의 인식체계에 어떻게 새 바람을 일으키는지 밀도 있게 기술하고 있다. 현대의 수학과 물리학은 근대성이 지향해온 표상적 세계관을 넘어서는 새로운 진전을 이루었다고 저자는 평가한다. 요컨대 저자는 우리가 우리 자신의 인지체계 구성에 있어 과학적 성과에 충분히 의지하고 기대할 뿐 아니라 그 발전양상에도 주의를 기울여야 한다고 시사한다. 근대의 과학적 업적을 무시하는 철학이나 세계관은 결코 건전한 체계를 이룰 수 없다는 것이 그 요지이다.

8 2016년 서산철학강좌 토론에서 발췌. 302쪽.

2.2) 본론-2

저자는 또한 명제 (2)를 옹호하고 있다. 이 사항은 저자의 칸트 이해와 맞물려 있고 또 저자의 "다소 국한되고 유연한" 칸트 옹호와 관련되어 있다. 먼저 저자의 말을 들어보자.

> 칸트 철학의 핵심은 관념론으로서 인간 인식의 산물인 관념(혹은 이념)이 비인칭적 세계에 기획투사 되어 여러 종류의 인칭적 지식이 형성된다는 것이다. 인칭적 지식의 대표적인 예가 3인칭적 과학이지만 세계에 투사되기 이전의 수학이나 논리학과 같은 형식 과학들도 3인칭적이기는 마찬가지이다. 철학자로서의 칸트는 데카르트의 코기토를 계승하는 1인칭적 관념론을 3인칭적 과학에 대한 토대를 이루는 것으로 인칭론의 구도를 잡아나갔다.
>
> 수학은 자연을 계량적으로 해석하는 데 유용한 정보처리 테크놀로지이다. 그것은 인간의 언어라는 점에서 인칭적이고 대상을 객관적으로 평준화한다는 점에서 3인칭적이다. 칸트는 코페르니쿠스가 상징하는 3인칭적 근대 과학의 토대가 감성, 지성, 이성으로 이루어진 1인칭적 인식 능력에 어떻게 맞닿아 있는지를 아주 설득력 있게 논구하였다. 따라서 그가 구축한 3인칭적 객관성은 물자체계에 대한 비인칭적 객관성이 아니라 인간의 관점에서 파악된 현상계에 대한 주관적 객관성이다. (225쪽)

저자 논변의 핵심은 칸트적 세계관은 무인칭적이 아닌 인칭적이지만 그의 탁월한 업적은 3인칭적 과학적 세계관을 1인칭적인 주관의 선험성(초월적 통각)에 기반한 것으로 간주하고 논증하는 데 기인하고 있다는 것이다. 물론 이러한 칸트의 시도가 비판 없이, 여과 없이 저자의 생각에 투영되고 있는 것은 아니다. 저자에 따르면:

> 칸트의 주관적 객관성은 전통적으로 서로 상반되는 개념으로 여겨져 왔던 주관성과 객관성의 창의적 융합으로 평가할 수 있지만 그 대가로 그는 물자체계에 대한 학적 인식을 포기하였다. 주관적 객관성은 인식되는 경험적 세계로 그 범위가 국한되어 있기 때문이다. 주관적 객관성의 범위 내에서의 참은 물자체계에 대해서가 아니라 경험적 세계에 대해서만 적용될 수 있을 뿐이다. 그런 점에서 칸트의 인식론은 인간중심주의에 선 인간들끼리의 자기 정당화 놀이라는 인식론적 자위(self-consolation)처럼 보이기도 한다.
>
> 물자체계로의 지향이 거세된 상태에서 현상계에 국한해 적용되는 참이나 실재성의 개념이 그 이름에 값하는 지위를 확보할 수 있는지에 대해서 우리는 칸트의 낙관적 확신을 공유하기 어렵다. (225-226쪽)

특별히 "물자체의 관념 없이는 칸트 사상 내에 들어갈 수도 없고 일단 물자체를 받아들이면 칸트 사상 내에 머무를 수도 없다."는 프리드리히 야코비(Friedrich Jacobi)의 말을 반향이나 하는 듯 저자는 다음과 같이 말한다.

> 플라톤이 창작한 동굴의 우화에 따르자면 현상계는 가상은 아니더라도 동굴 바깥의 실재 세계가 투영된 그림자에 불과한데 그 그림자의 세계에 대해 참이나 실재성을 부여하면서 형이상학을

운위하는 것은 형이상학이라는 용어에 대한 은밀한 재정의의 오류를 저지르는 것이다. 그림자의 현상계와 동굴 바깥의 실재계를 구분하고 현상계 너머의 실재계에 대한 학문을 추구하는 것이 서구 형이상학의 기원인데 칸트에게 동굴 바깥의 실재계(그의 표현으로는 물자체계)에 대한 형이상학의 가능성은 적어도 『순수이성비판』에서는 원천 봉쇄되어 있기 때문이다. (226쪽)

결국 저자는 칸트의 물자체의 형이상학은 어떠한 형식으로든–그것이 내재적 형이상학 (페이튼이 '경험의 형이상학'이라고 칭하였던 것)이든지 이성의 요청(postulates)에 기반한 실천적 형이상학이든–불가능한 것으로 간주한다. 그럼에도 불구하고 저자는 칸트의 초월적 통찰을 근대철학의 최대 업적으로 평가하기를 주저하지 않는다. 다음을 보라.

현대의 물리학과 철학은 여전히 칸트의 인칭론에 방향 잡혀 있다. 현대 물리학의 쌍벽을 이루는 양자역학과 상대성이론이 고전역학을 넘어섰으며 비록 과학철학계에서 물리학에 대한 칸트의 선험적 해석이 콰인의 자연주의적 해석에 비해 그리 매력 없는 시각으로 여겨지기도 하지만 3인칭과 수학적 방법의 차용에는 달라진 것이 없다. 선험성이 함축했던 수정 불가능성이나 대체 불가능성은 칸트 이후의 과학사에 의해 부정되었지만 경험을 가능케 하는 조건이라는 의미에서 칸트가 수학과 자연과학의 원리들에 부여한 선험성은 여전히 유효하다고 할 수 있다. 현대철학사조에서 과학의 방법을 추종하는 분석철학이라는 3인칭적 철학이 대두되면서 1인칭적 관념론을 계승하는 후설의 현상학과 맞서는 형세를 구축했지만 칸트가 설계한 인칭론을 벗어나는 수준은 아니었다. (227–228쪽)

더더구나 가치와 의미의 영역에서 칸트는 지대한 공헌을 한 것으로 저자는 평가한다. 이것은 1인칭적 관점도 3인칭적 관점도 아닌 2인칭의 관점에서나 가능한 것이기 때문이다. 물론 이러한 영역은 과학이 제시하는 내용을 넘어서는 것이다. 따라서 저자는 명제 (2)를 지지한다고 보여지는 것이다. 다음을 보라:

> 칸트의 인칭론은 2인칭의 모색에도 공헌한 바가 크다. 인간을 수단이 아닌 목적으로 대우하라는 그의 인간성 정식은 인간에 대한 태도를 영혼에 대한 태도로 규정한 비트겐슈타인에게로 계승된다. 하이데거는 비트겐슈타인이 말한 그 태도를 염려(Sorge)라는 이름으로 존재자 일반으로 확산시키는 2인칭적 존재론을 구축하였다. 2인칭 철학은 근대성의 표현인 과학기술에 의해 탈마법화된(disenchanted) 반생명적 3인칭 세계를 의미와 가치로 재활성화하려는 주목할 만한 시도이다. 인간은 자신의 주변과 타자에 대해 친소와 애증이라는 정감적인 접근법으로 밀고 당김의 관계를 형성한다. 이러한 상호작용 속에서 1인칭과 3인칭의 초연하고 고립된 시각이 교정되고 인간과 세계에 대한 새로운 이해와 관계 맺기가 싹튼다. (228–229쪽)

물론 2인칭적 관점은 마르틴 부버(Martin Buber)가 그의 주저 『나와 너』 안에서 강조한 내용이고 이미 피히테(Johann Fichte)와 헤르만 코헨(Hermann Cohen)의 사상에서도 엿볼 수 있는 내용이지만 저자는 칸트의 본래적 기여를 중요시하고 있다. 저자가 언급하고 있지는 않지만 칸트의 도덕적 정감 즉 존경(Achtung)의 감정은 2인칭 관점의 정점을 이룬다고 생각한다.

한편 나는 저자가 칸트의 방법론에 있어 몇몇 오해를 하고 있다고 생각하는 데 그것은 다음과 같은 이유에서이다. 먼저 다음과 같은 저자의 세 언명 (a), (b), (c)를 읽어보자.

(a) 칸트는 수학의 공리와 정의 모두 선험적 직관을 요한다는 점에서 선험적 종합판단이며 수학적 인식은 자신의 개념을 이 순수 직관 중에 구체적이고 선험적으로 나타내 보임 칸트는 이를 구성이라는 용어로 요약한다. [⋯] 수학의 공리가 선험적 종합판단이라면 거기서 도출되는 정리도 선험적 종합판단인 셈이며 공리로부터 정리를 도출하는 연역의 매 단계도 선험적 직관을 요한다는 점에서 선험적이고 종합적이라는 해석이 가능하다. 이로써 수학은 공리, 정리, 정의, 연역 이 모든 면에서 선험적이고 종합적인 학문이 되는 셈이다. 수학적 판단이 **모두** 종합적이라는 칸트의 언명은 이러한 맥락에서 새겨야 한다. (201쪽; 밑줄 강조는 첨가)

(b) 선험성이 함축했던 수정 불가능성이나 대체 불가능성은 칸트 이후의 과학사에 의해 부정되었지만 경험을 가능케 하는 조건이라는 의미에서 칸트가 수학과 자연과학의 원리들에 부여한 선험성은 여전히 유효하다고 할 수 있다. (228쪽; 밑줄 강조는 첨가)

(c) 선험철학의 배경이 된 독일 관념론의 전통이 과거 시제가 되었고 경험론의 새 버전인 자연주의와 과학의 역사성이 강조되는

마당에 선험성이라는 칸트의 용어는 이제 저 의미를 보전하면서 시대감각에 맞는 다른 용어로 대체하는 것이 바람직하다고 여겨진다. (228쪽; 밑줄 강조는 첨가)

이 세 문장을 살펴보면 저자는 "a priori"와 "transcendental"을 구분하지 않고 동일시하는 것 같다. 그러나 전자가 인식론적 개념인데 반하여 후자는 근본적으로 형이상학적 개념이다. 후자는 칸트가 도덕철학에서 개진한 실천형이상학은 차치하고라도 그의 이론 철학에서 발현된 내재적 형이상학의 근본 원리를 구성하는 틀인 것이다. 기본적으로 후대의 철학자들이 선천성(apriority)을 배제하였더라도 선험성/초월성(transcendentality)은 그대로 보존하고 있음을 알 수 있다. 예를 들어 피히테, 셸링, 헤겔, 코헨, 후설 등등이 그 예라고 할 수 있다.

2.3) 본론-3

이제 저자의 세계관이 어떻게 (3)을 함축하고 있는지 알아보자. 그런데 사실 저자의 "과학적"이고 "현실적"인 실재관은 직접적으로 관념론적이지도 않고 또 실재론적이지도 않다. 자연에 대한 수학적인 기획 투사물인 과학 이론을 자연 그 자체의 청사진으로 볼 수 있겠는가 하고 반론하는 것이 저자의 논지이며 '측정의 현상학' 절에서 저자는 실재를 측정할 때 우리는 이미 실재에 대한 수학적 구조를 전제로 하고 들어가는 게 아닌가 하는 것을 함의하고 있다. 과학철학에서 말하는 관찰의 이론 적재성이 시사하듯이 측정에 수학적 전제가 적재되어 있기 때문에 측정의 결과도 수학적일 수밖에 없는데 이를 곧 실재라고 말할 수 있느냐 하는 것이다. 이 경우 "사태 그대로!"라는 모토가 무색하게 우리의 세계관은 우리 주관의 근본적 전제에 의하여 심층부에서까지 이론으로 적재되어 있다고 할 수 있다. 그런데 만일 올바른 인식체계는 선험적인 기획투사가 아니라 사태적합성에 의거해야만 한다는 비트겐슈타인의 현상학이 정확하다면 이것은 코페르니쿠스와 칸트 이전의 "비인칭적 세계관"과 어떻게 다른가? 저자가 이미 지적하는 대로

> 코페르니쿠스와 칸트 이전의 세계관은 인간의 개입을 고려하지 않은 비인칭적 세계를 전제로 하고 있었다. 과거의 세계관은 사태 그 자체를 있는 그대로 표상하고 있다는 순진한 무반성적 믿음에 사로잡혀 있었다. 코페르니쿠스가 상징하는 근대의 과학은 그 세계가 수학적인 방식의 기획투사에 의해 가장 잘 표상됨을 보여줌으로써 비인칭의 신화를 일거에 무너뜨렸다. (224–225쪽)

또 저자는 말한다:

> 비트겐슈타인의 현상학적 관점에서 보았을 때 양자역학을 위시한 현대의 과학은 그 가시적인 성과에 고무되어 수학적 기획투사물을 실재와 동일시하는 오만에 젖어 있다. 계몽주의의 현대적 버전인 과학주의의 아집에 빠져 물자체와 경험적으로 인식되는 세계를 구분했던 칸트의 통찰에 주목하지 않고 있는 것이다. 이러한 대세에 역류해 비트겐슈타인이 던지는 반시대적 도전장은 모순이다. (216쪽)

저자의 이러한 일단의 언급은 실재에 대한 직접적 통찰이 가능하

다는 전제에 기반하고 있는 것 같다. 다음을 살펴보자.

> 비트겐슈타인은 형이상학보다는 종교, 혹은 종교적 관점이라는 표현을 선호했습니다. 그는 자신이 비록 종교인은 아니지만 모든 문제를 종교적 관점에서 보지 않을 수 없다고 고백한 바 있습니다. 그가 말한 종교적 관점이란 총체성을 견지하면서도 세상을 단일성이나 일반성으로 보지 않고 각자성을 있는 그대로 살려서 보려는 태도를 뜻한다고 생각합니다. 이는 그가 추구했던 현상학적 태도이기도 한데 형이상학적 태도라고 불러도 무방하다고 봅니다.[9]

즉 저자는 비트겐슈타인의 현상학을 구체적 개별자의 세계에 대한 봄과 체험으로 정의하면서 전통 관념론 예를 들어 헤겔의 절대정신의 관념론은 받아들일 수 없다고 한다. 왜냐하면 이는 관념, 이념, 보편자, 이론 등을 먼저 기획하고 거기에 집착해 세상을 그 식대로만 이해하려는 기획투사에 다름 아니기 때문이다. 오히려 저자는 비트겐슈타인을 좇아 "저 기획투사의 원천이 사태인가?"라고 반문하고 선험적인 기획투사의 원천은 결코 사태일 수가 없으며 그렇다면 그것은 아무런 근거가 없는 것으로서, 이론적합적일는지는 몰라도 사태적합성은 결여하고 있다는 주장을 하고 있는 것이다. 물론 비트겐슈타인이 이론이나 관념에 무조건 반대하는 것은 아니라고 한다. 이론적, 관념적 작업을 하려면, 그것이 사태 그 자체에 뿌리한 것임을 먼저 증명해야 함이 우선순위를 차지해야 한다는 이야기다. 결론적으로 우리는 이러한

9 2016년 서산철학강좌 토론에서 발췌. 303쪽.

주관적 관념론의 "종착역," 즉-하이젠베르크가 지적했듯이-우리(가 건축한 것)만 보게 되는 철학적인 나르시시즘, 유아론을 항상 경계하여야만 한다.

더 나아가 저자는 다음과 같이 주장하기도 한다.

> 우리에게만 타당하게 받아들여지는 지식에 과연 객관적 진리성을 부여할 수 있을까? 단서를 전혀 남기지 않았다 한들 완전 범죄도 결국은 범죄이듯이, 설령 우리 모두에게 받아들여지는 믿음이 있다 해도 그로 말미암아 그것이 참된 지식이 되는 것은 아니다. 참과 거짓은 민주주의나 만장일치로 가려질 성질의 것이 아니기 때문이다. 주관과 반대되는 것이 객관이고 현상과 반대되는 것이 실재일진대 주관적 객관성이나 현상계의 실재성이라는 표현은 형용모순이 아닐까? 우리에게 참인 지식과 절대적으로 참인 지식은 서로 구별되어야 마땅하며, 우리에게 실재적인 것과 절대적으로 실재적인 것도 그러하다. 참이나 실재성에 각각 정도의 차이가 있을 수 없기 때문에 우리에게 참이거나 실재적인 것에 궁극적으로는 참이나 실재성을 부여해서는 안 될 것이다. (227쪽)

이러한 모든 저자의 주장은 결국 우리가 사태 그 자체를 적어도 어느 정도 직접 파악할 수 있고 우리 주관의 형식과는 별개로 실재의 본성에 관한 지식을 획득할 수 있음을 함축한다. 사태와 실재에 대한 직접적 접근이 가능하다는 이야기다. 따라서 저자는 (3)을 견지하고 있다고 볼 수 있다.

2.4) 본론-4

저자는 또 비트겐슈타인의 모순의 현상학을 상세히 옹호하고 있다. 다음을 보라.

> 어떠한 이론 정합적 기획의 시도에도 맞서는 원리가 정합성의 반대인 모순이다. 무모순성이 수학적 관념론의 이념이라면 모순은 비트겐슈타인이 지향하는 현상학의 원리이다. 그렇다고 해서 그것이 무슨 심오한 형이상학적 원리인 것은 아니다. 모순을 두려워하는 것이 수학자들의 미신일 뿐이라는 비트겐슈타인의 말을 정교화 시켜 모순을 허용하면서도 작동하는 형식체계나 형이상학을 건립하는 것은 그가 의도하지 않은 또 다른 기획투사에 지나지 않는다.
>
> 모순을 두려워하지 말라는 비트겐슈타인의 말은 수학적 관념론이 절대로 포기하지 않고 끝까지 움켜쥐고자 하는 정합성의 이념도 내려놓아보라는 것이다. 이성의 기획이 견지해온 최후의 편견까지 에포케 하였을 때 우리는 지금까지와는 다른 좀 더 열린 태도로 실재에 다가갈 수 있을지 모른다. 이것이 비트겐슈타인이 제시하는 모순의 현상학이 우리에게 던지는 메시지이다. (216-217쪽)

그러나 근·현대 자연과학적 성과를 과연 저자가 의도하는 대로 모순의 현상학으로 재해석할 수 있을까? 예를 들어 역학 가운데 비선형 역학, 즉 카오스 이론을 들어보자(Gleick 1987, 215쪽 이하). 아인슈타인의 상대성 이론이 고전 물리학의 시간 공간 개념을 수정해나가면서 그 서술 기반을 대체하였고, 양자역학은 고전역학의 방법을 수정하여 새로운 패러다임을 창출하였다. 그런데 카오스 이론은 언어나 양식을 대체한 것이 아니라 고전역학 자체의 근본 전제를 재검토하는 계기를 마련하였다고 할 수 있다. 양자역학이 고전역학을 대체하는 데 그쳤다면 카오스 이론은 고전역학 내에서 기존 해석이 완전히 틀렸다는 것임을 함축한다. 양자역학이 불확정성원리에 따라 결정론을 넘어 확률적 해석을 시도하는 것도 사실이지만 일단 상태함수가 주어지게 되면 그 안에서 예측 불가능성도 어느 정도 해소가 된다. 상태함수 자체는 완전히 결정론적으로 작용하기 때문이다. 이러한 특면에서 양자역학은 고전역학과 별반 차이가 없다고 본다. 즉 둘 다 결정론적인 "본성"에서 동일하다는 말이다. 그러나 카오스 이론은 이제 우리가 예측 불가능성으로서 결정론을 보완해야 함을 시사한다. 그러나 예측불가능성이 결정론과 모순을 일으켜 체계의 논리적 불안전을 초래한 것은 아니다. 우리는 자연 해석차원에서 카오스 이론이 큰 반향을 일으켰다는 데 동의한다. 그러나 이러한 충격이 비트겐슈타인의 모순의 현상학으로 해석될 수 있는 여지를 남기고 있을까? 자연을 해석하는 데 있어 예측불가능성이 본질적으로 포함되어 있다는 것은 일종의 아노미이고 충격이다. 그러나 그 자체로 모순은 아니다.

2.5) 본론-5: 저자의 결론 및 제안: 2인칭의 형이상학? 모순/비정합의 현상학

저자에 따르면

> 우리는 3인칭의 장점을 폄하하거나 2인칭의 한계를 간과해서는 안 된다. 2인칭은 인간과 주변 타자 사이의 관계를 중심으로 전개되는 까닭에 태생적으로 국소성을 벗어나기 어려운 반면, 3인칭은

EPR 실험에서 보듯이 이미 물리계의 관계망을 비국소적인 경지로 확장시켜 나가고 있다. 그러나 2인칭적 교감에서 체험되는 의미와 가치는 주관적인 몽상이 아닌 엄연한 현상이며 이로 말미암아 3인칭적 세계와 타자는 더 깊은 층위에서 이해된다. 상이한 인칭의 어느 하나가 다른 하나를 대체하는 것[10]이 아닌 상호 보완적인 관계가 가능하다면 그것이 기존의 과학과 철학을 보다 풍성하게 해줄 수 있는 길일 것이다. (229쪽)

또 다음과 같은 주장도 보인다.

2인칭은 현대 물리학을 위시한 과학에는 낯선 시각이다. 과학의 토대가 1인칭에 맞닿아 있다는 칸트의 인식론이 옳다 해도 과학 자체는 3인칭적이었으며 이는 현대에 와서도 마찬가지이다. 그러나 과학이 반드시 3인칭적이어야 한다는 당위를 신봉할 필요는 없다. 2인칭적 태도는 기획투사를 골자로 하는 기존의 인칭론이 지향해온 초연한 일방성과는 달리 타자와 사태에 자신을 열어 그것에 귀 기울이며 그것과 쌍방적 교감을 지향하는 태도이다. 현대 물리학이 봉착한 한계의 돌파구는 모순에 대한 태도 변경과 함께 자신에게 부과된 전통적 인칭의 굴레를 벗어나는 데서 찾아질 수 있을지도 모른다. 미래의 문명을 이끌 새로운 학문으로 모순의 현상학과 2인칭적 과학의 모색을 제안한다. (229-230쪽)

이제 우리는 저자가 강조하는 1인칭, 2인칭적 세계관과 3인칭적 세

10 1, 2인칭과 지향성, 의미 등을 제거하거나 3인칭으로 환원하려는 제거주의, 환원주의, 자연주의, 물리주의, 과학주의 등이 이에 속한다.

계관이 정확히 어떻게 다른지 추궁해보아야만 한다. 왜냐하면 저자가 긍정하듯이 칸트는 일인칭적 인식론을 통해 3인칭적 과학을 근거 지웠고, 또 그를 넘어 2인칭적 윤리학을 근거 지움으로써 새로운 패러다임을 확립하였기 때문이다. 이것이 사실이라면 기실 이 모든 다른 인칭적 관점은 그 모두를 아우르는 상위의 초-인칭적 관점을 이미 선결조건으로 요구하고 있는 것은 아닌가? 모종의 공관적 전망(synoptic perspective)이 이미 우리 내부에서 작동하고 있는 것은 아닌지 의심이 간다. 타르스키의 언어를 빌리자면 대상언어를 넘어서는 메타언어가 이미 전제로 작동하고 있는 것이 아니냐는 말이다. 그러나 이 모든 관점을 아우르는 초-인칭적 관점이 선결된다면 이것은 이미 신의 관점을 선제하는 것이 아닌가? 칸트의 극렬한 반대에도 불구하고 우리는 이성적/지성적 직관(intellectual intuition)의 능력을 이미 겸비하고 있는 것은 아닌가? 마지막으로 3인칭적 세계관과 코페르니쿠스/칸트 이전의 무인칭적 세계관은 어떻게 다른지 질문해보아야만 한다. 그리고 이들은 니체 류의 전망주의(perspectivalism)와는 어떻게 다를 수 있는지를 고찰해 보는 것도 유용할 것이다.

3) 결론

이제 모두에 도입한 세 명제를 재고하여 보자.

(1) 과학은 드러난 현상 세계에 대한 최선 최상 유일의 지식을 제공한다.

(2) 우주와 인간에는 과학이 제시하는 지식이 제공하는 것으로 결

코 이해될 수 없는 부분이 상당히 있다.

(3) 우주와 인간에 대한 초과학적인 부분은 "직접적 직관"에만 의존하는 방법이–즉 모종의 신비주의–가 최상의 선택이다.

이제까지 저자의 세계관을 상세히 살펴본 결과 그 세계관은 이 세 명제를 동시에 함축하고 있을 개연성이 제기되었다. 그리고 이 세 명제는 비정합적인 세 쌍(inconsistent triad)을 구성한다고 볼 수 있다. 만일 이러한 비판이 옳다면 따라서 저자의 세계관은 일관적인 논증에 의하여 지지하기가 쉽지 않을 수 있다.

마지막 고찰: 그런데 저자는 이 비정합성이 결코 부자연스러운 것이 아니라 오히려 환영받을 것이라고 주장할 수도 있다. 왜냐하면 어차피 우리는 모순이나 부정합성을 두려워하지 않고("Who is afraid of contradictions?") 주어진 체계 안에서 받아들일 준비를 해야 하니 말이다. 만일 우리가 모순의 형이상학을 받아들인다면 귀류법의 타당성을 어떻게 받아들여야만 할까? 귀류법은 모순의 불가역성, 배타성을 전제로 작용하는 원리인데 (모든) 체제 자체가 모순을 포함하고 있다면, 각각의 체제 안에서 모순을 범하는 소관점을 어떻게 배격할 수 있을까? 그러나 이 경우 우리는 어떠한 체계라도–그것이 개방 체계이던 열린 체계이던, 형식적 체계이던 아니면 실질적 체계이던–받아들일 준비를 하여야만 한다. 물론 이것은 아무 체계도 받아들이지 못함을 함축하는 것이기도 하다. 만일 저자가 옳다면 우리의 인지적 체계는 어쩌면 실재의 바다에 떠다니는 가운데 결코 닻을 내려 정박함이 없이 스

스로를 점진적으로 보수해 나가야만 하는 비정합적 순양함일지도 모르겠다.

6. 답론

1) 김한라 교수는 내 논문을 다음의 세 명제로 요약하고 있다.

(1) 과학은 드러난 현상 세계에 대한 최선 최상 유일의 지식을 제공한다.
(2) 우주와 인간에는 과학이 제시하는 지식이 제공하는 것으로 (결코) 이해될 수 없는 부분이 상당히 있다.
(3) 우주와 인간에 대한 초과학적인 영역에 대한 지식은 "직접적 직관"에만 의존하는 방법—즉 모종의 신비주의—을 통하여서만 획득될 수 있다(혹은 이 방법이 최상의 선택이다).[11]

김한라 교수의 논평 중 본론—1, 2, 3은 저 각 명제가 내 논문에서 어떻게 지지되거나 함축되는지에 대한 논증이다. 논평의 서론과 결론은 저 세 명제가 어떻게 서로 모순되는지에 대한 논증이다. (나는 모순되는 말을 하고 있는 셈이다.) 김한라 교수는 내가 논문에서 제안한 모순의 현상학을 근거로 내가 저 비정합성이 환영받을 것이라고 주장할 수도 있다고 전망한다. (나는 자신의 모순되는 말을 자랑스러워하고 있는 셈이다.)

11 괄호 안의 표현은 논평의 결론에 재등장하는 요약에서 따온 것이다.

저 세 명제는 내 논문에 대한 요약도 내가 견지하는 명제도 아니다. 논평 중 본론-1, 2, 3에서의 논증, 즉 저 각 명제가 내 논문에서 어떻게 지지되거나 함축되는지에 대한 논증은 타당하지 않다. 논평 중 서론과 결론에서의 논증, 즉 저 세 명제가 어떻게 서로 모순되는지에 대한 논증도 타당하지 않다. 그리고 저 세 명제의 비정합성이 환영받을 것이라는 주장은 나와 무관하다. 이를 차례로 논해보자.

2.1) 나는 과학이 드러난 현상 세계에 대한 유일한 지식이 아니라 유익한 지식을 제공한다고 본다. 최선이나 최상과 같은 수사는 과학적 지식을 포함한 어느 지식에도 붙이고 싶지 않다. 그런 최상급을 독점하는 지식은 없다고 보기 때문이다.

2.2) 나는 우주와 인간에 과학이 제시하는 지식이 제공하는 것으로 (결코) 이해될 수 없는 부분이 상당히 있다고 보지 않는다. 과학의 선험적 한계가 무엇인지 모르는 내가 저런 말을 할 자격이 없을뿐더러, 사실 나는 2인칭적 시각의 도입을 통한 과학의 질적 변화와 성숙을 기대하고 있는 편이다.

2.3) 우주와 인간에 대한 초과학적인 영역에 대한 지식이 "직접적 직관"에만 의존하는 방법-즉 모종의 신비주의-을 통하여서만 획득될 수 있다는 주장은 나와 무관하다. 직접적 직관이나 신비주의가 무엇인지 알 수 없기 때문이다. 저런 정체불명의 것들을 걷어내자는 것이 내 입장이다. 모든 것이 있는 그대로 이미 다 드러나 있다는 것이 비트겐슈타인의 현상학임

을 명심할 필요가 있다.

3) 역시 나와 무관한 일이지만 김한라 교수의 명제 (1), (2), (3) 중 (2)는 (3)과 모순되지 않는다. 김한라 교수의 주장과는 달리 (2)는 불가지론이나 회의주의의 명제가 아니라 과학의 한계를 적시하는 명제이며, (3)은 그 한계 너머의 영역에 대한 대안적 지식을 역설하는 명제이기 때문에 양자는 상호 양립가능하다.

4) 모순을 두려워말라는 비트겐슈타인의 말은 어떠한 체계라도 받아들일 준비를 하라는 의미가 아니다. 우리의 믿음 체계는 낱낱이 떼어놓고 보았을 때에는 각자 나름의 정합성을 지니고 있을 것이다. 문제는 이들이 전반적인 일관성을 유지해야 하느냐인데 그래야 한다는 이념이 곧 이데올로기라는 것이 그의 입장이다.[12] 하나의 믿음이 모순

---

12 이에 대해 윤유석 씨는 서면으로 다음과 같이 논평하였다.

> "모순을 두려워해서는 안 된다."라는 논지와 "믿음 체계가 전반적인 일관성을 유지할 필요는 없다."라는 논지가 서로 구분되어야 하지 않을까 합니다. 저는 두 논지 모두에 동의하지만, 전자로부터 후자가 반드시 도출되거나 후자로부터 전자가 반드시 도출되는지는 않을 것 같습니다. 가령, 무모순율을 허용할 것인지에 관한 논리철학적 문제에 굳이 개입하지 않더라도, 우리의 믿음 체계가 각각의 고유한 문맥에서 자율성을 지닌다고 주장하는 데는 큰 문제가 없을 것 같습니다. 실제로, 아리스토텔레스나 후설 같은 철학자들이 바로 이런 입장을 취하는 것으로 알고 있습니다. 이들은 믿음 체계들을 하나의 원리로 통합하려는 데카르트주의적 시도에 반대하여 서로 다른 사태마다 서로 다른 학문이 존재해야 한다고 강조하지만, 이런 입장을 취하기 위해 무모순율에 대한 비판에까지 개입하지는 않습니다.

그의 논지에 동의한다.

을 야기함을 보여주는 귀류법에는 아무런 문제가 없다. 문제는 그 다음 우리가 어떤 태도를 취하느냐이다. 모순을 초래한 그 믿음을 부정할 수도 있지만 그 믿음을 견지할 수도 있다. 그리고 이는 귀류법을 벗어난 우리의 결정과 선택의 문제이다.

5) 김한라 교수는 내가 제안하는 여러 인칭적 관점들이 그 모두를 아우르는 상위의 초-인칭적 관점을 선결조건으로 요구하고 있는 것은 아닌지를 묻고 있다. 묘하게도 사람의 주요 기관들은 복수적이다. 눈, 콧구멍, 귀뿐 아니라 팔과 다리도 둘이다. 손 발가락은 각각 다섯 개가 한 조를 이루며 심지어 저 모든 기관들에서 오는 정보를 처리하는 뇌도 좌반구와 우반구로 나뉘어져 있다. 그렇다고 해서 우리가 초-눈, 초-콧구멍, 초-팔을 필요로 하는 것은 아니다. 메타논리학의 운명이 그러하듯이 만일 예컨대 초-눈을 상정한다면 그 초-눈을 운영할 3차(3rd order) 눈, 그 3차 눈을 운영할 4차 눈을 상정해야 하는 무한의 수렁에 빠지게 되는데, 이는 실제 신체 기관의 작동에서 유리된 관념의 유희일 뿐이다.

6) 코페르니쿠스와 칸트 이전의 세계관이 비인칭적 세계를 전제로 하고 있었다 함은 당시의 세계관이 인칭이라는 채널을 고려하지 못했음을 의미한다. 반면 선험적 기획투사를 지양하며 사태적합성을 추구하는 비트겐슈타인의 현상학은 사태가 있는 그대로 드러나도록 자신을 낮추어 사태에 귀 기울이는 2인칭적 철학이다.

7. 한국칸트학회에서의 토론[13]

김한라: 비트겐슈타인이 모든 것이 있는 그대로 이미 다 드러나 있다고 했는데 우리는 그의 현상학으로 그러한 사태 자체에 어떻게 접근할 수 있는지요.

이승종: 비트겐슈타인의 현상학은 만병통치약과 같은 것이 아닙니다. 그는 철학이 그러한 과장의 유혹에 빠지기 쉬움을 경계했습니다. 새로운, 전무후무한 해명을 철학에 기대하는 것이 철학의 가장 큰 걸림돌 중의 하나라는 것입니다(Wittgenstein 2005, 309쪽). 철학이 할 수 있는 일은 우상을 파괴하는 것인데, 이는 우상의 부재에서 새로운 우상을 창조하지 않는 것을 의미한다고도 했습니다(Wittgenstein 2005, 305쪽). 새로운 이론의 기획투사에 의해서가 아니라, 자신이 움켜쥐고 있는 이런저런 편견을 내려놓음으로써 사태를 있는 그대로 보게 된다는 것입니다. 전문화되고 분과화된 근 현대의 학문들이 사태를 이론과 같은 추상적 일반성으로 승화시키는 데 반해, 비트겐슈타인의 현상학은 이를 원래의 자리로 되돌려 구체적인 각자성으로 각자 포착할 것을 제안합니다. 등잔 밑이 어둡다는 동양의 지혜나, 명백한 것이 오히려 눈에 잘 들어오지 않는 법이라는 메시지를 담고 있는 에드거 앨런 포(Edgar Allan Poe)의 작품 「도둑맞은 편지」(Poe 1844)와도 일맥상통합니다.

이충진: 비트겐슈타인의 세계는 아리스토텔레스가 말하는 개

---

13 토론 참가자는 다음과 같다. 김한라, 이충진(한성대 교양학과 교수), 최소인(영남대 철학과 교수), 하선규(홍익대 미학과 교수), 김재호(서울대 기초교육원 교수), 김종국(경인교대 윤리교육과 교수), 강지영(서울시립대 철학과 교수).

별적 사물들의 집합체인지, 아니면 플라톤이 말하는 보편자들로 구성된 세계인지, 아니면 양자가 뒤섞여 있는 것인지요? 사태 자체로 라는 구호는 굳이 현상학을 인용하지 않더라도 누구나 동의할 명제이지만, 비트겐슈타인의 눈에 비친 그 사태 자체의 세계가 어떠한 세계인지가 궁금합니다.

최소인: 사태를 각자 포착하자는 이승종 교수님의 말은 저마다의 주관성으로 사태를 파악하는 후설의 1인칭 철학처럼 들립니다.

이승종: 학문이 분과화되고 전문화되면서 전문가의 시대가 만개했습니다. 어떤 문제가 발생하면 우리는 해당 전문가에게 묻습니다. 미디어도 전문가를 호출해 그의 의견을 전달합니다. 삶의 문제는 철학자에게 묻고 그가 답을 줍니다. 그러면 그 문제가 풀리는 겁니까? 비트겐슈타인은 아니라고 보았습니다. 삶은 각자가 살아내고 체험하면서 풀어나가는 것입니다. 철학자의 답은 그냥 말, 조언, 참조사항일 뿐입니다. 삶이라는 사태의 각자성은 저마다 마주하고 감당해야 하는 것이며 누구도 이를 대신할 수 없는 것입니다. 비트겐슈타인의 이러한 시각은 플라톤, 아리스토텔레스, 후설과는 다른 면이 있습니다. 보편자, 이론, 추상을 비판한 비트겐슈타인이었지만, 그래서 수축론자(deflationist)로 오해될 수 있지만, 언어 게임의 사태성이 지니는 풍성함을 그만큼 밀도 있고 세밀하게 느끼고 이해하고 서술한 사람도 드뭅니다. 탐구를 하면 할수록 더욱더 풍성히 드러나는 게 현상의 세계입니다. 양자역학이 보여주는 아원자 세계도 신비롭지만 자기 앞에 펼쳐지는 삶이라

는 현상은 그보다 더 신비롭습니다.

하선규: 비트겐슈타인의 모순은 변증법에서 말하는 모순을 의미합니까?

이승종: 변증법에서는 정(正)과 반(反)이라는 모순이 합(合)으로 해소됩니다. 결국 정–반–합의 정식(定式)을 따르는 것입니다. 유물변증법에서는 생산력과 생산관계가 모순을 일으켜 계급투쟁을 통한 혁명이 일어납니다. 비트겐슈타인의 관점에서 보자면 이는 모두 인위적이고 도식적이고 목적론적인 기획투사들입니다. 인간의 이성을 전지(全知)의 수준으로 극대화한 인간중심주의가 전제되어 있는 것입니다. 모순을 논리적 이론으로 해결하거나 변증법의 경우처럼 합으로 해소하는 것보다, 모순이 일어나는 그 사태를 있는 그대로 통찰하는 것이 비트겐슈타인에게는 더 중요했습니다.

김재호: 물자체계에 대한 인식을 원천 봉쇄시켜놓고서 형이상학을 운위하는 칸트는 형이상학이라는 용어에 대한 은밀한 재정의의 오류를 범하고 있다고 하셨는데, 저는 오히려 이 점이야말로 칸트가 비트겐슈타인과 서로 만나는 지점이라고 봅니다. 즉 칸트는 실재가 이미 있고 그 실재에 우리가 다가갈 수 있다고 생각하는 순간 모순이 발생한다는 것입니다. 반면 이승종 교수님은 칸트의 바로 그러한 생각이 문제라고 진단하십니다. 저는 왜 실재계가 있어야 하는지를 의심합니다. 칸트의 입장은 실재계가 있는데 그걸 파악 못하면 문제라는 식으로 접근하지 말자는 것입니다. 이런 점에서 그의 입장은 모순성과 완전성의 공존이나 무모순성과 불완전성의 공존을 말하는 괴델의 정리와도 일맥상통합니

다. 실재론에 대한 교수님의 가정은 있는 그대로를 보려는 입장과 상반되는 기획투사로 보입니다.

이승종: 칸트와 비트겐슈타인은 너 자신을 알라는 소크라테스의 가르침에 저마다의 방식으로 충실했던 철학자들이었습니다. 칸트는 나 자신의 감성, 지성, 이성을 깊고 풍성하게 탐구하여 이를 기획투사했을 때 포착되는 세계를 묘사하였습니다. 반면 나 자신에 대한 비트겐슈타인의 탐구는 자신의 역할을 최소한으로 수축시켜 그 빈자리로 흘러들어오는 풍성한 세계를 묘사하였습니다. 같은 문제의식에서 다른 결론에 이른 셈입니다.

김종국: 칸트의 2인칭적 학문, 과학, 자연해석은 존경에 기반한 숭고, 예술, 목적 등과 같은 판단력의 세계, 물자체계와 연관된다는 점에서 3인칭적 과학과 구별됩니다. 비트겐슈타인의 경우에는 과학이 예술적인 자연관도 아우르자는 입장인지요?

이승종: 베토벤의 교향곡을 들을 때 저는 인간의 비극성에 대해, 고통에 대해 이렇게 깊은 묘사와 표현이 과연 또 있을까 머리를 숙이게 됩니다. 브루크너(Anton Bruckner)의 교향곡을 들을 때 저는 구도자의 여정을 이토록 절실하게 그려낸 음악이 또 있을까 옷깃을 여미게 됩니다. 철학 텍스트에서 접하는 용어들의 의미와 지시체를 예술가들은 혼신을 다 바쳐 작품으로 조탁해내는 것입니다. 베토벤이나 브루크너는 진정한 존재 체험을 한 사람들입니다. 그렇지 않고서는 저런 걸작들이 나올 수 없습니다. 탁월한 예술가들은 자신들의 작품에 대해 이렇게 말하곤 합니다. 그것이 내가 만들어낸 것이 아니다. 나를 엄습한 엄청난 그 무엇을 표현했을 뿐이다

라고. 이는 기획투사로 세팅된 과학적 실험을 통해 얻어지는 일반적 경험과는 달리 개인 각자에게 다가오는 2인칭적 체험입니다. 물론 이를 수신하기 위해서는 노력과 준비, 열린 감수성이 필요합니다. 수신한 바를 표현하는 과정에서 스타일과 기법상의 차이가 발생하기도 하고요. 베토벤과 브루크너의 음악은 확연히 구별되지 않습니까.

김종국: 2인칭적 과학이란 칸트에게서는 예술에 해당하는데 과학과 예술이 동일한 것으로 묶여질 수 있다고 봅니까?

이승종: 2인칭적 과학이라고 할 만한 몇몇 시도들이 있습니다. 융(Carl Jung), 셸드레이크(Rupert Sheldrake)의 작업들이 그 좋은 예들입니다. 코펜하겐 해석의 창시자의 한 사람이자 노벨 물리학상 수상자인 파울리와 융이 공저한 『자연의 해석과 정신』(Jung and Pauli 1952)은 특히 주목할 만한 성취로 꼽습니다. 두 상이한 심리적 상태들의 동일한 발생을 무인과적 연결원리인 동시성으로 풀어본 연구입니다. 2인칭적 과학도 과학인 이상 근거 제시와 검증의 절차를 수반한다는 점에서 예술과는 구별됩니다. 수학에 방향 잡혀 있는 3인칭적 과학이 대세이기 때문에 저러한 대안들은 아직 큰 주목을 받지는 못하고 있지만, 그 이유는 저 대안들이 틀려서라기보다는 주류과학자들이 받아들이기에는 불편하기 때문에서라고 봅니다.

김종국: 융의 학문을 2인칭적이라고 보는 이유는 무엇입니까? 그의 학문이 보여주는 바는 예술에서 드러나는 바와 어떻게 다릅니까?

이승종: 융의 학문적 원천은 예술보다는 신화와 주술이라고 봅

니다. 주술은 유사성을 근간으로 하는 유감주술(類感呪術; homoeopathic magic)과 인접성을 근간으로 하는 접촉주술로 대별되는데 이는 통상적으로 공감주술(sympathetic magic)로 불립니다. 유감주술은 유사한 것들 사이의 동조(同調)를, 접촉주술은 접촉이 있었던 것 사이의 동조를 골자로 하고 있는데 이는 2인칭적 접근법이라 할 만합니다. 융은 주술의 토대인 공감과 동조를 동시성의 원리로 설명해내었습니다.

강지영: "여기에 흰 컵이 있다."와 같은 명제에도 실체와 속성의 범주가 작동하고 있습니다. 이것도 선험적 기획투사라고 해야 하는지요? 칸트적 관점에서 세계는 시공간에서 인과적으로 작용하는 실체의 총체들입니다. 이것도 선험적 기획투사라면 선험적 기획투사가 아닌 있는 그대로의 사태란 무엇인지가 궁금합니다.

이승종: 사회주의는 전지(全知)의 계획자가 경제 전반을 계획하고 통제하는 계획경제를 추구할 때 낭비와 오류를 줄이고 최상의 결과를 얻을 수 있다고 믿었습니다. 총체적 기획투사의 결정판이라고 할 수 있습니다. 반면 사회주의자들이 자본주의라고 이름 부른 자유주의 시장경제 체제는 계획경제 대신 경제를 시장의 자율적 기능에 맡기는 정책을 취했습니다. 두 체제 사이의 경쟁에서 사회주의는 참패했고 사회주의 국가들은 도미노로 무너졌습니다. 반면 시장경제 체제는 비록 많은 문제점을 안고 있지만 여전히 작동하고 있습니다. 그 결정적인 이유의 하나는 기획투사가 상대적으로 적었기 때문이라고 봅니다. 실물경제에서 발생하는 우연성, 무정형성, 예측 불가능성을 그대로 받아들여 그로부터

배우고 고쳐나가는 전략을 택했는데, 이 탄력성이 주효한 것입니다. 반면 당이 합리성의 이름으로 경제를 장악했던 사회주의 체제는 기획투사를 고수하다보니 변화하는 실물경제에 제대로 적응하지 못하고, 그 흐름에 뒤처지다 결국 파탄에 이르렀습니다. 실물경제의 우발성을 인정하고 그로부터 시행착오를 거쳐 그에 맞춰나가는 체제 앞에, 선험적 기획투사의 완전성을 철석같이 믿었던 체제가 무릎을 꿇은 것입니다. 기획투사의 문턱을 낮추는 것이 유익하고 유효하다는 좋은 실례라고 생각합니다.

질 문: 인간이 언어를 사용하는 한 기획투사와 그에 따른 사태의 왜곡은 불가피한 것 아닌가요?

이승종: 그렇게 볼 필요까지는 없다고 생각합니다. 언어가 곧 왜곡이라면 우리의 눈, 코, 귀와 같은 감각기관은 그렇지 않다고 할 수 있겠습니까? 그러나 언어가 없다면, 우리의 감각기관이 없다면, 사태는 우리에게 드러날 기회 자체를 잃게 됩니다. 기획투사를 비판적으로 점검하여 거기서 사태로부터 비롯되지 않은 거품을 걷어내자는 것이지, 사태와 만나는 모든 채널을 걸어 잠그자는 것이 아닙니다. 칸트가 이성으로 이성의 오용과 남용을 비판했듯이, 비트겐슈타인도 언어로 언어의 오용과 남용을 비판했을 뿐입니다. 비트겐슈타인은 오히려 이 세계를 묘사하지 않는 언어는 생각할 수조차 없다는 입장입니다(Wittgenstein 2005, 315쪽).

8. 논평 (박상훈)[14]

1) 배경

이승종 교수는 과거 그의 저서 『비트겐슈타인이 살아 있다면』에서 튜링/비트겐슈타인 논쟁을 언급하며 비트겐슈타인의 모순론을 언급했다. 이는 비트겐슈타인이 수학 기초론 강의에서 언급한 내용을 토대로 했으며 이승종 교수는 이를 세 가지 주장으로 요약했다(이승종 2002, 117쪽).

(1) 수학에서 숨은, 즉 발견되지 않은 모순은 중요하지 않다 (Wittgenstein 1976, 219쪽).
(2) 모순이 실제로 발견되었을 때 우리는 다만 모순이 다시 발생 못 하게 하는 규정을 만들어주면 그만이다(Wittgenstein 1976, 220쪽).
(3) 이러한 조처가 꼭 필요한 것도 아니다. "(모순이) 발생해도 아무런 해가 되는 것이 아니기" (Wittgenstein 1976, 219쪽) 때문이다.

즉 형식주의자들이 갖고 있는 일종의 신념인 수학의 무모순성에 대한 집착을 비트겐슈타인이 그의 강의에서 비판한 것이다. 이승종 교수는 이를 구체적인 사례에 적용시켜 비트겐슈타인의 모순론을 옹호하는데, 『역사적 분석철학』의 9장에서 선보이는 모순의 현상학이 이에

14 독립연구자.

해당한다.

2) 내용

이 책 9장의 전반부는 자연을 수학이라는 언어로 번역하기 시작함에 따라 자연의 수학화가 도래하였고 수학의 이상화, 즉 수학적 실재론에까지 이른 상황에 대해 비판하는 내용을 주된 골자로 한다. 다음의 글을 살펴보자.

> 수학적 관념론이라 부름직한 수학에 대한 신격화 작업이 물리학에서 가속화되고, 수학이 지향하는 이론적합성이 사태적합성보다 우선시됨에 주목하였다. 측정치를 유일한 경험적 데이터로 간주하는 양자역학의 코펜하겐 해석 역시 측정을 통해 드러난 현상을 수치로 변환하여 다룬다는 점에서 수학적 번역이 함축하는 수학적 관념론에서 자유롭지 못함을 역설하였다. (이승종 2020, 148-149쪽)

오늘날의 물리학자 및 수학자는 양자역학의 체계적 불완전함을 완전함으로 만들고자 여러 가설을 제시하는데, 로벨리(Carlo Rovelli)의 고리양자중력이론, 와인버그(Steven Weinberg)의 초끈 이론, 캐럴(Sean Carroll)의 평행우주론이 그 예이며, 이는 수학이 과학에 앞선 결과이며, 이론적합성이 사태적합성을 앞지른 경우이다. 즉 관찰과 실험을 통해 드러난 양자역학의 모순을 없애고자 기존 수학 이론을 동원하여 하나의 큰 정합적인 세계관을 구축하고자 한 결과물이다. 물론 가설에 불과하며 지금까지 그 어떤 실험적 데이터도 관측되지 않았다.

이 지점에서 칸트의 인식론에 주목해야 할 필요가 있다고 이승종 교수는 주장한다. 칸트는 그의 책 『순수이성비판』에서 인간의 순수이성 능력의 범위와 한계를 설정하며 경험적으로 현상하는 부분, 즉 이성능력의 범위 내의 현상에 대해서만 알 수 있을 뿐, 물자체에 대해서 인간은 알지 못한다고 했다. 오늘날의 과학자와 수학자는 칸트의 인식론적 통찰에 주목할 필요가 있다. 이승종 교수가 다루고자 하는 모순의 현상학은 이러한 배경지식을 토대로 한다.

모순의 현상학에서 다루는 모순의 정의는 논리학적으로 (p & ~p)에 해당한다. 기호가 아닌 명제를 통해 예를 들자면 "지금 비가 오며 오지 않는다."에 해당한다. 양자역학에서는 논리학의 모순에 해당하는 여러 현상들이 관찰과 실험을 통해 드러난다. 다음의 글을 보자.

> 우리는 EPR 실험, 슈테른(Stern)-게를라흐(Gerlach)의 실험의 결과들이 모순에 해당함을 그에 대한 수학적 서술들을 분석함으로써 규명한다. K 중간자(neutral K mesons)는 상호 양립 불가능한 입자와 반입자의 겹침 상태로 표현되므로 이 역시 모순으로 표현된다.[15]

내가 여기서 논하고자 하는 것은 과학의 구체적인 실험의 과정이나 양상이 아니라 그 결과에 대한 이승종 교수의 해석이며, 이를 비판하고자 하는 것이기에 양자역학에 관한 지식이 부족한 경우에는 양자

15 이 인용문의 출처는 이 책 9장의 일부에 해당하는 다음 논문의 개요이다. 이승종 2020, 147쪽.

역학의 실험 결과가 논리학적으로 모순에 해당한다는 것을 받아들인 상태에서 글의 논지를 파악하면 크게 문제는 없다.

이승종 교수는 양자역학의 모순을 세계의 원리로 파악하는데, 내가 비판하고자 하는 부분은 바로 이 부분이다. 그의 말을 살펴보도록 하자.

> 열거한 모든 놀라운 현상들은 이 세계가 모순의 원리로 짜여 있으며 바로 그 원리에 의해 작동함을 함축한다. 이는 사변 형이상학의 귀결이 아니라 비트겐슈타인이 역설한 모순의 현상학으로 해석한 양자역학의 귀결이다. 정합성을 이념으로 한 수학을 언어로 그것도 현대 물리학의 총아인 양자역학이라는 검증된 매뉴얼에 의해 번역한 자연 현상이 바로 그 이념을 해체하는 모순의 원리를 구현하고 있음은 그 자체 일종의 거대한 귀류법적 과정으로 여겨진다. (220쪽)

이승종 교수는 양자역학이라고 하는 미시세계의 동역학 법칙이 모순의 원리를 통해서만 해석될 수 있다고 주장하고 미시세계에 국한되는 모순의 원리를 그보다 큰 거시세계에까지 확장하여 "이 세계가 모순의 원리로 짜여" 있다고 말한다. 여기서 그가 비판한 사변 형이상학이 그의 말에 드러난다. 이것이 내가 비판하는 부분이다.

미시세계의 모순의 원리가 거시세계에까지 적용되어야 하는 근거는 도대체 무엇인가? 미시세계와 거시세계가 상반된 원리를 갖고 있으면 안 되는가? 세계가 꼭 하나의 원리로 구축되어야만 하는 것인가? 이 또한 비트겐슈타인이 비판한 형이상학적 원리 아닌가?

'나'라고 하는 존재는 약 40조 개에서 60조 개의 세포로 이루어져 있으며 세포 각각은 분자들로, 분자들은 원자들로 구성된다. 이승종 교수는 원자들의 세계는 양자역학으로 설명되지만 그보다 큰 세포, 조직, 기관들이 양자역학적으로 설명될 수 있다고 보는 것인가? 아니면 설명되어야만 한다고 보는 것인가?

3) 결론

과학자들과 수학자들이 양자역학과 상대성이론을 통합하여 미시세계와 거시세계를 단 하나의 법칙과 원리로 세상을 설명하고자 하는 시도는 오늘날에도 계속 이루어지고 있다. 이는 그들의 신념에 기반한 것이고 환원주의적 사고에 기초하고 있다. 이승종 교수의 주장도 여기서 비롯되었다고 본다.

나는 과학자들과 수학자들의 신념이나 사고가 마냥 잘못되었다고 보지 않는다. 그게 과학자들과 수학자들의 연구 동력이라고 보며 그러한 신념을 가지지 않고서 과학자들과 수학자들이 자기네 학문을 탐구할 수 있을까 싶기까지 하다. 튜링이 비트겐슈타인과 논쟁을 벌였던 것도 그 맥락에서 이해해야하지 않을까 싶다. 사실 그러한 신념이 없는 과학자와 수학자가 내 머리로는 잘 상상되지 않는다. 다만 비트겐슈타인의 철학적 입장에 따르자면 다른 식으로도 사유가 가능하다는 것이며 나도 철학적으로 그의 입장에 동의한다는 것이다.

이승종 교수는 과학자들과 수학자들의 신념인 수학적 실재론, 무모순성에 대한 비판을 하면서도 그들이 갖고 있는 또 하나의 신념인 '단 하나의 이론,' 하나의 원리와 법칙으로 세계가 구축되어야만 한다는 입장에 대해서는 철학적으로 비판하기보다 오히려 옹호하는 듯한 태도를 보였고 나는 이를 비판하고자 했다. 만약 '비트겐슈타인이 살아 있다면' 그도 나와 비슷한 태도를 보였으리라 생각한다.

9. 답론

푸앵카레는 "코끼리를 현미경을 통해서만 연구하는 자연과학자가 과연 그 동물을 충분히 알았다고 생각하겠는가?"(Poincaré 1900, 21쪽)라고 반문한 바 있다. 현미경은 미생물의 연구에는 필수적인 도구이겠지만, 코끼리와 같이 미생물과는 스케일이 다른 대동물에게는 어울리지 않는다. 현대논리학에 새로운 지평을 개척한 양자논리학은 아원자 세계에는 적합하지만 일상의 세계에서는 별 쓸모가 없다. 양자논리학이 표준논리학을 대체할 것이라는 퍼트남(Putnam 1968)의 희망 섞인 전망이 실현되지 않은 것도 아원자 세계와 일상의 세계 사이의 차이 때문이다.

양자역학은 가시세계나 거시세계가 아닌 미시세계에 대한 물리학이다. 일상의 가시세계는 고전역학만으로도 충분하고 거시세계에는 상대성이론이 필요하다. 이러한 분업을 무시하고 하나의 통일된 이론을 추구하려는 시도는 성공하지 못했다. 그 이유는 그러한 시도가 실재가 스케일에 따라 달리 현상한다는 현상학의 원리를 위반하고 있기 때문인지도 모른다.

우리는 이론들 간의 분업이 지역 할당제에 입각한 것 아님에 유의해야 한다. 즉 고전역학이 다루는 세계가 따로 있고 상대성이론이 다루는 세계가 따로 있고 양자역학이 다루는 세계가 따로 있는 것이 아니다. 동일한 세계가 스케일을 달리 하면서 각 이론을 통해 달리 현상하고 있는 것이다. 각 이론은 저마다 서로 다른 의미에서의 우선권을 주장할 권리가 있다. 고전역학은 세상을 살아가는 우리의 눈높이에 맞추어졌다는 점에서, 상대성이론은 세상의 모든 사건과 현상의 지평인 시공간을 다룬다는 점에서, 양자역학은 세상의 보이지 않는 심층을 묘사한다는 점에서 그러하다.

양자역학이 열어 밝히는 진풍경은 우리와는 상관없는 다른 세계의 일이 아니라 바로 지금 여기에서, 아니 언제 어디에서나 일어나고 있는 현상의 심층이다. 그러한 양자역학이 모순의 현상학으로 해석될 수 있다면, 그것이 지니는 존재론적 함축은 결코 작다고 할 수 없다. 스케일의 차이로 말미암아 그것이 가시세계나 거시세계에 그대로 적용되지는 않는다 하더라도, 양자역학이 주장하는 우선권이 학계에서 널리 인정되고 있는 현실을 감안할 때 그 함축의 철학적 의의를 살펴보는 일은 충분히 가치가 있다고 생각한다.

참고 문헌

저자명 다음의 연도는 본문에서 인용된 논문이나 저서가 처음 간행된 해를 말한다. 이들 논문이나 저서가 (재)수록된 논문집이나 번역/개정판을 준거로 인용되었을 경우에는 뒤에 이에 해당하는 연도를 덧붙였다. 본문에서 인용된 쪽수도 이를 준거로 하고 있다.

김용정. (1972) 「Leibniz의 'Ratio'와 Kant의 'Apperzeption'」, 『동국대학교 논문집』, 10집.

송하석. (2001) 「포트로얄 논리학에 있어서의 계사의 기능」, 『논리연구』, 5집.

오영환 외. (1993) 『과학과 형이상학』. 서울: 자유사상사.

이승종. (1993a) 「양자역학과 EPR 논쟁」, 오영환 1993에 수록.

______. (1993b) 「의미와 해석에 관한 콰인/데이빗슨 논쟁」, 『철학』, 39집.

______. (1994) 「자연언어와 인공지능」, 『철학연구』, 34집. 철학연구회.

______. (1999) 「대칭적 전체론을 위하여」, 한국분석철학회 1999에 수록.

______. (2002) 『비트겐슈타인이 살아 있다면: 논리철학적 탐구』. 서울: 문학과지성사.

______. (2007) 「여성, 진리, 사회」, 『철학연구』, 33집, 고려대 철학연구소.

______. (2010) 『크로스오버 하이데거: 분석적 해석학을 향하여』. 수정증보판. 서울: 동연, 2021.

______. (2020) 「모순의 현상학」, 『칸트연구』, 45집.

______. (2022) 『비트겐슈타인 새로 읽기: 자연주의적 해석』. 파주: 아카넷.

이종관. (2003) 『사이버 문화와 예술의 유혹』. 서울: 문예출판사.

한국분석철학회. (편) (1999) 『언어 · 표상 · 세계』. 서울: 철학과현실사.

Adam, J. (1902) *The Republic of Plato*. Cambridge: Cambridge University

Press.

Albert, D. (1992) *Quantum Mechanics and Experience*. Cambridge, Mass.: Harvard University Press.

Aristotle. *De Interpretatione*. Trans. J. L. Ackrill. Barnes 1984에 재수록.

______. *Metaphysics*. Trans. C. D. C. Reeve. Indianapolis: Hackett, 2016.

______. *Nichomachean Ethics*. Trans. W. D. Ross. Barnes 1984에 재수록.

______. *Physics*. Trans. R. P. Hardie and R. K. Gaye. Barnes 1984에 재수록.

______. *Prior Analytics*. Trans. A. J. Jenkinson. Barnes 1984에 재수록.

Arnauld, A., and P. Nicole. (1662) *Logic or the Art of Thinking*. Ed. and trans. J. Buroker. Cambridge: Cambridge University Press, 1996.

Aspect, A., Grangier, P., and G. Roger. (1981) "Experimental Tests of Realistic Local Theories via Bell's Theorem," *Physical Review Letters*, vol. 49.

______. (1982) "Experimental Realization of Einstein–Podolsky–Rosen–Bohm Gedankenexperiment: A New Violation of Bell's Inequalities," *Physical Review Letters*, vol. 49.

Austin, J. L. (1961a) "Performative Utterances," Austin 1961b에 수록.

______. (1961b) *Philosophical Papers*. Oxford: Clarendon Press.

Ayer, A. J. (1934) "Demonstration of the Impossibility of Metaphysics," Edwards and Pap 1957에 재수록.

______. (1936) *Language, Truth and Logic*. New York: Dover, 1952.

______. (ed.) (1959) *Logical Positivism*. New York: Free Press.

Bach, R. (1970) *Jonathan Livingston Seagull*. New York: Macmillan.

Baker, G. P., and P. M. S. Hacker. (2009) *Wittgenstein: Rules, Grammar and Necessity. An Analytical Commentary on the Philosophical Investigations*. Vol. 2. 2nd edition. Oxford: Wiley–Blackwell.

Barnes, J. (ed.) (1984) *The Complete Works of Aristotle: The Revised Oxford Translation*. Princeton: Princeton University Press.

Barnes, J., M. Schofield, and R. Sorabji. (eds.) (1979) *Articles on Aristotle: vol. 3. Metaphysics*. London: Duckworth.

Barrett, J. (1999) *The Quantum Mechanics of Minds and Worlds*. Oxford: Oxford University Press.

Beck, L. W. (ed.) (1969) *Kant Studies Today*. LaSalle: Open Court.

Bell, J. (1964) "On the Einstein-Podolsky-Rosen Paradox," Bell 1987에 재수록.

_____. (1987) *Speakable and Unspeakable in Quantum Mechanics*. Cambridge:Cambridge University Press.

Benacerraf, P., and H. Putnam. (eds.) (1983) *Philosophy of Mathematics*. 2nd edition. Cambridge: Cambridge University Press.

Bennett, J. (1966) *Kant's Analytic*. Cambridge: Cambridge University Press.

Boden, M. (ed.) (1990) *The Philosophy of Artificial Intelligence*. Oxford: Oxford University Press.

Brouwer, L. (1913) "Intuitionism and Formalism," trans. A. Dresden, Benacerraf and Putnam 1983에 재수록.

Buchdahl, G. (1969) *Metaphysics and the Philosophy of Science*. Oxford: Basil Blackwell.

Butts, R. E. (1969) "Kant's Schemata as Semantical Rule," Beck 1969에 수록.

Carnap, R. (1930) "The Old and the New Logic," trans. I. Levi, Ayer 1959에 재수록.

_____. (1947) *Meaning and Necessity*. Chicago: University of Chicago Press.

_____. (1966) *Philosophical Foundations of Physics*. Ed. M. Gardner. New York: Basic Books.

Cherniss, H. (1945) *The Riddle of the Early Academy*. Berkeley: University of California Press.

Chipman, L. (1972) "Kant's Categories and Their Schematism," *Kant Studien*, vol. 63.

Conford, F. M. (1932) "Mathematics and Dialectic in the Republic VI.-VII. (I.)," *Mind*, vol. 41.

Cooper, J. (ed.) (1997) *Plato: Complete Works*. Indianapolis: Hackett.

Copleston, F. (1946) *A History of Philosophy*. Vol. 1. Westminster: Newman Press, 1960; 프레드릭 코플스턴. 『그리스 로마 철학사』. 김보현 옮김. 성남: 북코리아, 2015.

_____. (1960) *A History of Philosophy*. Vol. 6. Westminster: Newman Press, 1961.

Corcoran, J. (1972) "Completeness of an Ancient Logic," *Journal of Symbolic Logic*, vol. 37.
______. (1974a) "Aristotelian Syllogisms: Valid Arguments or True Universalized Conditionals?" *Mind*, vol. 83.
______. (1974b) "Aristotle's Natural Deduction System," Corcoran 1974에 수록.
______. (1989a) "Argumentations and Logic," *Argumentation*, vol. 3.
______. (1989b) "The Inseparability of Logic and Ethics," *Free Inquiry*, vol. 9.
______. (ed.) (1974) *Ancient Logic and Its Modern Interpretations*. Dordrecht: Reidel.
Coyne, R. (1995) *Designing Information Technology in the Postmodern Age*. Cambridge, Mass.: MIT Press.
Darwall, S. (2009) *The Second-Person Standpoint: Morality, Respect, and Accountability*. Cambridge, Mass.: Harvard University Press.
Davidson, D. (1983) "A Coherence Theory of Truth and Knowledge," Davidson 2001에 재수록.
______. (1984) *Inquiries into Truth and Interpretation*. Oxford: Clarendon Press.
______. (2001) *Subjective, Intersubjective, Objective*. Oxford: Clarendon Press.
Derrida, J. (1967) *Speech and Phenomena*. Trans. D. Allison. Evanston: Northwestern University Press, 1973.
______. (1977) "Limited Inc a b c...," trans. S. Weber, Derrida 1988에 재수록.
______. (1987) "Heidegger's Hand," trans. J. Leavey Jr, Derrida 2003에 재수록.
______. (1988) *Limited Inc*. Ed. G. Graff. Trans. S. Weber and G. Mehlman. Evanston: Northwestern University Press.
______. (2003) *Psyche: Inventions of the Other*. Vol. II. Ed. P. Kamuf and E. Rottenberg. Stanford: Stanford University Press, 2007.
Descartes, R. (1984) *The Philosophical Writings of Descartes*. Vol. II. Trans. J. Cottingham, R. Stoothoff, and D. Murdoch. Cambridge: Cambridge University Press, 2005.

Dostoevsky, F. (1880) *The Brothers Karamazov*. Trans. R. Pevear and L. Volokhonsky. New York: Knopf, 1992.

Dreyfus, H. (1991) *Being-in-the-World*. Cambridge, Mass.: MIT Press.

______. (1992) *What Computers Still Can't Do*. Cambridge, Mass.: MIT Press.

Drury, M. (1976) "Some Notes on Conversations with Wittgenstein," Flowers III and Ground 2016에 재수록.

______. (1981) "Conversations with Wittgenstein," Flowers III and Ground 2016에 재수록.

Eddington, A. (1928) *The Nature of the Physical World*. Cambridge: Cambridge University Press.

Edwards, P., and A. Pap. (eds.) (1957) *A Modern Introduction to Philosophy*. New York: Free Press.

Ewing, A. (1938) *A Short Commentary on Kant's Critique of Pure Reason*. Chicago: University of Chicago Press.

Feigl, H., and W. Sellars. (eds.) (1949) *Readings in Philosophical Analysis*. New York: Appleton-Century-Crofts.

Feynman, R. (1965) *The Character of Physical Law*. Cambridge, Mass.: MIT Press, 1985.

Flowers III, F., and I. Ground. (eds.) (2016) *Portraits of Wittgenstein*. Vol. 2. 2nd edition. New York: Bloomsbury Academic.

Foucault, M. (1966) *The Order of Things*. Trans. A. Sheridan. New York: Vintage, 1970.

Frege, G. (1884) *The Foundations of Mathematics*. Trans. J. Austin. 2nd revised edition. Oxford; Basil Blackwell, 1980.

______. (1892) "On Sense and Reference," trans. M. Black, Geach and Black 1952에 재수록.

French, Peter A., T. Uehling Jr., and H. Wettstein. (eds.) (1983) *Midwest Studies in Philosophy VIII: Contemporary Perspectives on the History of Philosophy*. Minneapolis: University of Minnesota Press.

Friedman, M. (2001) *Dynamics of Reason*. Stanford: CSLI Publications.

Galileo, G. (1623) The Assayer. Galileo 1957에 재수록.

______. (1957) *Discoveries and Opinions of Galileo*. Trans. S. Drake. New York: Anchor Books.

Garfield, J. (ed.) (1990) *Foundations of Cognitive Science*. New York: Paragon.

Garver, N., and Seung-Chong Lee. (1994) *Derrida and Wittgenstein*. Philadelphia: Temple University Press: 뉴턴 가버 · 이승종. 『데리다와 비트겐슈타인』. 수정증보판. 서울: 동연, 2010.

Gaukroger, S. (1980) "Aristotle on Intelligible Matter," *Phronesis*, vol. 25.

Geach, P., and M. Black. (eds.) (1952) *Translations from the Philosophical Writings of Gottlob Frege*. Oxford: Basil Blackwell.

Gleick, J. (1987) *Chaos: Making a New Science*. London: Penguin Books.

Globus, G. (1990) "Heidegger and Cognitive Science," *Philosophy Today*, vol. 34.

Gödel, K. (1931) "On Formally Undecidable Propositions of Principia Mathematica and Related System I," Gödel 1986에 재수록.

______. (1944) "Russell's Mathematical Logic," Gödel 1990에 재수록.

______. (1964) "What is Cantor's Continuum Problem?" Gödel 1990에 재수록.

______. (1986) *Collected Works*, vol. I. Ed. S. Feferman et al. Oxford: Oxford University Press.

______. (1990) *Collected Works*. Vol. II. Ed. S. Feferman et al. Oxford: Oxford University Press.

Gram, M. S. (1968) *Kant, Ontology, and the A Priori*. Evanston: Northwestern University Press.

Guignon, C. (ed.) (1993) *The Cambridge Companion to Heidegger*. Cambridge: Cambridge University Press.

Hampshire, S. (ed.) (1956) *The Age of Reason*. New York: Mentor Book.

Hardie, W. F. R. (1936) *A Study in Plato*. Oxford: Oxford University Press.

Heath, T. L. (1925) *The Thirteen Books of Euclid's Elements*. Vol. 1. New York: Dover, 1956.

Heidegger, M. (1927) *Sein und Zeit*. Tübingen: Niemeyer, 1972.

______. (1935-1936) "Der Ursprung des Kunstwerkes," Heidegger 1950에 재수록.

______. (1950) *Holzwege*. Ed. F.-W. von Hermann. Frankfurt: Klostermann, 1977.

______. (1953) "Die Frage nach der Technik," Heidegger 1954a에 재수록.

______. (1954a) *Vorträge und Aufsätze*. Pfullingen: Neske, 1978.

______. (1954b) *Was heißt Denken*? Tübingen: Niemeyer.

______. (1959) *Gelassenheit*. Pfullingen: Neske.

______. (1962a) *Die Frage nach dem Ding*. Frankfurt: Klostermann, 1984.

______. (1962b) *Die Technik und die Kehre*. Pfullingen: Neske.

Heisenberg, W. (1955) *Das Naturbild der heutigen Physik*. Reinbek: Rowohlt.

Heyting, A. (1956) *Intuitionism: An Introduction*. 2nd edition. Amsterdam: North-Holland, 1966.

Hilbert, D. (1899) *Grundlagen der Geometrie*. Leibzig: Teubner.

______. (1926) "On the Infinite," trans. E. Putnam and G. Massey, Benacerraf and Putnam 1983에 재수록.

Hintikka, J., and U. Remes. (1974) *The Method of Analysis*. Dordrecht: Reidel.

Hume, D. (1739) *A Treatise of Human Nature*. Oxford: Clarendon Press, 1960.

Husserl, E. (1936) *Die Krisis der europäischen Wissenschaften und die transzendentale Phänomenologie*. Haag: Nijhoff, 1954.

Jung, C., and W. Pauli. (1952) *Naturerklärung und Psyche*. Zürich: Rascher.

Kant, I. (1781/1787) *Kritik der reinen Vernunft*. 2nd edition. Kant 1900-에 재수록.

______. (1783) *Prolegomena zu einer jeden zukünfutigen Metaphysik, die als Wissenschaft wird auftrenten können*. Kant 1900-에 재수록.

______. (1785) *Grundlegung zur Metaphysik der Sitten*. Kant 1900-에 재수록.

______. (1790) *Kritik der Urteilskraft*.

______. (1900-) *Gesammelte Schriften*. Berlin: Walter deGruyter.

Kemp Smith, N. (1918) *A Commentary to Kant's 'Critique of Pure Reason.'* 2nd edition. London: Macmillan, 1923.

Kockelmans, J. (1970) "The Mathematization of Nature and in Husserl's Last Publication, Krisis," Kockelmans and Kisiel 1970에 수록.

Kockelmans, J., and T. Kisiel. (eds.) (1970) *Phenomenology and the Natural Sciences*. Evanston: Northwestern University Press.

Koertge, N. (1980) "Analysis as a Method of Discovery during the Scientific Revolution," Nickles 1980에 수록.

Körner, S. (1960) *The Philosophy of Mathematics*. London: Hutchinson.

Kuhn, T. (1962) *The Structure of Scientific Revolutions*. 4th edition. Chicago: University of Chicago Press, 2012.

Lakatos, I. (1978a) *Mathematics, Science and Epistemology*. Ed. J. Worrall and G. Currie. Cambridge: Cambridge University Press.

______. (1978b) "The Method of Analysis-Synthesis," Lakatos 1978a에 수록.

Lehman, H. (1980) "An Examination of Imre Lakatos' Philosophy of Mathematics," *Philosophical Forum*, vol. 12.

Leibniz, G. (1714) "Monadology," Leibniz 1998에 재수록.

______. (1765) *New Essays on Human Understanding*. Trans. P. Remnant and J. Bennett. Cambridge: Cambridge University Press, 1996.

______. (1998) *G. W. Leibniz: Philosophical Texts*. Trans. R. Francks and R. Woolhouse. Oxford: Oxford University Press.

Locke, J. (1690) *An Essay Concerning Human Understanding*. Oxford: Clarendon Press, 1975.

Loparic, Z. (1988) "System-Problems in Kant," *Synthese*, vol. 74.

Losee, J. (1980) *A Historical Introduction to the Philosophy of Science*. 4th edition. Oxford: Oxford University Press, 2001.

Łukasiewicz, J. (1951) *Aristotle's Syllogistic from the Standpoint of Modern Formal Logic*. 2nd enlarged edition. Oxford: Clarendon Press, 1957.

MacIntyre, A. (1984) "The Relationship of Philosophy to its Past," Rorty, Schneewind, and Skinner 1984에 수록.

McDowell, J. (1994) *Mind and World*. Cambridge, Mass.: Harvard University Press, 1996.

______. (2009) *Having the World in View*. Cambridge, Mass.: Harvard University Press.

McMahon D. (2006) *Relativity Demystified*. New York: McGraw-Hill.

______. (2013) *Quantum Physics Demystified*. 2nd edition. New York:

McGraw-Hill.
Mueller, I. (1970) "Aristotle on Geometrical Objects," Barnes, Schofield, and Sorabji 1979에 재수록.
Nagel, G. (1983) *The Structure of Experience*. Chicago: University of Chicago Press.
Nickles, T. (ed.) (1980) *Scientific Discovery, Logic, and Rationality*. Dordrecht: Reidel.
Nidditch, P. H. (1983) "The First Stage of the Idea of Mathematics: Pythagoreans, Plato, Aristotle," French, Uehling, and Wettstein 1983에 수록.
Owens, J. (1951) *The Doctrine of Being in the Aristotelian Metaphysics*. 3rd edition. Toronto: Pontificial Institute of Mediaeval Studies.
Pappus. *Synagogue*.
Paton, H. J. (1936) *Kant's Metaphysics of Experience*. 2 vols. London: George Allen and Unwin.
Plato. *Philebus*. Trans. D. Frede. Cooper 1997에 재수록.
______. *Republic*. Trans. C. D. C. Reeve. Indianapolis: Hackett, 2004.
Poe, E. A. (1844) "The Purloined Letter," Poe 1966에 재수록.
______. (1966) *Complete Stories and Poems of Edgar Allan Poe*. New York: Doubleday.
Poincaré, H. (1900) "Intuition and Logic in mathematics," Poincaré 1905에 재수록.
______. (1902) *Science and Hypothesis*. Trans. M. Frappier, A. Smith, and D. Stump. London: Bloomsbury, 2018.
______. (1905) *Science and Value*. Trans. G. B. Halsted. New York: Dover, 1958.
Polya, G. (1957) *How To Solve It*. 2nd edition. Princeton: Princeton University Press, 1973.
Posy, C. (ed.) (1992) *Kant's Philosophy of Mathematics*. Dordrecht: Kluwer.
Posy, C., and O. Rechter. (eds.) (2020) *Kant's Philosophy of Mathematics*. Vol. 1. Cambridge: Cambridge University Press.
Putnam, H. (1960) "Minds and Machines," Putnam 1975b에 재수록.

______. (1967) "The Nature of Mental States," Putnam 1975b에 재수록.

______. (1968) "The Logic of Quantum Mechanics," Putnam 1975a에 재수록.

______. (1975a) *Mathematics, Matter and Method*. 2nd edition. Cambridge: Cambridge University Press, 1979.

______. (1975b) *Mind, Language, and Reality*. Cambridge: Cambridge University Press.

Quine, W. (1951) "Two Dogmas of Empiricism," Quine 1953에 재수록.

______. (1952) "On What There Is," Quine 1953에 재수록.

______. (1953) *From a Logical Point of View*. 3rd edition. Cambridge, Mass.: Harvard University Press, 1980.

______. (1960) *Word and Object*. Cambridge, Mass.: MIT Press.

______. (1969a) "Epistemology Naturalized," Quine 1969b에 수록.

______. (1969b) *Ontological Relativity and Other Essays*. New York: Columbia University Press.

Ramsey, F. P. (1931a) *The Foundations of Mathematics and Other Essays*. Ed. R. B. Braithwaite. London: Routledge and Kegan Paul.

______. (1931b) "Theories," Ramsey 1931a에 수록.

Reichenbach, H. (1920) *Relativitätstheorie und Erkenntnis Apriori*. Berlin: Springer.

______. (1938) *Experience and Prediction*. Chicago: University of Chicago Press, 1952.

______. (1951) *The Rise of Scientific Philosophy*. Berkeley: University of California Press, 1968.

Rorty, R. (1972) "The World Well Lost," Rorty 1982에 재수록.

______. (1979) *Philosophy and the Mirror of Nature*. Princeton: Princeton University Press.

______. (1982) *Consequences of Pragmatism*. Minneapolis: University of Minnesota Press.

Rorty, R., J. B. Schneewind, and Q. Skinner. (eds.) (1984) *Philosophy in History*. Cambridge: Cambridge University Press.

Russell, B. (1905) "On Denoting," Russell 1973에 재수록.

______. (1912) *The Problems of Philosophy*. Oxford: Oxford University Press,

1951.

______. (1919) *Introduction to Mathematical Philosophy*. London: George Allen and Unwin.

______. (1946) *History of Western Philosophy*. London: George Allen and Unwin, 1979.

______. (1973) *Essays in Analysis*. Ed. D. Lackey. London: George Allen and Unwin.

Schlick, M. (1918) *General Theory of Knowledge*. 2nd edition. Trans. A. Blumberg. New York: Springer-Verlag, 1975.

______. (1922) "The Theory of Relativity in Philosophy," Schlick 1979에 재수록.

______. (1932) "Causality in Everyday Life and in Recent Science," Feigl and Sellars 1949에 재수록.

______. (1979) *Philosophical Papers*. Vol. 1. Ed. H. Mulder and B. van de Velde-Schlick. Trans. P. Heath. Dordrecht: Reidel.

Searle, J. (1980) "Minds, Brains, and Programs," Garfield 1990에 재수록.

______. (1990) "Is the Brain a Digital Computer?" *Proceedings and Addresses of the American Philosophical Association*, vol. 64.

Shieber, S. (1994) "Lessons from a Restricted Turing Test," *Communications of the Association for Computing Machinery*, vol. 37.

Smiley, T. (1974) "What is a Syllogism?" *Journal of Philosophical Logic*, vol. 2.

Smith, N. (ed.) (2002) *Reading McDowell: On Mind and World*. London: Routledge.

Szabó, Á. (1974) "Working Backwards and Proving by Synthesis," Hintikka and Remes 1974에 수록.

Tarski, A. (1944) "The Semantic Conception of Truth and the Foundations of Semantics," *Philosophy and Phenomenological Research*, vol. 4.

Taylor, A. E. (1955) *Aristotle*. New York: Dover.

Taylor, C. (1993) "Engaged Agency and Background in Heidegger," Guignon 1993에 수록.

Turing, A. (1950) "Computing Machinery and Intelligence," Boden 1990에 재

수록.

Vaught, R. (1986) "Alfred Tarski's Work in Model Theory," *Journal of Symbolic Logic*, vol. 51.

Walsh, W. H. (1975) *Kant's Criticism of Metaphysics*. Chicago: University of Chicago Press.

Warnock, G. J. (1949) "Concepts and Schematism," *Analysis*, vol. 9.

Wedberg, A. (1955) *Plato's Philosophy of Mathematics*. Stockholm: Almquist and Wiksell.

Weyl, H. (1949) *Philosophy of Mathematics and Natural Science*. New York: Atheneum, 1963.

Whitehead, A., and B. Russell. (1925) *Principia Mathematica*. Vol. 1. 2nd edition. Cambridge: Cambridge University Press.

______. (1927) *Principia Mathematica*. Vol. 2. 2nd edition. Cambridge: Cambridge University Press.

Wigner, E. (1960) "The Unreasonable Effectiveness of Mathematics in the Natural Sciences," Wigner 1967에 재수록.

______. (1967) *Symmetries and Reflections*. Bloomington: Indiana University Press.

Wilkerson, T. E. (1976) *Kant's Critique of Pure Reason*. Oxford: Oxford University Press.

Wilson, N. L. (1959) "Substances Without Substrata," *Review of Metaphysics*, vol. 12.

______. (1970) "Grice on Meaning: The Ultimate Counterexample," *Noûs*, vol. 4.

Wittgenstein, L. (1921) *Tractatus Logico-Philosophicus*. Trans. D. Pears and B. McGuinness. London: Routledge and Kegan Paul, 1961.

______. (1953) *Philosophical Investigations*. Revised 4th edition. Ed. G. E. M. Anscombe, R. Rhees, P. M. S. Hacker and J. Schulte. Trans. G. E. M. Anscombe, P. M. S. Hacker and J. Schulte. Oxford: Wiley-Blackwell, 2009; 루트비히 비트겐슈타인. 『철학적 탐구』. 이승종 옮김. 파주: 아카넷, 2016.

______. (1958) *The Blue and Brown Books*. Oxford: Basil Blackwell.

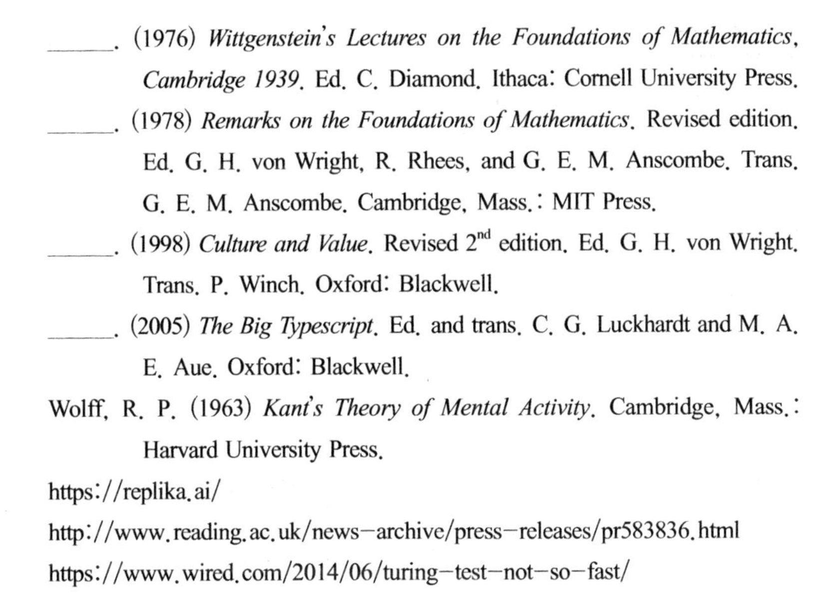

______. (1976) *Wittgenstein's Lectures on the Foundations of Mathematics, Cambridge 1939*. Ed. C. Diamond. Ithaca: Cornell University Press.

______. (1978) *Remarks on the Foundations of Mathematics*. Revised edition. Ed. G. H. von Wright, R. Rhees, and G. E. M. Anscombe. Trans. G. E. M. Anscombe. Cambridge, Mass.: MIT Press.

______. (1998) *Culture and Value*. Revised 2nd edition. Ed. G. H. von Wright. Trans. P. Winch. Oxford: Blackwell.

______. (2005) *The Big Typescript*. Ed. and trans. C. G. Luckhardt and M. A. E. Aue. Oxford: Blackwell.

Wolff, R. P. (1963) *Kant's Theory of Mental Activity*. Cambridge, Mass.: Harvard University Press.

https://replika.ai/

http://www.reading.ac.uk/news-archive/press-releases/pr583836.html

https://www.wired.com/2014/06/turing-test-not-so-fast/

찾아보기

인명

ㄱ

ㄴ

ㄷ

ㄹ

ㅁ

ㅂ

ㅅ

ㅇ

ㅈ

ㅊ

ㅋ

ㅌ

ㅍ

ㅎ

주제

ㄱ

ㅂ

ㅅ

ㅇ

ㅈ

ㅊ